司法部中青年项目"刑法解释的利益平衡问题研究"
(项目编号:12SFB3014)最终成果

李翔 著

刑法解释的利益平衡问题研究

北京大学出版社
PEKING UNIVERSITY PRESS

图书在版编目(CIP)数据

刑法解释的利益平衡问题研究/李翔著. —北京:北京大学出版社,2015.7
ISBN 978-7-301-26081-4

Ⅰ.①刑… Ⅱ.①李… Ⅲ.①刑法—法律解释—研究—中国 Ⅳ.①D924.05

中国版本图书馆 CIP 数据核字(2015)第 167763 号

书　　　名	刑法解释的利益平衡问题研究
著作责任者	李　翔　著
责任编辑	徐　音　王业龙
标准书号	ISBN 978-7-301-26081-4
出版发行	北京大学出版社
地　　　址	北京市海淀区成府路 205 号　100871
网　　　址	http://www.pup.cn
电子信箱	sdyy_2005@126.com
新浪微博	@北京大学出版社
电　　　话	邮购部 62752015　发行部 62750672　编辑部 021-62071998
印刷者	北京溢漾印刷有限公司
经销者	新华书店
	965 毫米 ×1300 毫米　16 开本　20.5 印张　266 千字
	2015 年 7 月第 1 版　2017 年 11 月第 2 次印刷
定　　价	49.00 元

未经许可,不得以任何方式复制或抄袭本书之部分或全部内容。
版权所有,侵权必究
举报电话: 010-62752024　电子信箱: fd@pup.pku.edu.cn
图书如有印装质量问题,请与出版部联系,电话: 010-62756370

目 录 Contents

导论　面向中国的刑法解释　001
　　一、刑法解释的范畴界定　002
　　二、刑法解释的分类　015
　　三、刑法解释与刑法修订　020

第一章　鸟瞰刑法解释权配置制度　043
第一节　刑法解释权配置的全球语境分析　044
　　一、普通法系国家的刑法解释权的配置　044
　　二、大陆法系国家的刑法解释权的配置　050
　　三、我国台湾地区的刑法解释权的配置　054
第二节　刑法解释权配置的国内语境分析　060
　　一、我国刑法解释权配置的制度设计　060
　　二、我国刑法解释权配置的理论支撑　077

第二章　刑法规范解释下的利益分配风险　091
第一节　刑法规范解释与我国立法体系格局变迁　091
　　一、刑法规范解释者的立场选择　091
　　二、刑法规范解释僭越刑事立法　099
第二节　刑法规范解释内部要素的分解与博弈　106
　　一、形式与实质解释之争　106

二、创设性刑法规范解释之非　　116

　　三、当然解释适用之疑问——我国刑法中的当然解释及其
　　　　限度　　137

　　四、规范解释内容之冲突　　153

第三节　刑法规范解释外部因素的促进与阻碍　　157

　　一、刑事政策的贯彻落实之于刑法规范解释立场选择　　157

　　二、公众参与的理念之于刑法规范解释价值基准建构　　162

　　三、以人为本的价值需求之于刑法规范解释原则坚守　　168

第三章　刑法适用解释下的利益平衡需求　　175

第一节　刑法适用解释的利益博弈　　175

　　一、司法能动主义与司法克制主义争议　　175

　　二、保护社会与保障人权刑法价值选择　　180

　　三、罪刑法定原则与社会公众认同缝隙　　184

第二节　刑法适用解释的价值判断　　188

　　一、弥补法律文本自身缺陷的利益需求　　188

　　二、缓和社会发展与刑法保守之间的张力　　191

　　三、法官适用法律职责的内在价值需求　　195

第三节　刑法适用解释的利益需求　　198

　　一、罪刑法定原则的内在追求　　198

　　二、刑法文本内涵的弹性范围　　201

　　三、法官保守主义的价值立场　　205

第四章　超越立场之争
　　　　　——刑法解释的价值判断与利益需求重构　　209

第一节　刑法解释的价值判断重设　　210

　　一、混乱的刑法解释立场——忽略价值判断　　211

　　二、刑法解释中的价值判断　　222

三、个案中道德因素对价值判断的影响　　244
　第二节　刑法解释的利益需求立场　　253
　　一、解释主体的私人利益超越　　253
　　二、刑法保护的法益位阶依循　　256
　　三、保护机能与保障机能并行　　262
　　四、刑法文本的安定性与妥当性同步　　266

第五章　刑法解释的利益平衡进路　　270
　第一节　利益平衡理论——刑法解释的应有选择　　270
　　一、"利益平衡"的展开　　270
　　二、超越方法与立场之争——利益平衡的引入　　278
　　三、利益平衡应用于刑法解释的必然性　　282
　第二节　构建刑法规范解释的约束性机制
　　　　　——立法层面对刑法解释主体进行权力制衡　　286
　　一、整合现有刑事司法解释　　288
　　二、健全刑事司法解释立项机制　　295
　　三、建立刑事司法解释适用定期审查机制　　299
　　四、完善刑事司法解释无效退出机制　　300
　第三节　构建刑法适用解释的约束性机制
　　　　　——司法层面对刑法解释主体进行利益引导　　302
　　一、构建判决书说理标准化机制　　305
　　二、以判决公开促使刑事审判从重刑法解释向重刑法
　　　　论证转变　　309
　　三、建立法官绩效考核与刑法适用解释的合理对接机制　　314

结论　我国刑法解释利益需求合理化的必由之路　　317

后记　　320

导　论

面向中国的刑法解释

近年来,甚至是长期以来,刑事案件引发的社会关注度都一直居高不下,一方面是因为刑事案件有情节,特别是有细节,能满足关注人的心理,另一方面,刑事法关涉人的自由、财产甚至生命,这样也就必然带来一个问题,每一个关注的人都试图能对案件作出一个法律适用的"合理解释"。在此过程中,除了结论的五花八门见仁见智以外,更有甚者,在有些人对案件解释得不出符合自己"心意"的结论时,就开始质疑刑事立法,认为刑法法律中有"恶法"条款,或者认为刑事法不完备。例如,"嫖宿幼女"行为的刑法适用问题,就存在"强烈"要求废除该罪的"民众呼声"。嫖宿幼女罪的"立法取消论"的风潮,一度成为2013年3月"两会"最受关注的提案之一。[①] 我是主张应善待刑法文本的,在提出修改刑法以前,先作出合理的解释是重要的。废除《刑法》第360条第2款的核心依据就是嫖宿幼女罪的存在为犯罪人减轻处罚提供了通道。事实上,嫖宿幼女罪与奸淫幼女型强奸罪是法条竞合关系,其中嫖

---

① 参见《3月13日两会热搜提案:取消小长假改休长周末、废除嫖宿幼女罪》,http://news.china.com.cn/live/2013-03/13/content_19050101_2.htm,2014年9月11日访问。

宿幼女罪为特别法条与加重法条,而强奸罪为一般法条与较轻法条。与幼女发生性交,应分不同情况处理:嫖宿幼女,且不具备强奸罪加重情节时,以嫖宿幼女罪定罪处罚,处 5 年以上 15 年以下有期徒刑;嫖宿幼女且具备强奸罪的加重情节(如对象为多人)时,以强奸罪加重情节定罪处罚,即处 10 年以上有期徒刑、无期徒刑或死刑;14 到 16 周岁的未成年人嫖宿幼女的,应以强奸罪定罪处罚。①

刑法解释是刑法学研究中的重要命题。多年来,刑法解释问题一直是刑法学界的重点研究问题。对刑法解释进行再探讨,其前提就应当对刑法解释的范畴加以界定,对刑法解释的分类加以明确。在对刑法解释的本体论达成理论共识的情况下,才能进一步在相同语境下,对刑法解释中的利益衡量问题展开研究。刑法解释是法律解释的分支。一方面,对刑法的解释是法律解释行为在部门法上的直接应用,具有法律解释所共有的特性。另一方面,由于刑法是权利保护的最后一道屏障,其与生俱来的严厉性也让刑法学意义上的解释与其他部门法上的解释之间存在一定差异。界定刑法解释的范畴,应当遵循从一般到特殊的认识规律,以诠释学理论为切入点,从对法律解释内涵之沿革加以考量,进而对刑法学意义上的解释范畴加以明确。

一、刑法解释的范畴界定

(一) 诠释学——从主客体间性到主体间性

诠释学,即解释学,是哲学研究中的重要理论分支,诠释学在西方是古老的学问,并在 20 世纪 70 年代传入我国,引起了理论界对诠释学探索和研究的热潮。诠释学作为哲学理论正愈发发展成熟,同时,西方解释学大体经历了从方法到方法论再到本体论的嬗变,它一步一步从人文科学的辅助学科过渡到成为人文科学的哲学基础,诠释学可以为

---

① 参见李翔:《嫖宿幼女罪司法适用新论——以刑法解释利益平衡为视角》,载《中国刑事法杂志》2013 年第 9 期。

我们今天的研究提供全方位的研究思路。对刑法解释这一局部解释的研究,应当从作为一般解释的诠释学出发,对解释问题加以探讨。

诠释学的概念,随着诠释学的历史发展经历着变迁,帕尔默认为,诠释学在现代获得了发展,这一领域,至少可以通过六种相当明确的方式加以界定。诠释学一词最初用来表示诠释的专门技巧,尤其是指严格的文本意义上的注经(exegesis)原则,不过诠释学领域现已被当作(粗略地按照编年顺序):(1)圣经注释的理论;(2)一般的语文学方法论;(3)所有的语言理解之科学;(4)精神科学(Geisteswissenschaften)的方法论基础;(5)存在和存在论的理解之现象学;(6)既是恢复性又是反偶像崇拜的诠释体系,人们借此把握隐含于神话和象征背后的意义。① 从整体概念来看,诠释学是(广义上的)文本意义的理解与解释之方法论及其本体论基础的学说。②

从诠释学发展的历史维度出发,可以看到,诠释学起源于宗教中的解经学。由于圣经是一本由不同时期的作者写就的著作,导致人们在不同时期对圣经的理解很难趋于统一,因此,对圣经的解读随后兴起。在古代和教父时代最初只存在着不完整的解释的规则,直到后来路德和宗教改革的神学家们才形成了一门系统的解释学,并在施莱尔马赫那里变成了普遍的理解理论。狄尔泰拓展了这种解释学,使之成了一门普遍的精神科学方法论,而海德格尔则将解释学的研究置于更为本源的人的事实性(Faktizität)基础之上,伽达默尔则最终重构了作为我们的经验不可回避的历史性和语言性的普遍解释学。③ 诠释学的发展过程,离不开四位诠释学大家的努力。施莱尔马赫的"一般诠释学",狄尔泰的"体验诠释学",海德格尔的"此在诠释学",伽达默尔的"语言诠

---

① 参见〔美〕理查德·E. 帕尔默:《诠释学》,潘德荣译,商务印书馆2012年版,第50页。
② 参见潘德荣:《西方诠释学史》,北京大学出版社2013年版,第4页。
③ 参见〔加〕让·格朗丹:《哲学解释学导论》,何卫平译,商务印书馆2009年版,第10—11页。

释学",代表着诠释学发展的四个阶段。有学者将作者原义、文本原义、读者接受之义作为诠释学的三要素。现代诠释学真正研究的就是诠释学三要素之间的关系,并从中找到一个支撑点,这个支撑点规定了某一诠释学发展阶段体系的特征。每个阶段的代表的观点也为我们今天的研究提供了思路。

正如许多学者所言,诠释学从过去的方法论研究转向了本体论研究,也就是说,自海德格尔以来,诠释学正走向了"哲学诠释学"之路,我们需要解决的问题已经不再是"如何要进行解释",而是"为什么要进行解释""什么是解释"。从为什么解释来看,解释是为了解决"诠释的困境"。"诠释的困境"所指向的是这样一种境况,于其中,人们为双重冲突所困扰而不知所从。第一种冲突内在于观念之中,是对于经典的不同理解之间的冲突。第二种冲突则表现在理论与现实生活的冲突。经典所由之而出的时代精神以及它所表达的信念,因历史的疏远化作用而与人们的现实生活渐行渐远,于是在它们之间便形成了某种程度的矛盾和冲突。首先,解释的出现与解释的对象密切相关,正因为解释的对象——语言具有多义性的特点,即同一时期,语言具有着多义性,同时,即使在特定时期已经将此意固定化的语言,也会随着时间的变化改变其自身的含义。因此,字词的多义性要求在确定某一信息中语词设定的当下价值时,要有语境的选择作用作为对应物。其中,语词信息是在特定的情景中由一特定说话者传递给某一听话者的。对语境的敏感性就成为字词多义性的必要补充和不可缺少的补充要素。但相应的,语境的使用涉及某种识别活动,它运行于对话者之间的具体信息交流,并在问答游戏中形成模式,我们就把这种识别活动恰当地称为解释。①另外,与解释对象相对,解释主体——读者对文本的理解也具有多元性,"由于读者可能具有比原作者更为丰富的知识与体验,因此可以比

---

① 参见〔法〕保罗·利科:《诠释学与人文科学——语言、行为、解释文集》,J. B. 汤普森编译,孔明安、张剑、李西祥译,中国人民大学出版社2012年版,第4—5页。

原作者更好地理解文本,理解到作者背后的、作者也未意识到的一样,体验表达东西比作者意识中存在的东西更多。"①在这样的背景之下,欲探寻文本的意义,就必须进行解释,诠释学发挥着重要的作用。

那么,到底如何为解释下一个定义呢?从诠释学的起源来看,这一文本需要借助于叙述的多种技巧加以口头解释,即诠释。② 海德格尔的"此在解释学"注重将理解和解释进行区分:理解是更加本源的,它和此在相联系,是一种前主—客二分的领悟和体验,具有存在论现象学的意义,同时它也具有一种不清晰的特征,但却为进一步的解释奠定了基础和方向,而解释就是在这种理解(即原始的领悟,而非概念和论题上的认知)的基础上发展而来的,它更加清楚、明确。③ 利科把象征符号称作任何意指的结构,在这个结构中,一个直接的、原初的和字面的意义附加地指示另一个间接的、从属的、形象化的意义,后一种意义只有通过前一种意义才能被领悟。这种对双重意义上的表达进行限定便确切构成了解释学领域。因此,利科打算赋予解释与象征符号一样的外延。解释是思想的工作,这工作在于对隐藏在表面意义中的意义加以辨读,在于展开包含在字面意义中的意指层次。④ 狄尔泰及赫施则主张主观的解释论,认为"我们所能做的或者唯一可行就是遵循作者的本己思路去发现、获得客观上有效的解释,亦即作者的意义。这样一来,诠释学就不再是一套主观的、随意的解释理论,而是一种有效性的逻辑规则,通过并依靠这种逻辑规则,任何理性的阅读者或者理解者都必然能够发现并找到作者本人所主张的正确意义。"⑤伽达默尔认为,"'解释'

---

① 潘德荣:《西方诠释学史》,北京大学出版社2013年版,第500页。
② 参见[美]理查德·E.帕尔默:《海德格尔的本体论和伽达默尔的哲学诠释学》,彭启福译,潘德荣校,载《安徽师范大学学报(人文社会科学版)》,第266页。
③ 参见何卫平:《解释学之维——问题与研究》,人民出版社2009年版,第227页。
④ 参见[法]保罗·利科:《解释的冲突——解释学文集》,莫伟民译,商务印书馆2008年版,第13页。
⑤ 洪汉鼎:《文本、诠释与对话》,载洪汉鼎、傅永军主编:《中国诠释学》(第五辑),山东人民出版社2008年版,第32页。

(Interpretation)这个词原本指一种中介关系,指操不同语言的讲话者之间的中间人的作用,也即翻译者的作用,由此出发,这个词才进一步被赋予对难以理解的文本的解释之意"①。人们所能理解到的既非作者原意,亦非所谓文本自身的原义,而是在读者的视界与作者的视界(文本以及历史)之融合的基础上所展现的新的意义,文本的意义之所以会持续增长的奥秘就在于此。②伽达默尔更为重视解释者自身对文本的理解,将解释活动由一种客观的对作者本意进行探寻的活动,演化为解释者主观在原有文本的基础之上,形成附加着自身对文本创见的新的解释。当解释者克服了文本中混乱的地方,从而帮助读者理解了文本,他或她本人的退回并不是任何否定意义上的消失,相反,他是这样地进入交流,以至文本的视野和读者的视野之间的张力消失了。他将这一现象称为"视野溶合"(Horizontverschemelzung)。

从诠释学的发展历程来看,伽达默尔的哲学诠释学理论是现阶段诠释学观念之主流。哲学诠释学形成了两种对立的范式观:其一是"主客间性",认为文本意义是独立于读者意识之外存在的客体,解释是对客体的发现活动;其二是"主体间性",认为文本意义是读者与文本通过主体间对话而共同创造的产物,解释是与主体对话中的创造活动。③诠释学经历了"主客体间性"到"主体间性"的流变,即将解释者与文本这种主体与客体的关系,转化为解释者与文本作者主体与主体之间的关系。伽达默尔认为,解释者对文本进行解释,并未遵从作者的原义,而是基于解释者对文本的前理解,进而加工成为具有解释者自身特色的解释文本,这种解释文本产生于解释者与文本之间的对话,而非基于

---

① 〔德〕汉斯—格奥尔格·伽达默尔:《文本与解释》,载《真理与方法》(第2卷),J. C. B. Mohr(Paul Sie-beck)出版社1986年德文版,第339页。转引自洪汉鼎:《文本、诠释与对话》,载洪汉鼎、傅永军主编:《中国诠释学》(第五辑),山东人民出版社2008年版,第23页。
② 参见潘德荣:《西方诠释学史》,北京大学出版社2013年版,第7页。
③ 参见聂立泽、庄劲:《从"主体间性"到"主客体间性"的刑法解释观》,载《法学》2011年第9期,第66页。

文本本身的客观之原义。

从诠释学的发展路径来看,对于解释的概念,诠释学的学者们越来越赋予其主观性的含义,理解和解释不仅在后来狄尔泰称为"文字中固定的生活表达式"中发挥作用,而且它们得要处理人们相互之间以及与世界的一般关系。① 从传统诠释学认为"前见是阻碍人类获得真理的巨大的障碍物"到承认解释者主观对事物的认识对解释所带来的近乎决定性的影响,正如伽达默尔所言,"一切理解都必然包含某种前见"②,解释者在解释过程中越来越脱离了对立法原意的追求,而开始承认解释者本身对解释文本的影响。而诠释学理论这样的理论变迁,也对法律解释的概念产生着影响。

(二) 法律解释学中的解释——法律解释是权力还是方法?

以诠释学为研究基础,需要进一步以法律解释学为理论基础,对以法律文本作为解释对象的解释的概念加以界定。首先需要对法律解释的概念加以明确。对于法律解释的范畴如何界定,理论界一直存在着一定的争议。从根本原因来看,在于理论界对法律解释是权力还是方法这一问题尚未给出统一的答案。实际上,这并非是一种理论上的混乱,只是学者基于不同角度对法律解释问题进行探讨所造成的必然结果。从我国现有理论研究成果来看,学者对法律解释主要有广义和狭义两种理解。从广义角度,将法律解释作为一种方法,即"法律解释是对法律文本的意义的理解和说明……简单地说,法律解释就是解释者将自己对法律文本意思的理解通过某种方式展示出来。"③从方法意义的角度来看,任何人都可以成为解释者,都可以对法律中的概念加以解释。然而从权力的角度出发,我们显然应当采用对法律解释狭义的概

---

① 参见〔德〕汉斯—格奥尔格·伽达默尔:《文本与解释》,载严平编选:《伽达默尔集》,上海远东出版社2003年版,第49页。
② 〔德〕汉斯—格奥尔格·伽达默尔:《真理与方法》(上卷),洪汉鼎译,译文出版社1999年版,第347页。
③ 张志铭:《法律解释操作分析》,中国政法大学出版社1999年版,第16页。

念,即将法律解释限定为"有权的机关对法律意义的阐明"①。从我国现有法律规定来看,将法律解释与权力相连接,即对法律解释权属加以规定的时候,使用了"法律解释"一词,且排除了法官对个案进行解释,将法律解释理解为有权机关出台的具有抽象性的规范性文件,这是实定法意义上的法律解释概念。例如在1981年五届全国人大第十九次常委会通过的《关于加强法律解释工作的决议》(以下简称《决议》)中,对立法解释与司法解释的界限作出了原则性划分,《决议》规定凡关于法律、法令条文本身需要进一步明确界限或者作补充规定的,由全国人大常委会进行解释或用法令加以规定;凡属于法院审判工作或检察院检察工作中具体应用法律、法令的问题,分别由最高人民法院和最高人民检察院进行解释,两院解释如有原则分歧,报请全国人大常委会解释或决定。此处,所用的"解释"就是指狭义的专属于立法机关和司法机关的行为。同样,《立法法》第45条规定,"法律解释权属于全国人民代表大会常务委员会。法律有以下情况之一的,由全国人民代表大会常务委员会解释:(一)法律的规定需要进一步明确具体含义的;(二)法律制定后出现新的情况,需要明确适用法律依据的。"此时,法律解释也仅作为一种有权机关的权力加以规定。

  由此我们可以看到,狭义的法律解释是将法律解释作为一种解释权力,专指抽象地出台规范性解释文件,根据我国法律规定,专属于全国人大常委会、最高人民法院和最高人民检察院,所形成的规范性法律文件即为立法解释和司法解释,申言之,"法律解释权"也是一个专属概念,专指针对法律进行解释从而出台规范性法律文件的权力。也有学者将立法解释排除在法律解释之外,认为立法解释具有立法的性质,②这一观点,笔者并不赞同。立法解释,同样具有法律解释的性质,并不

---

① 陈金钊:《法律解释的哲理》,山东人民出版社1999年版,第43页。
② 参见陈金钊等:《法律解释学——立场、原则与方法》,湖南人民出版社2009年版,第3页。

因解释的主体具有立法权而否定了其出台的解释文件所具有的解释性质。① 在我国,由于并不存在法官针对个案进行解释从而将具体案件抽象成法律原则的判例制度,并没有赋予法官以"法律解释权",法官解释中的解释,并不是从权力出发,而是站在方法论的立场,是一种广义上的法律解释概念,因此,传统观点将这种解释归为法律适用,这种将法律解释与法律适用加以区分的做法显然并不必要,因为"法律适用是以法律解释为中介环节"②。而对于学者、律师或其他社会公众对法律进行解释的行为,由于存在一定的任意性,且无法对案件裁判起到决定性作用,在本书不作讨论。

  基于以上两种不同的定义,对法律解释的限度要求也不同。广义的法律解释,学者亦称为"法律之阐释",指从法律规范的探寻即找法开始,直到可依涵摄进行三段论推演之前的整个活动过程,包括狭义的法律解释、价值补充和漏洞补充。而狭义的法律解释,系指于法律规定不明确时,以文本、体系、法意、比较、目的或合宪等解释方法,探究法律规定本身文字含义而言,其作用范围限定于法律规范的可能文义范围之内。③ 那么法律解释中的解释与诠释学中解释的概念是否一致?笔者认为,从广义的法律解释概念出发,理论界和实务界愈来愈承认,法官在解释法律过程中,其所持有的司法前见对案件最终裁量结果具有重要影响,这一点正符合诠释学中对解释范畴的嬗变。人们发现,解释在司法活动中扮演的角色并非如我们期待的那样,可以根据文本原义得出一个"正确"的结论,相反,这种对结论是否"正确"的判断本身就是很难实现的。因为"传统上人们认为只要判决结论是根据法律做出的即是正确的,所以判决正确与否的标准就是它是不是根据法律得出的;而现今司法中'正确'一词的含义有所扩展,不仅要求判决结论是根据

---

① 笔者将在后文对该观点进行详细阐述。
② 陈金钊:《法律解释的哲理》,山东人民出版社1999年版,第47页。
③ 参见武飞:《法律解释:服从抑或创造》,北京大学出版社2013年版,第12页。

法律得出的,更要求法律规范的选择也应当是正确的,同时进一步考虑判决结论的社会效果——能否被他人接受。"①在没有一个统一标准的情况下,"司法中的所谓'解释',就其根本来看不是一个解释的问题,而是一个判断问题。司法的根本目的并不在于搞清楚文字的含义是什么,而在于判定什么样的决定是比较好的,是社会可以接受的。"②这样一种判断过程,显然是无法完全按照一个统一的解释路径完成,而更多地强调了司法者在其中进行价值选择从而得出最终结论,而这种价值选择恰恰就是诠释学中伽达默尔们强调的"前见"。从法律解释的功能来看,"借助于法律解释,司法可以巧妙地回应一些深刻的社会麻烦,并有助于缓解司法传统的意识形态给疑难案件判决所施加的压力。"③因此,从这样的立场出发,广义的解释,是司法者在法律适用过程中,基于司法前见对法律规范和法律事实进行的阐释。

但是,在强调解释者主观创见的同时,必须说明,不同于诠释学的解释概念,在法治的框架之下,我们不能对法律文本进行任意解释,必须在法律文本的可能的文义范围之内。而从狭义的法律解释概念出发,法律解释中的解释概念更要与诠释学上的解释概念加以区别。狭义的法律解释,即规范性法律解释,只能进行价值补充,不能进行漏洞补充,仅可以在文义范围内,对法律条文中的概念加以阐释。在法治的框架内,任何人不能超越法律本身对法律进行解释,超越法律原有含义即为立法,就必须通过法定的立法程序方能出台相关文本。然而,"解释者把文本对准他的生活世界。因此,利益也同时与理解相连。当我们使用文本时,我们就打算用文本达到什么。"④法律既不是普通舆论对

---

① 侯学勇:《解释能够保证法律规范的准确适用吗——传统法律解释观念反思》,载《政治与法律》2011年第10期。
② 苏力:《解释的难题:对几种法律文本解释方法的追问》,载《中国社会科学》1997年第4期。
③ 桑本谦:《法律解释的困境》,载《法学研究》2004年第5期。
④ 郑永流:《出释入造——法律诠释学及其与法律解释学的关系》,载《法学研究》2002年第3期。

价值观的反映,也不是一个中立、不偏不倚解决冲突的机制。它更多地反映了社会中能够运用政治权力来获取个人利益的那部分人的方法和利益。法律结构虽然看上去很公正,似乎在自己的范围之内遵循原则并包括一系列规则的系统应用,但事实上却遮掩了明显旨在维护权力的隐含结构。① 尽管解释者在解释过程中必然存在着一定的利益倾斜,但是都必须在法律本身的框架内进行。

(三) 刑法学意义上的解释

法律解释的对象,当然包括刑法文本,刑法学意义上的解释,也就是刑法解释,是法律解释的分支,因此,两者存在着诸多共性。刑法解释与法律解释一样,也同样具有广义和狭义两种概念。如果将解释作为一种方法,那么就是刑法解释广义的概念,即对刑法规范含义的阐明。有学者将刑法解释作了分类,分为正式解释和非正式解释,正式解释包括规范性刑法解释(刑法立法解释和刑法司法解释)和适用性刑法解释(侦查人员适用性刑法解释、公诉人员适用性刑法解释与法官适用性刑法解释),非正式解释包括刑法学理解释和刑法任意解释。② 这种分类方式非常合理,其中规范性刑法解释也就是我们所说的狭义的刑法解释概念,有权机关按照宪法和法律赋予的职权,对刑法规范作出的具有普遍效力的解释。狭义的刑法解释,即规范性刑法解释,强调的是适用的普遍性,因此,否定了法官进行个案解释享有刑法解释权。

由于刑法是社会治理的最后一道屏障,刑法与生俱来的严厉性,也对解释者提出了更高的要求,即必须严格遵守罪刑法定原则,这是刑法解释与其他法律解释的根本区别。

以民法为例,在法无明文规定的情况下,法官仍然要依据自身的价值判断,作出唯一的倾向于原告或被告的裁判结果。但是对于刑法来

---

① 参见[英]韦恩·莫里森:《理论犯罪学——从现代到后现代》,刘仁文、吴宗宪、徐雨衡、周振杰译,法律出版社2004年版,第14页。
② 参见牛克乾:《刑事审判事业中的法律解释与适用》,法律出版社2010年版,第8页。

说,如果刑法对于被告的犯罪行为没有作出明确规定,即使该行为已经具有较大的社会危害性,也仍然不能对被告进行定罪处罚。具体来说,与罪刑法定原则相比,民法基本原则所用的法律概念具有"空筐结构"的特征,可以进行不同的理解而立法者未以权威方式确定其法律意义上的理解,对之加以解释就自然地成为法官的工作,通过这种并非明示的方式,立法者就把根据新的时代精神的需要补充和发展法律的任务交给了法官,后者将把社会发展产生的新要求以解释的形式充实于那些抽象的"空筐结构"中,完成使法律追随时代发展的使命。[①] 解释在民事司法适用过程中发挥了相当重要的作用,解释在其中不仅仅只是对民法条文和民法原理的阐释,同时,也在法律缺乏相关规定,即存在着法律漏洞的情况下,发挥了漏洞补充功能。也就是说"狭义的解释方法的运用一旦超过可能文义的范围,就进入漏洞补充的范畴,换言之,漏洞补充就是为了解决狭义的法律解释方法无法寻求合适的法律适用大前提的难题"[②]。例如,在《物权法》中,对赃物能否进行善意取得并未作出规定,在此情况下,法院不能以法律缺乏相关规定而拒绝裁判,而必须依照民法原则、习惯法、比较法等方式,作出可以或不可以对赃物适用善意取得的裁判结果。

如果说民法是一个相对开放的规则体系,那么,刑法就是一个相对封闭的规则体系。就法官的自由裁量权而言,在民事司法中远比在刑事司法中要大得多。在民法中更需要从基本原则中引申出实质判断;而在刑法中,基本原则本身要求不能作出超法律的实质判断而只能依法作出形式判断。因此,罪刑法定具有明显的形式意义,它要求犯罪的形式概念。[③] 从罪刑法定与刑法解释的关系来看,罪刑法定原则指导和限定对刑法进行解释。首先,罪刑法定原则要求,对刑法进行解释必须

[①] 参见陈兴良:《罪刑法定的当代命运》,载《法学研究》第18卷第2期。
[②] 王利民:《法律解释学导论——以民法为视角》,法律出版社2009年版,第483—484页。
[③] 参见陈兴良:《罪刑法定的当代命运》,载《法学研究》第18卷第2期。

严格在刑法规范内部含义中进行,不能超出其可能的文义。在出入罪的过程中,有且只有刑法条文规定的犯罪构成要件是认定犯罪的依据,不得对刑法条文进行任意解释。其次,在刑法没有规定该行为构成犯罪的情况下,无论该行为社会危害性大小如何,都不得将行为人定罪量刑,不能以刑法的法益保护目的作为擅自入罪的目的解释的理由。最后,罪刑法定否定类推解释。"罪刑法定原则所禁止的类推解释,是指解释者明知刑法没有将某种行为规定为犯罪,但以该行为具有危害性、行为人具有人身危险性等为由,将该行为比照刑法分则的相似条文定罪量刑。"①类推解释不同于扩大解释,其突破了刑法规范中词语本身的内涵和外延,虽然并未直接体现在对刑法条文的直接变更,但是已经对刑法条文本来的含义进行了撼动,已经不再具有解释的性质,而在本质上具有立法性。扩张解释从罪刑法定主义的理念出发,坚持对刑法规范进行解释,在不能把需要解决的事项纳入到被解释的规范之中时,就不把刑法规范适用于需要解决的事项;类推适用从应予处罚的社会需要出发,强调对刑法规范进行补漏,在刑法规范无论如何都不能包括需要解决的事项时,也根据需要解决的事项与刑法规定的事项之间的相似性,而把刑法规范适用于需要解决的事项。②

在罪刑法定原则的指导下,在刑法解释领域,解释者只能进行价值补充,而不能进行漏洞补充。"狭义的法律解释方法又被称为适法性解释,漏洞补充被称为造法性解释。"③这种漏洞补充,即造法性解释的合法性是被严格否定的。社会生活一直处在不断发展的过程中,立法者在立法的当时显然无法对未来人们从事的行为加以预见。与刑法条文相对稳定性相比,社会中的"犯罪"行为则在不断演化、进化。例如《刑

---

① 张明楷:《罪刑法定与刑法解释》,北京大学出版社2009年版,第97页。
② 参见冯军:《论刑法解释的边界和路径——以扩张解释与类推适用的区分为中心》,载《法学家》2012年第1期。
③ 王利民:《法律解释学导论——以民法为视角》,法律出版社2009年版,第484页。

法修正案(七)》出台之前,国家工作人员近亲属利用国家工作人员职务便利收受贿赂的行为大量存在,从社会危害性的角度来看,这种行为的社会危害性并不低于普通受贿罪,可以说,当时的刑法存在着法律漏洞。但是,由于刑法中缺乏对该类行为的规定,受贿罪的构成要件中将主体严格限定为国家工作人员,最高人民法院不能以出台司法解释的方式将国家工作人员解释为国家工作人员的近亲属,司法工作人员在审判活动中也不能将该罪的犯罪主体任意扩大,因此,在当时,对于国家工作人员近亲属的受贿行为,只能以无罪处理。解决该问题的唯一路径就是通过刑法修订的方式,增设利用影响力受贿的罪名。因此,《刑法修正案(七)》增设了利用影响力受贿罪,规定国家工作人员的近亲属或者其他与该国家工作人员关系密切的人,通过该国家工作人员职务上的行为,或者利用该国家工作人员职权或者地位形成的便利条件,通过其他国家工作人员职务上的行为,为请托人谋取不正当利益,索取请托人财物或者收受请托人财物,数额较大或者有其他较重情节的,处三年以下有期徒刑或者拘役,并处罚金;数额巨大或者有其他严重情节的,处三年以上七年以下有期徒刑,并处罚金;数额特别巨大或者有其他特别严重情节的,处七年以上有期徒刑,并处罚金或者没收财产。

价值补充不同于漏洞补充,价值补充是法官在具体案件审判过程中必须采用的一种解释方式。在刑法规范内部可能的文义之中,对刑法规范加以解释时,很多时候,我们同样无法得出一个唯一的答案,在对诸种答案的选择中,就包含了法官对案件事实的把握和对案件裁判的价值补充。这种价值补充应当建立在统一的观念之下,在解释条文的过程中,应当遵循有利于被告原则。因此,在对刑法进行解释的时候只能进行价值判断,不能进行漏洞补充。

二、刑法解释的分类

（一）解释标准的确定——主体和效力

有学者将刑法解释分为有权解释和无权解释,对于无权解释中的学理解释和任意解释,由于其解释结论不能对司法裁判结果起到决定作用,因此在这里不再作以讨论。对刑法解释我们可以依照主体的效力区分为刑法规范解释和刑法适用解释两种。从主体来看,刑法规范解释的解释主体必须是有权机关,根据我国《立法法》和《决议》的规定,我国有权解释刑法的机关是全国人大常委会、最高人民法院和最高人民检察院。全国人大常委会具有立法解释权,在法律的规定需要进一步明确具体含义的,以及法律制定后出现新的情况,需要明确适用法律依据的情况下,出台立法解释。最高人民法院和最高人民检察院具有司法解释权,在法院审判过程中对具体应用法律、法令的问题,最高人民法院有权进行解释,而对于检察院检察工作中对具体应用法律、法令的问题,由最高人民检察院出台司法解释。刑法适用解释的主体是全国各级法院的法官,法官在具体案件中,对法律事实和涉及的相关法律规范进行解释,因此,刑法适用解释也称为法官解释。有观点主张,将法官解释也归为司法解释,笔者对此观点并不赞同。由前所述,根据约定俗成的含义,由于我国法律解释制度并未赋予法官法律解释权,因此,将法官解释也列入司法解释,势必会造成概念的混乱。司法解释应当专指最高人民法院和最高人民检察院出台的规范性法律文件。

从效力来看,刑法规范解释是规范性法律文件,具有全国通行的普遍性效力,这种效力体现在立法解释和司法解释与刑法文本一样,是法官在案件裁判过程中定罪量刑的依据,甚至在很多司法实践中,刑法规范解释也同样被写入判决书当中。同时,从实然的角度来看,由于刑法文本对犯罪构成要件规定得过于抽象,与之相对的刑法规范解释则对定罪量刑中的具体问题都作出了较为详尽的规定,且我国法官整体素质欠佳，导致在司法实践中，法官对刑法规范解释尤其是司法解释的依赖程度要远远超过了对刑法文本的依赖，本应被奉为圭臬的刑法典，反而更多地被束之高阁，司法解释立法化问题严重。这一问题的广泛存在也是本课题研究的初衷。刑法适用解释是法官针对个案进行的解释，是刑法规范与法律事实的中介，其解释的对象包括刑法规范、法律事实以及如何将法律事实对应于刑法规范。我国并非判例法国家，法官在具体案件审理过程中对案件进行的解释形成的判决书说理，只对该案件具有效力，法官在审理其他案件中，不能援引其他法官就相似案件进行的说理作为裁判理由。刑法适用解释不具有普遍效力。尽管近几年来，我国开始推行指导性案例制度，最高人民法院定期发布指导性案例，对全国法院的审判工作进行指导，但是这些案例仅具有指导作用，法官在审理案件过程中可以以此作为参考，其解释中体现出的法理是法官审理案件的重要指引，而案例中反映出的审判经验对于统一审理尺度起到了重要作用。但是，不能在判决书中直接引用指导性案例，案例仍然不能直接成为案件审判的法律依据。

(二) 刑法规范解释与刑法适用解释

从解释论角度理解刑法规范解释和刑法适用解释的含义，可以分别从动态和静态两方面进行界定。从动态来讲，可以将刑法解释作为一种法律活动或者行为，我们将刑法规范解释界定为有权机关为了阐明刑法规范的具体含义，从而出台具有普遍效力的规范性法律文件的行为，而从静态来看，刑法规范解释就是有权机关因此出台的规范性法律文件。我们将刑法适用解释界定为法官在案件审理过程中对案件中的刑法规范和事实进行的解释，落实到静态上，就是法官在判决书中对相关问题进行的说理和论证内容。从定义来看，两者的区别主要体现在解释主体和效力上，不同的主体与效力导致两者的解释性质不同，刑法规范解释是抽象解释，刑法适用解释为具体解释。

抽象解释"仅仅发生在具有制度性安排的解释行为之中，解释作为一种同具体司法行为完全独立的行为在一个相对抽象的环境下发生,解释并不同个案发生往来和交流,即使它最终可能仍然来源于具体案件,但是它并不是为了某一个具体案件而行动,也并不在某一个具体案件的司法判决中加以体现"①。与抽象解释相对,刑法适用解释作为具体解释,不具有机构性,其解释结论来源于法官个人的司法经验和对案件涉及的规范和事实的理解,即使案件相似,不同案件也会因裁判者的不同而被打上不同法官特有的烙印。任何案件的审理和裁判过程,都无法离开刑法解释,适用刑法必然伴随着刑法适用解释。近些年来,这类针对个案进行的刑法适用解释愈来愈受到重视,最直接体现在判决书中的是法律论证的增加。从判决书的内容来看,法官更多地将对规范和事实的解释内容纳入判决书当中,为分析论证裁判结论提供了具体依据,在司法公开理念不断贯彻的今天,对适用解释加以重视有利于实现法律公平正义的价值,缓解案件裁决过程中法律适用与舆论民意之间的紧张关系。规范与事实相连接的过程中,总是不可避免存在着一定的鸿沟,与有限的抽象规范内容相比,法律事实的发生总是具有无限可能,因此,在法律适用过程中,再英明的裁判者都无法将所有法律事实找到其相应的法律规范,此时刑法适用解释就是弥合规范与事实之间鸿沟的最有效工具。

另一方面,刑法规范解释与刑法适用解释的区别还体现在解释的对象上。刑法规范解释解释的对象主要为刑法规范,是对规范含义进行的说明。而由上所述,由于刑法适用解释发生在具体个案的司法适用过程中,因此,刑法适用解释的解释对象则不限于刑法规范,还包括对事实的解释。近些年来,对刑法解释的概念界定,学者不再将解释的功能界定在"对含义的阐明",而开始追随着诠释学的脚步,将刑法解释以会话的方式展开,完成了从"主客体间性"到"主体间性"的跨越,认

---

① 林维:《刑法解释的权力分析》,中国人民公安大学出版社2006年版,第32页。

为"刑法的解释就是在心中充满正义的前提下,目光不断地往返于刑法规范与生活事实的过程""解释者所要做的,便是使文字与正义形成一体。概言之,解释者在解释刑法时,必须根据刑法规定犯罪的实质的、争议的标准,并且在刑法用语可能具有的含义内,确定犯罪的范围,使实质的、争议的标准与刑法用语的含义相对应,正确界定犯罪的内涵与外延"①。这种观点较好诠释了刑法适用解释的概念。刑法规范解释虽属于解释的属性,但是从实然的角度来看,很多规范性解释文件已经脱离了解释性质,实质上已经成为了一般法律,规范性解释文件一经出台,即可以适用全部相关案件,其出台的解释规范在表述上亦具有抽象性,因此,刑法规范解释具有一次适用的特点。而刑法适用解释"实际上是将刑法解释看做一个动态的反复过程。这种动态过程,说明刑法解释的结论是解释者不断探求的结果,而且这一结果是'在往返中走向正确的',或者说解释结果是相对确定的。"②刑法适用解释发生在真实的场景中,这些场景都需要解释者告别抽象的文字游戏,将法律真切地还原到具体的案件事实中去。

(三) 刑法规范解释与刑法适用解释的互动关系

刑法规范解释与刑法适用解释虽然存在着诸多区别,但两者也存在着互动关系。如果将刑法规范解释和刑法适用解释看作是动态的过程,即将解释作为有权机关和主体的一种活动来看,刑法规范解释的出台是为了刑法适用解释服务。法官在进行刑法适用解释过程中,在就该问题的刑法规范解释尚未出台之前,其解释的对象仅为刑法典本身。但是,由于刑法典的规定较为抽象,同时,现阶段法院法官尤其是基层法院的法官业务水平有限,很难做到对文本内容进行准确解释,更为重要的是,由于法律解释具有相对性,对同一用语进行解释将导致不同的

---

① 张明楷:《刑法分则的解释原理》(第二版),中国人民大学出版社2011年版,第5页。
② 付玉明:《刑法解释的诠释学论说——刑法解释的构成解读》,载《河南财经政法大学学报》2012年第1期。

解释结果出现,法官在解释刑法过程中难以保证绝对中立,往往都存在着一定的司法偏见,正如诠释学学者所言,偏见概念本来并没有我们加给它的那种含义。偏见并非必然是不正确的或错误的,并非不可避免地会歪曲真理。事实上,我们存在的历史性包含着从词义上所说的偏见,它为我们整个经验的能力构造了最初的方向性。偏见就是我们对世界开放的倾向性。① 由法官直接解释刑法文本将导致解释的结果多元化,在中国当前的社会环境之下,并不允许这种多元化的存在。同案同判虽是一个美好的愿景,法律解释的存在可以使裁判结果向这一愿景更进一步。通过刑法规范解释,让刑法适用解释的结果更趋于统一,是刑法规范解释的主要动因。

另一方面,从静态的角度来看,可以将刑法规范解释和刑法适用解释都以文本的形式固定化,刑法规范解释是已出台的法律解释规范性文本,而刑法适用解释则是体现在判决书中的裁判理由说明。刑法规范解释是刑法适用解释的对象。法官在对刑法进行适用解释时,其解释的对象包括规范、事实以及规范与事实的联系三部分。其解释规范的过程中,不仅仅需要对刑法典进行解释,同时也要对刑法规范解释进行再解释。此时,刑法适用解释与刑法规范解释就存在着解释与再解释的关系。同时,刑法规范解释是刑法适用解释的提炼与概括。在刑法适用解释中出现的问题和争议,由刑法规范解释定分止争加以解决。从解释权运作方式来看,各级人民法院的法官在案件审理过程中出现问题,通过层报向最高人民法院请求进行解释,另一方面,最高人民法院也定期通过调研的方式,查找审判工作中出现的问题,其最终解释结论的选择也并非是最高人民法院工作人员任意解释的结果,也征求了相关司法工作人员的建议和意见。

因此,可以看到刑法规范解释和刑法适用解释存在着互动关系。

---

① 参见〔德〕汉斯—格奥尔格·伽达默尔:《哲学解释学》,夏镇平译,上海译文出版社2004年版,第9页。

刑法规范解释是抽象解释,是诸多刑法适用解释抽象提炼的结果,刑法适用解释是具体解释,是刑法规范解释在法院案件审理工作中的具体化。刑法规范解释与刑法适用解释共同构成了我国刑法解释体制。

三、刑法解释与刑法修订

刑法修订、刑法立法解释与刑法司法解释在刑法制定、修改和适用过程中发挥着重要作用,是刑法典与复杂多变的社会生活事实沟通的桥梁,是实现刑法稳定性与明确性的重要路径。然而,近些年来,刑法修订与刑法解释的界限日趋模糊,解释性的立法和立法性的解释大量涌现。欲坚守罪刑法定原则之底线,必须厘定刑法修订、立法解释和司法解释之间的界限:司法解释只能在文本规范内进行解释,"两高"对条文理解上的争议由立法解释进行裁决,只有确实需要对条文进行增减的情况方能进行修订。解释者不能超越罪刑法定之界限,越俎代庖进行创设性解释;立法者亦不可随意修改条文,更不能自降身价任意解释。

刑法修订、立法解释、司法解释在刑法完善和适用中发挥着不可替代的作用,三者之间存在着逻辑上的有机联系、功能上的纵深递进关系。对法律的修订和解释是对现实需要的满足,司法解释、立法解释和刑法修订分别基于不同的现实需要,有其不同的功能定位,因此,通过确定三者功能定位,对三者界限进行清晰厘定,从而使得司法解释、立法解释和刑法修订在刑事法律制度中各归其位,各司其职。

(一)刑法修订的功能定位与实现

1. 刑法修订的内在动因——顺应社会发展,填补法律漏洞

《宪法》第 67 条第 3 项规定,全国人大常委会有权在全国人大闭会期间对后者制定的法律作"部分补充和修改"(但不得与该法律的基本原则相抵触)。全国人大常委会通过出台刑法修正案行使对刑法进行修订的权力。刑法修正案是由国家立法机关制定颁布的对刑法典某一

条文或某一部分进行修改或补充的规范性文件。这里的"修改"是指对刑法典中原有的过时的或者不适合现实需要的刑法条文加以改正;这里的"补充"是指对刑法典中已有内容的缺漏或不完备之处加以补正或完备。① 刑法修订是全国人大常委会行使立法权的体现,刑法修订是一种立法活动。

迄今为止,全国人大常委会已经出台了一个补充规定和八部刑法修正案,立法机关如此大规模地对刑法典进行修订有其特殊的内在动因。从本质来看,刑法修订是对全社会以及社会中的个体需要的回应。"法律修改是一种既存的事实,这种事实是人的一种需要,是人类为自身的安全和发展而提出的一种心理需要,它是在满足了基本的生存需要后,对生存的安全和稳定的更进一步的要求。"② 从现实来看,一方面,刑法修订是顺应社会发展,实现刑法法益保护价值的重要手段。社会经济的不断发展,社会分工的不断细化,使得社会关系日趋复杂,社会利益更加多元,这就直接导致了社会中出现了无法被当时刑法制定者所预见到的行为,尤其在经济犯罪领域表现明显。例如在1997年《刑法》颁布时,我国金融交易市场中尚不存在期货交易,刑法典自然不会对期货犯罪加以规定,因此,期货交易市场建立和发展后,所衍生出的期货犯罪行为就只能通过刑法修订将其纳入犯罪圈中。而近几年来,人们更是愈发认识到正处在风险社会当中,随着高新科技的不断发展,人类本身面临的潜在危险不断增多,公众整体不安感增强,对刑罚的依赖程度加深,要求刑法保护的范围不断增大。③《刑法修正案(八)》新增的危险驾驶罪正是对这样一种现实需求作出的有力回应。另一方面,法律漏洞的客观存在要求刑法修订对其加以填补。1997年《刑法》

---

① 参见黄华平、梁晟源:《试论刑法修正案的立法模式》,载《中国人民公安大学学报》2005年第3期。
② 杨斐:《法律修改研究:原则·模式·技术》,法律出版社2008年版,第17页。
③ 参见王玉珏、曲玉梁:《论刑法修正案对法定犯之修订》,载《法学》2011年第4期。

本身所具有立法技术的不成熟、立法粗疏、立法体系内的矛盾等问题也使得立法机关必须通过颁布刑法修正案对刑法典进行修正,刑法修正是填补法律漏洞的唯一方式。

2. 刑法修订的外在实现

梳理现有刑法修正案可以看到,全国人大常委会对刑法总则和分则的条文都进行过修订,累计修改条文达79条。立法机关主要通过以下具体修订形式实现顺应社会发展、填补法律漏洞的修订目的。

(1) 修改总则

目前为止,总共八个刑法修正案中前七个以及一个补充规定只对刑法分则进行了修改,未涉及刑法总则的内容。但《刑法修正案(八)》则在对分则进行修改的同时,对总则也进行了大幅度的修改。延长了数罪并罚制度下有期徒刑的最高刑,规定了社区矫正制度,对坦白、缓刑、假释、减刑等制度进行了较大的修改。这些制度的调整和完善,均是围绕着罪与罚展开,对公民的人身、财产等重大法益进行了调整,可以说是对刑法典进行的实质性根本的修改。

(2) 增设新罪

随着经济社会的不断发展,新的危害社会行为也不断产生,原有的法律体系亟须调整自身,才能有效地制裁危害社会行为。增设新罪主要是两种形式,一是修正案直接在刑法条文之后增加一条,以某条之一的形式出现;二是修正案直接在原条文上修改,使其在内容上增加新的犯罪行为,如《刑法》第181条和182条规定。总体上来说,在保持刑法典条文总数不变的基础上,扩大犯罪圈。如在《刑法修正案(五)》中增设妨害信用卡管理罪,在《刑法修正案(六)》中增设背信损害上市公司利益罪、骗取贷款、票据、金融凭证罪等,在《刑法修正案(七)》中增设利用影响力交易罪等等。[①]《刑法修正案(八)》中提出将醉驾等行为

---

① 参见王玉珏:《对刑法修正案模式之再思考》,载《社会科学家》2011年第3期。

入罪。

但对于修正案增设新罪功能,有学者提出不同意见,认为"反思过去的修法,真正应该引起批评的,是增加新罪名的补充部分,这部分不应该由全国人大常委会以修改或补充的方式进行,而应该属于制订权,属于全国人大的权力。"①笔者认为,由全国人大制定新罪不仅在客观上无法缓解社会对刑法发展的迫切需求,也是对立法资源的一种很大浪费,刑法修订权当然包含着增设新罪的权力,全国人大常委会增设新罪的行为是正当行使《宪法》与《立法法》所规定的对法律的修改补充权。

(3) 修改构成要件

改变其原有的犯罪构成使其适应社会发展的需要,主要体现在以下四点:

其一,扩大犯罪主体的范围:如《刑法修正案(六)》将第134条中重大责任事故罪主体扩大到"从事生产、作业的一切人员"。

其二,降低入罪门槛:将犯罪类型由结果犯调整为危险犯,如《刑法修正案(四)》对生产、销售不符合标准医用器材罪的修改。《刑法修正案(六)》将第135条重大劳动安全事故罪中"劳动安全设施不符合国家规定,经有关部门或单位职工提出后,对事故隐患仍不采取措施"的构成要件删除,降低了入罪门槛。

其三,扩大犯罪对象:如《刑法修正案(三)》与《刑法修正案(六)》不断扩大洗钱罪犯罪上游犯罪的范围。《刑法修正案(三)》中只有"毒品犯罪、黑社会性质组织犯罪、走私犯罪的违法犯罪所得及其产生的收益"才构成洗钱罪的对象,《刑法修正案(六)》则进一步将洗钱罪的犯罪对象扩大到"贪污贿赂犯罪、破坏金融管理秩序犯罪、金融诈骗犯罪的所得及其产生的收益"。

其四,增加新的犯罪行为表现形式:如《刑法修正案(七)》对第225

---

① 张波:《论刑法修正案——兼谈刑事立法权的划分》,载《中国刑事法杂志》2002年第4期。

条非法经营罪的犯罪方式进行了增加,"非法从事资金给付结算业务的"也构成非法经营罪。

(4)调整法定刑

从整体上来看,全国人大常委会通过出台刑法修正案以提高法定刑幅度趋势较为明显,如《刑法修正案(七)》将巨额财产来源不明罪的法定最高刑从原来的5年有期徒刑提升至10年有期徒刑。降低法定刑幅度则表现为两方面:一是在一个犯罪中降低了原有的法定刑幅度,如《刑法修正案(七)》将绑架罪的起刑点由原来的10年有期徒刑降至5年有期徒刑;二是适当减少死刑的罪名,《刑法修正案(八)》中取消了13个经济性非暴力犯罪的死刑。①总体来说,在刑法修订过程中,提升法定刑的趋势明显高于降低法定刑的趋势。这也一定程度上表明重刑主义倾向在我国刑法中的体现。

(二)立法解释的功能定位与体现

1. 立法解释的内在动因——终结理解分歧,明确规范含义

1981年第五届全国人大第十九次常委会通过的《关于加强法律解释工作的决议》(以下简称《决议》)首次规定了全国人大常委会的立法解释权,《决议》规定,凡关于法律、法令条文本身需要进一步明确界限或者作补充规定的,由全国人大常委会进行解释或用法令加以规定。《立法法》第45条规定,"法律有以下情况之一的,由全国人民代表大会常务委员会解释:(一)法律的规定需要进一步明确具体含义的;(二)法律制定后出现新的情况,需要明确适用法律依据的。"长期以来,很多学者对于立法解释是否具有存在的必要存在质疑。② 笔者认

---

① 参见王玉珏:《对刑法修正案模式之再思考》,载《社会科学家》2011年第3期。
② 例如张志铭认为,立法解释超越解释范围,表明立法解释与立法之间界限不清,而如果立法解释不能区别于立法(法律的立、改、废),我们就无法证明在法律的范围之外设立立法解释的必要性。立法解释权长期虚置或实际旁落则可能表明:在解释对象重合(皆为基本法律、法律)的情况下,立法解释除去立法的内容之外,实际上并没有什么不同于实施机关对法律解释的内容。参见张志铭:《法律解释操作分析》,中国政法大学出版社1999年版,第244页—第251页。

为,立法解释作为"全国人大常委会对刑法规范的含义所作的阐明"①,有其在法律体系中存在的必要性,其存在的内在动因就是我国的刑法解释体制。

我国法律将司法解释权授予了最高人民法院和最高人民检察院,由于各机关所站角度不同,立场则有所不同,在价值取向上也会有所不同,从而导致不同机关对相同法律条文含义理解不同,各自所制定的司法解释内容之间甚至存在着冲突。多元解释主体的解释体制下,需要一个终极权威者作为中间裁判者,解决各机关对法律理解的冲突,而立法机关正可以担此重任。基于此,《决议》规定凡关于法律、法令条文本身需要进一步明确界限或者作补充规定的,由全国人大常委会进行解释或用法令加以规定;凡属于法院审判工作或检察院检察工作中具体应用法律、法令的问题,分别由最高人民法院和最高人民检察院进行解释,两院解释如有原则分歧,报请全国人大常委会解释或决定。"立法解释权的强化不仅符合了中国法律解释的传统,而且也在这种一元化的国家权力结构中找到了安身立命的场所。在这种权力结构模式和法律解释体制下,国家立法权处于最高地位。"②

这种裁决机制,对于解决各机关各行其政、任意依照自己出台的司法解释开展司法和执法活动,具有重要意义。"在二元多极的刑法解释体制下,全国人大常委会的立法解释权不仅意味着对刑法作出解释的主动权,而且取得了一种对司法解释居高临下的控制权。"③从现有立法来看,《关于刑法第三百八十四条第一款的解释》《关于刑法第二百九十四条第一款的解释》《关于刑法第九章渎职罪主体的解释》《关于刑法有关出口退税、抵扣税款的其他发票规定的解释》《关于刑法有关文物

---

① 林维:《刑法解释的权力分析》,中国人民公安大学出版社 2006 年版,第 309 页。
② 唐稷尧:《事实、价值与选择:关于我国刑法立法解释的思考》,载《中外法学》2009 年第 6 期。
③ 林维:《刑法解释的权力分析》,中国人民公安大学出版社 2006 年版,第 65 页。

的规定适用于具有科学价值的古脊椎动物化石、古人类化石的解释》均是"两高"对法律的理解出现分歧的情况下,最终由全国人大常委会进行解释的。

"当社会生产方式的进步要求某种法律形式时,现实生活中尚未存在的法律形式就会被创造出来;甚至原来的概念、范畴都会发生新的变化以适应法律的成长和发展要求。"①这种对概念和范畴的更新并非是对罪刑法定原则的突破,而是对立法机关刑法修订行为的有效配合。因为伴随着社会发展,概念与范畴的内涵发生了改变,这种改变体现在社会生活中,体现在每个社会成员的认知里,也同样应当为法律所体现,因此,立法解释正是要发挥这种确认和明确规范含义的职能。通过对现有立法解释进行梳理和归纳可以看到,现有九部立法解释均是通过明确词语概念,进行抽象性解释来实现其解释权力,也确实在发挥着上述作用。

2. 立法解释的外在实现

立法解释内容通常比较简短,通过下定义、确定构成要件要素的方法,对涉及犯罪构成的重要词语的内涵和外延进行界定,其表现形式和性质可以类比为刑法总则第五章"其他规定"中的解释性条款。刑法一经出台应当具有稳定性,不能朝令夕改任意增减条文内容。对于条文中出现的重要概念的界定,与其通过继续修改法律增加解释性条款的方式来对其含义加以明确,不如选择利用立法解释对其加以规定。例如全国人大常委会《关于刑法第二百二十八条、第三百四十二条、第四百一十条的解释》中对"违反土地管理法规"的含义进行的解释。其解释背景在于,《刑法修正案(二)》将第342条非法占用耕地罪的犯罪对象扩大到耕地、林地等农用地,将罪名改为非法占用农用地罪,由于犯罪对象的扩大,使得第342条中"违反土地管理法规"的含义相应扩大,

---

① 李道军:《法的应然与实然》,山东人民出版社2001年版,第320页。

包含了森林法、草原法等规范林地或其他农用地法律适用的前置性法律和行政法规。这种立法解释明确了重要词语的含义,且不需对刑法条文进行修改,既维护了刑法的稳定性,又实现了刑法的明确性要求。

(三) 司法解释的功能定位

1. 司法解释的内在动因——统一司法尺度,精准司法适用

《决议》《人民法院组织法》《人民检察院组织法》将司法解释权授予了最高人民法院和最高人民检察院。研究司法解释制度,不能忽视中国现实法律土壤,统一司法尺度,解决类型案件的法律适用问题是司法解释的最重要内在动因。规范性解释所发挥的这种"准立法"的媒介作用,在我国有其历史背景和观念基础,有着较强的适应性,能够有效缓冲严格规则与自由裁量的紧张关系,具有丰富的"正当性资源"。[①]

从刑法条文的规定来看,我国刑法条文规定得过于模糊是司法解释大量存在的重要原因。有学者主张,应当坚持细密立法观,理由在于"立法的抽象程度和法律解释权的大小成反比关系:立法越抽象(粗疏立法就是其表现形式之一),法律解释的余地就越大;立法越细密,法律解释权就越小。法律解释权越大,越权法律解释出现的可能性也就越大。"[②]然而,笔者认为,现存的粗疏立法模式建立在我国处于社会转型持续期这一国情的基础之上,是实现立法稳定与社会易变之间平衡的必由之路。以经济犯罪为例,在社会转型阶段,很多犯罪由政府管制而起,而现如今政府管制松动是我国经济发展的必然趋势。根据二次违法理论,前置立法改变将直接影响到刑法的规定,如果刑法规定过于细密,一旦前置性法律法规作出修改,而刑法修改又需要较长的周期,将直接造成法律之间的矛盾。改革开放以来,这些前置性的法律法规一直处于变动状态,过于细致地对与其相对应的刑法罪名的构成要件进

---

① 参见张文、牛克乾:《中国规范性刑法解释的实然与应然》,载陈金钊、谢晖主编:《法律方法》(第九卷),山东人民出版社2009年版。
② 赵秉志、陈志军:《论越权刑法解释》,载《法学家》2004年第2期。

行规定,只会带来刑法一次又一次的修订。① 因此,应当使用空白罪状或对构成要件进行原则性规定,才能满足前置性规定频繁变动的需求,以追求法律的稳定性。

当然,法律规定的模糊性导致法官自由裁量权的扩大,而中国的法治现状,在不断挤压着法官自由裁量权的适用空间。在当前法治化程度还需要进一步提高的社会现实背景下,民众对司法适用不统一有着本能的反射性的抗拒。法律适用人人平等是刑法重要原则,但是绝对化的"同案同判"无疑是一个无法实现的美好愿景。在司法实践中,即便是适用法律正确、事实清楚的案件,由于媒体报道的案情有限,甚至断章取义,这些所谓"司法不公"的案件严重刺激着普通民众的神经,不断引发舆论对司法公正的质疑,自由裁量权岂敢轻易扩大?"也许没有任何一个审判制度应该力求完全取消自由裁量权,但是把责任基本原则所重视的权力交给法律官员们的良知,这应是采取的最后一种手段。"②

此外,中国社会正处在转型时期,新的犯罪现象不断出现,法官的办案水平还需要进一步提高,对类型案件统一处理的难度也大大加大,司法人员渴望有一个更为具体的标准来指导他们从事司法活动。正是基于这样的现实需要,对案件中的具体问题给以详细解答的司法解释,就扮演了"司法活动的参考书"的角色。以非法集资为例,随着我国经济的不断发展,非法集资的手段行为也愈发专业化、技术化,犯罪分子往往改头换面以合法经营行为掩盖其集资行为,如当时轰动全国的万里大造林案、蚁力神案等。然而对于司法机关而言,由于刑法对非法吸收公众存款罪、集资诈骗罪构成该要件的规定相对模糊,其对于这些新

---

① 例如洗钱罪被 1997 年《刑法》规定后,先后被《刑法修正案(三)》和《刑法修正案(六)》修改,洗钱罪的上游犯罪的范围一次又一次被扩大。
② 〔美〕道格拉斯·N.胡萨克:《刑法哲学》,谢望原等译,中国人民公安大学出版社 2004 年版,第 110 页。

的犯罪手段是否适用非法吸收公众存款罪仍存在疑问。基于此,2010年12月最高人民法院出台了《关于审理非法集资刑事案件具体应用法律若干问题的解释》,将"以转让林权并代为管护等方式非法吸收资金的""以代种植(养殖)、租种植(养殖)、联合种植(养殖)等方式非法吸收资金的"等情形规定为非法吸收公众存款罪,解决了司法实践中的争议,使得同类案件获得相同处理。

司法解释大量出台是对当前中国现实的本能反应,出台司法解释,在立法预留的空间内,对案件具体法律应用问题进行解释,尽可能地统一司法适用的尺度,是国家维护社会稳定的重要手段。司法解释将案件的处理具体化、明确化,对于司法机关来说,只有明确的法律规范才能保证司法机关在适用过程中端平手中的天平,而对于民众来说"只有具有明确性的法律规范,才能在民众心中树立起相对固定的'行为—法律后果'之间的预期,从而使法律规范对于它所指向的人具有拘束力"①。

2. 司法解释的外在实现

(1) 解释条文内容中的定性因素

在现有司法解释中,数量最多、对司法实践影响最大的解释类型就是对类型案件具体法律应用问题所作出的解释,其标题多为"关于办理/审理某某刑事案件具体应用法律若干问题的解释",而此类司法解释中,主要对条文内容的定性因素以下面的形式进行了解释。

第一,列举行为表现形式。

司法解释对于犯罪构成中的某一要件在司法实践中的主要表现形式进行列举,一般在解释文本中表现为:"具有下列情形之一的,可以认定为某某"。例如,2011年最高人民法院、最高人民检察院、公安部《关于办理侵犯知识产权刑事案件适用法律若干问题的意见》第10条规

---

① 杨书文:《刑法规范的模糊性与明确性及其整合机制》,载《中国法学》2001年第3期。

定,"除销售外,具有下列情形之一的,可以认定为'以营利为目的': (一) 以在他人作品中刊登收费广告、捆绑第三方作品等方式直接或者间接收取费用的;(二) 通过信息网络传播他人作品,或者利用他人上传的侵权作品,在网站或者网页上提供刊登收费广告服务,直接或者间接收取费用的;(三) 以会员制方式通过信息网络传播他人作品,收取会员注册费或者其他费用的;(四) 其他利用他人作品牟利的情形。"

第二,细化具体适用标准。

有的司法解释中,通过细化对某一构成要件要素的适用标准来实现统一司法的目的。通过下定义的方式进行细化是一种最为普遍的情形,例如2012年最高人民法院《关于审理盗窃案件具体应用法律问题的解释》中对扒窃的概念进行了细化限定——"扒窃是指在公共场所或公共交通工具,对被害人随身携带的财物进行盗窃",以此对扒窃行为的认定进行具体化、明确化。设定构成要素是另外一种表现形式,解释中设定构成要素并非是同刑法条文一样对某一犯罪的构成要件进行规定,而是对符合某一构成要件所需具备的条件进行设定。在解释文本中一般表述为"同时具备下列几个条件的,应当认定为某某"。例如2010年最高人民法院《关于审理非法集资刑事案件具体应用法律若干问题的解释》中第1条规定认定为"非法吸收公众存款或者变相吸收公众存款"应当同时具备下列四个条件:"(一) 未经有关部门依法批准或者借用合法经营的形式吸收资金;(二) 通过媒体、推介会、传单、手机短信等途径向社会公开宣传;(三) 承诺在一定期限内以货币、实物、股权等方式还本付息或者给付回报;(四) 向社会公众即社会不特定对象吸收资金。"

第三,提示总则对分则的适用。

在对具体案件处理过程中,除了通过适用刑法分则对其进行定罪量刑以外,刑法总则的规定也同样被适用在个罪处理中。为了规范总则的适用,司法解释将总则对分则适用的情况进行规定,而这种规定仅应发挥提示作用,是一种"注意规定"。这一类规定主要体现在司法机关对类型案件量刑的规定中,将刑法总则中规定的从轻、减轻情节在司法解释中再次进行阐述,以起到提示作用。例如2000年最高人民法院《关于审理拐卖妇女案件适用法律有关问题的解释》第2条规定,"外国人或者无国籍人拐卖外国妇女到我国境内被查获的,应当根据刑法第六条的规定,适用我国刑法定罪处罚。"

第四,提示刑法原理的适用。

刑法总则规定中并不能穷尽所有刑法原理性,对于实践中出现的刑法条文没有具体规定但可以用刑法原理进行处理的情况,如对罪数的认定、溯及力的确定可以通过司法解释加以提示适用。例如,2009年,最高人民法院《关于审理洗钱等刑事案件具体应用法律若干问题的解释》第3条规定,"明知是犯罪所得及其产生的收益予以掩饰、隐瞒,构成刑法第三百一十二条规定的犯罪,同时又构成刑法第一百九十一条或者第三百四十九条规定的犯罪的,依照处罚较重的规定定罪处罚。"这条规定是对洗钱罪、掩饰隐瞒犯罪所得罪与窝藏、隐瞒毒品、毒赃罪出现想象竞合的情况,提示按照想象竞合从一重罪原则处理的典型。

(2) 解释规范中的定量因素

定量因素的大量使用是我国刑法的特色,近几年来出台的刑法修正案也不断将原来刑法中对犯罪规定的具体数额、情形,修改为表述模糊的"情节严重""数额较大"等定量因素。① 这与我国社会经济快速发展,社会转型具有持续性特征的社会背景密切相关。对于数额犯而言,如果在刑法中直接规定犯罪数额,几年前甚至十几年前刑法规定的犯

---

① 例如《刑法修正案(八)》将刑法第338条污染环境罪的构成要件由"违反国家规定,排放、倾倒或者处置有放射性的废物、含传染病病原体的废物、有毒物质或者其他有害物质,造成重大环境事故的"修改为"违反国家规定,排放、倾倒或者处置有放射性的废物、含传染病病原体的废物、有毒物质或者其他有害物质,严重污染环境的"。

罪数额,显然与今天相同数额的社会危害性是不同的。因此,在条文中设置定量因素对于平衡刑法稳定性与社会易变性之间的关系发挥着重要作用。

刑法条文中定量因素主要包括以下情形:数额巨大(及数额较大、数额特别巨大等)、情节严重(及情节特别严重等)、造成严重后果(及造成特别严重后果等)、情节恶劣(及情节特别恶劣的)、严重破坏"某某"秩序等。司法机关不无例外地对这些定量因素都进行了解释,这种解释在不破坏现有条文的情况下,及时应对社会发展变化,能够有效规范司法适用,统一定罪量刑尺度。

(3) 规定具体制度执行细则

司法解释对具体制度执行细则的情况主要体现在总则的规定上,尤其以刑罚部分居多,如 2000 年最高人民法院《关于适用财产刑若干问题的规定》、2010 年最高人民法院《人民法院量刑指导意见(试行)》、2010 年最高人民法院、最高人民检察院、公安部、司法部《关于对判处管制、宣告缓刑的犯罪分子适用禁止令有关问题的规定(试行)》、2012 年最高人民法院、最高人民检察院、公安部、司法部《社区矫正实施办法》等。这些针对具体制度规定的实施细则对于增加制度施行的可操作性,统一全国的制度施行具有十分重要的作用。

(四) 刑法修订与刑法解释界限厘定

功能定位是刑法修订和解释的积极要件,界限厘定则是刑法修订和解释的消极要件。在应然的层面上,从修订和解释的出发点来看,现实需要决定了它们的功能定位,意味着修订和解释"可以做什么"。然而,在实然的角度上,权力本身的扩张性,导致了在司法实践中,刑法修订和刑法解释僭越了自身的权力范围,因此,需要明确修订和解释"不可以做什么"。

司法解释—立法解释—刑法修订是一个逐渐递进的关系,这种递进关系首先体现在对现有法条的突破程度逐步加深,因此在制定主体上要求的层级越来越高,对制定程序要求越来越高。近些年来,在立法活动中,司法解释、立法解释和刑法修订三者之间的界限正逐步模糊,原本清晰的职能划分演变成了大量存在的交叉"立法"现象。笔者将择其典型,通过对三者进行两两比较,进一步厘定刑法修订与刑法解释之间的界限。

1. 刑法修订与立法解释

刑法修订与立法解释最主要的共同点是两者制定主体均为国家立法机关即全国人大常委会。然而,尽管两者制定主体相同,但是两者权力性质完全不同,刑法修订的性质是立法,而立法解释的性质只能是解释,立法解释不能因主体具有立法性而演变为一种立法活动。立法与解释,是完全不同的两种活动。立法,是对法律规范的立、改、废,其最明显的表现是对法律规范的直接更新,对法条内容的直接增加和减少。而解释,是建立在不对现有条文作任何改动的前提下,以法律规范为文本,对其文本中的内容进行阐明,这种阐明必须在法条中词语内涵和外延内进行,因此,立法和立法解释之间可以具有且应当具有清晰的界限。对立法和立法解释的选择,应当坚持如下两个原则。

(1) 尽量避免对条文的变动,能解释就不修订

在适用顺序上,应当坚持立法解释优先,可以通过解释给出答案的就不应当再通过刑法修订而将其规定在刑法条文当中。法律调整的生活事实,多种多样,无法穷尽。反之,法律条文的数量则尽可能精简且具备条理性。法律所调整事实的无限性与法律规范数量的有限性之间的辩证关系必然要求在语言上产生如下结果:成文法规范必须包含普遍的、一般的评价标准。[①] 自 1999 年第一部《刑法修正案》颁布至今,短短十余年间,近五分之一的法条被修改,如此大规模的修法是否真的有必要呢?通过对修正案内容进行梳理,笔者发现,有相当数量的条文是对规范中词语的含义进行了未超过词语本身含义的平义解释。为了减

---

① 参见〔德〕魏德士:《法理学》,丁晓春译,法律出版社 2005 年版,第 84 页。

少法条变动,保持法条的稳定性,节约立法资源,这种解释工作理应由立法解释来完成。例如《刑法修正案(八)》直接吸收了全国人大常务委员会《关于刑法第二百九十四条第一款的解释》中对黑社会性质组织特征的全部内容。对于为何将立法解释上升为刑法修正案,全国人大法工委黄太云认为,"由于其是以立法解释的形式存在,容易被忽视,有些地方的司法机关仍以本部门的司法解释作为认定黑社会性质的组织的依据,导致对黑社会性质的组织罪的认定上出现分歧。"①笔者以为,"容易被忽视"的说明显然乏力。我们迄今为止出台了9个立法解释,为什么其他几个不会被忽视?而且,"立法解释"岂能被忽视?事实上,我们对全国人大常务委员会《关于刑法第二百九十四条第一款的解释》的出台背景进行考察可以看到,当时立法解释的出台正是因为最高人民法院和最高人民检察院对黑社会性质的组织特征理解不一致,在最高人民检察院向全国人大常委会提出立法解释要求后,由全国人大常委会作出了立法解释。②既然立法解释已经发挥了解决分歧的功能,《刑法修正案(八)》再加以规定就显然是多此一举了。

(2) 无法为刑法规范内部涵盖的内容只能修订

立法解释虽然由立法机关作出,但是解释仍然是立法解释的唯一

---

① 黄太云:《刑法修正案解读全编——根据刑法修正案(八)全新阐释》,人民法院出版社2011年版,第50页。
② 2000年12月,最高人民法院公布了《关于审理黑社会性质组织犯罪的案件具体应用法律若干问题的解释》,规定"黑社会性质的组织"一般应具备以下四个特征:"(一)组织结构比较紧密,人数较多,有比较明确的组织者、领导者,骨干成员基本固定,有较为严格的组织纪律;(二)通过违法犯罪活动或者其他手段获取经济利益,具有一定的经济实力;(三)通过贿赂、威胁等手段,引诱、逼迫国家工作人员参加黑社会性质组织活动,或者为其提供非法保护;(四)在一定区域或者行业范围内,以暴力、威胁、滋扰等手段,大肆进行敲诈勒索、欺行霸市、聚众斗殴、寻衅滋事、故意伤害等违法犯罪活动,严重破坏经济、社会生活秩序。"最高人民检察院2001年11月向全国人大常委会递交报告,认为最高人民法院上述司法解释是在《刑法》第294条规定之外认定黑社会性质的组织又附加了条件。尤其是这四个特征中的第三个特征(要有非法保护)的规定,突破了《刑法》第294条规定,致使一批"严打"政治斗争中正在办理的黑社会性质组织犯罪案件,不能依法追究,造成打击不力。因此,全国人大常委会出台了《关于刑法第二百九十四条第一款的解释》。参见黄太云:《立法解读:刑法修正案及刑法立法解释》,人民法院出版社2006年版,第215页。

属性,也就意味着立法解释必须同所有刑法解释一样,只能在刑法规范内部对规范的含义予以明确。然而,对现有立法解释进行分析可以看到,大多数的立法解释均超出了原有法条的规定,作出了创设性解释。当前我国的立法权与立法解释权之间行使的区别并没有明确的法律规范,特别是当同一机关同时掌握立法权与立法解释权时,创设性立法解释与刑法修订的提示性之间的界限变得更加模糊。有学者认为,这种创设性解释是实质刑法观的具体实践,一方面在文字可能含义的范围内,尽量将具有当罚性的行为解释在犯罪构成之内,合理地入罪,有助于实现刑法保护法益的目的,促进刑法惩罚犯罪的规范正义;另一方面,以处罚必要性来解释犯罪构成,将一些表面上符合刑法文字规定但不具有当罚性的行为排除在犯罪构成之外,适当地出罪,实质地保障了人权,因而值得继续坚持与维护。① 全国人大法律工作委员会工作人员认为这种创设性解释是在暂时无法修改法律时的权宜之计,"如果问题的性质应该修改法律,但问题比较具体,修改法律一时提不上议事日程,可以先采取立法解释的方法。"②

无论是"实质解释"还是"权宜之计"都不能成为立法解释替代刑法修订进行立法的借口。冲破法律文本的制约,超出法律文本现在的、可能的解释都是违反罪刑法定原则的类推解释。立法解释贯彻罪刑法定原则,就必须以实存的制定法为依据,"不管制定法合理与否,解释都必须与之相合。实存的制定法是解释的基础,是我们'向后看'的目的物。这种刚性的要求与法治要求的法的确定性、稳定性、可预测性相合,体现了一种严格解释的刑法精神。"③在这样的刑法精神的指引下,如果确实需要对规范的含义进行扩大,以至于超出了刑法规范内部的框架,就必须对刑法作出修订。

以 2002 年全国人大常委会作出的《关于刑法第三百一十三条的解

---

① 苏彩霞:《我国刑法立法解释立场的实证考察》,载《浙江大学学报(人文社会科学版)》2010 年第 2 期。
② 张春生主编:《中华人民共和国立法法释义》,法律出版社 2000 年版,第 143 页。
③ 齐文远、周详:《论刑法的基本原则》,载《中国法学》2004 年第 2 期。

释》为例,该立法解释对"人民法院的判决、裁定"的含义作出规定:是指人民法院依法作出的具有执行内容并已发生法律效力的判决、裁定,人民法院为依法执行支付令、生效的调解书、仲裁裁决、公证债权文书等所作的裁定属于该条规定的裁定。在民事诉讼法的语境中,裁定是指"人民法院对民事诉讼和执行程序中的程序问题以及个别实体问题所作出的权威性的判定"①。民事诉讼和执行程序中,明确适用裁定的情形包括裁定对原告起诉不予受理、对管辖权异议的裁定、驳回原告起诉的裁定、准予财产保全和先予执行的裁定等,并不包括支付令、调解书、仲裁裁决、公证债权文书等情况。"支付令、生效的调解书、仲裁裁决、公证债权文书,是当事人据以申请法院执行或者人民法院据以采取执行措施的生效法律文书"②,是完全属于裁定的范围,拒不执行支付令、生效的调解书等行为确实具有与拒不执行判决、裁定行为一样的社会危害性,但绝对不能以此作为将其直接认定为裁定的理由,如果需要将该罪的对象进行扩大,只能通过修订的方式将该罪的犯罪对象由"判决、裁定"扩大到所有据以执行的生效法律文书。

2. 刑法修订与司法解释

刑法之所以修订,其内在动因在于顺应社会发展,填补法律漏洞,对于含义无法被现有规范内容涵盖、超越规范内部框架的情况只能对现有法条进行修订。司法解释的目的是统一司法尺度,为司法实践提供更明确、具体的适用标准,司法解释的内容不能超出法条含义,更不能对法律漏洞进行补充,超越规范内部含义的解释是创设性司法解释。"创设性的司法解释是对已经建立的立法权与司法权的界限的超越,如果任由这种趋势发展下去,将会导致立法权的萎缩与司法权的过度膨胀,司法机关实际上集创设规范与适用规范的权力于一身,司法擅断将重新抬头,罪刑法定原则这一现代刑事法治的根基也将被动摇。"③刑法

---

① 张卫平:《民事诉讼法(第二版)》,法律出版社2009年版,第133页。
② 黄太云:《立法解读:刑法修正案及刑法立法解释》,人民法院出版社2006年版,第249页。
③ 李翔:《论创设性刑法规范解释的不正当性》,载《法学》2012年第12期。

修订与司法解释的界限划分应当坚持如下两条原则。

（1）不能为现有刑法规范所包含的,只能修订不能解释

根据罪刑法定原则,刑法没有作出明确规定的,不构成犯罪。"'刑法没有明确规定'不是指行为人实施危害行为的具体形式、方法、步骤没有明确规定,而是指行为人的行为性质不属于刑法分则已规定的任何类型化的罪行,或者是其社会危害程度低于任何类型化的罪行所要求的下限"①。如果司法解释想要规定的行为并不为刑法分则所有类型化的罪行所包括,那就只能通过立法将这样的行为增设进刑法条文中,否则就是创设性司法解释。对创设性司法解释的认定标准并非是看其规定的内容在刑法条文中是否具有明确的规定,司法解释不可能对已经明确规定的问题进行同语反复重复解释,更常见的情形则是司法解释对规范中的一个短语进行深入挖掘,通过概括定义、列举要件、排列情形而让抽象的语句更加具体化,概括定义和列举要件往往将抽象简短的法律名词变成一个具有确定含义的、有限定要件的、可以量化的行为标准,或者对司法实践中经常出现的情形进行列举。需要考察的是,这种解释的具体内容是否违反刑法总则规定或突破了构成要件要素的文义含义。

需要说明的是,列举行为表现形式是刑法修订和司法解释都可以采用的一种规定手段,那么什么情况下行为表现形式被增加到刑法条文中,而又在什么情况下为司法解释所规定呢？笔者认为,当新行为表现形式无法被现有刑法条文中行为表现形式当前可能存在的含义所包括时,就应当将其规定入刑法条文中,而当新行为表现形式只是现有条文中规定行为表现形式的一种特殊方式时,则完全可以通过解释的方式对其司法适用进行提示和明确。

规定非法经营罪的刑法修正案和司法解释可以为这种现象提供最

---

① 陈正云、曾毅、邓宇琼：《论罪刑法定原则对刑法解释的制约》,载《政法论坛》2001年第4期。

好的注脚。1997年《刑法》规定的非法经营罪是从1979年《刑法》中投机倒把罪中分离出的独立罪名,然而,非法经营罪的过度运用,导致其沦为新的"口袋罪",大量扰乱市场秩序的行为都被纳入到了非法经营罪的犯罪圈中。笔者认为,这并非是目前很多学者主张的刑法规范表述不明确所造成的,而是由于该罪被过度运用甚至是不合理的司法解释造成的。截止到2012年年底,共有19部司法解释对非法经营罪进行了规定,其中有大量的规定是超越原规范含义的创设性解释。非法经营罪的罪状中列举了三种非法经营罪的行为表现形式:① 未经许可经营法律、行政法规规定的专营、专卖物品或者其他限制买卖的物品的;② 买卖进出口许可证、进出口原产地证明以及其他法律、行政法规规定的经营许可证或者批准文件的;③ 未经国家有关主管部门批准非法经营证券、期货、保险业务的,或者非法从事资金支付结算业务的。其中最后一项中的"未经国家有关主管部门批准非法经营证券、期货、保险业务的"和"非法从事资金支付结算业务的"分别由《刑法修正案》和《刑法修正案(七)》增设入条文中。可以看到,之所以通过刑法修订的方式对这两种行为表现形式进行规定,是因为这两种行为不属于1997年《刑法》规定的原法条规定的前两条表现形式中的任何一种,无论如何都不能将证券、期货、保险业务和资金支付结算业务解释为专营、专卖物品,亦不能解释为经营许可证或批准文件。可以通过解释明确的行为表现形式,必须是已经被刑法条文类型化的行为,例如最高人民检察院出台的《关于办理非法经营食盐刑事案件具体应用法律若干问题的解释》对非法经营食盐的犯罪行为表现形式进行了具体规定,是因为非法经营食盐本身就可以为"未经许可经营法律、行政法规规定的专营、专卖物品"的含义所包含,因此,不需要再重复立法,单独进行解释即可。

  非法经营罪规定了"其他严重扰乱市场秩序的非法经营行为"作为兜底条款,这并不意味着任何严重扰乱市场经济秩序的非法经营行为都可以认定为非法经营罪,对其违法性的判断还应当与前三种行为表现形式相当。从法条规定可以看到,前三种行为具有共同特征——与国家对特定行业的行政许可制度相关,"从形式上看,非法经营行为首先且直接侵犯了国家对市场经济进行管理的行政许可制度"①,进言之,可以构成非法经营罪的行为也应当是对行政许可制度造成侵犯的经营行为。反观现有司法解释中的规定却将经营违法业务或者经营合法业务中扰乱市场秩序的行为认定为非法经营罪,例如最高人民法院、最高人民检察院《关于办理妨害预防、控制突发传染病疫情等灾害的刑事案件具体应用法律若干问题的解释》中将违反国家在预防、控制突发传染病疫情等灾害期间有关市场经营、价格管理等规定,哄抬物价、牟取暴利,严重扰乱市场秩序的行为认定为非法经营罪。这一行为显然不同于非法经营罪中列举的三种情况,其并非是建立在对行政许可制度的违反的基础之上,只是在合法经营期间从事了扰乱市场秩序的行为。如果要将这种行为规定为犯罪,就必须对刑法进行修订,而不是解释。

(2) 不需改变条文内容仅对条文进行阐释的,只需司法解释

通过对刑法修正案加以整理,笔者发现,似乎立法机关对司法解释及司法机关工作人员存在着一种不信任,对于一些可以通过刑法原理加以解释就能得出正确结论的问题,立法机关却将这种解释行为升级为立法行为。例如《刑法修正案(八)》对原《刑法》第 63 条第 1 款的内容进行了修正,修正后的条文表述为:"犯罪分子具有本法规定的减轻处罚情节的,应当在法定刑以下判处刑罚;本法规定有数个量刑幅度的,应当在法定量刑幅度的下一量刑幅度内判处刑罚。"其中,"本法规定有数个量刑幅度的,应当在法定量刑幅度的下一量刑幅度内判处刑罚"为《刑法修正案(八)》新增内容。在"二次量刑"过程中,第一次量刑仅是概括性的刑罚裁量,即对刑种或法定刑期幅度的选择。其裁量的结果是将某一刑种或某一刑期幅度确定为"基准刑",也即《刑法》第 63 条第 1 款所指的"法定刑"。而第二次量刑则是在此"基准刑"的下

---

① 时延安:《对非法经营罪罪状的限缩解释》,载《中国检察官》2011 年第 2 期。

一量刑幅度选择宣告刑。① 在二次量刑的理论下,通过解释即可对减刑后的量刑幅度加以明确。《刑法修正案(八)》第9条删除了《刑法》第68条第2款的规定②,笔者认为,这种修订是完全没有必要的,因为通过解释论是可以解决所谓"量刑偏轻"问题的。③

事实上,"解释者对法律的理解可能比创立者对法律的理解更好,法律也可能比起草者更聪明——它甚至必须比它的起草者更聪明。"④在罪刑法定原则的约束下,司法解释有能力也有义务对具体适用法律的问题进行解释。司法解释的功能定位在于统一司法尺度,统一不意味着创制标准,而是基于现有条文对标准进行精细化、明确化。大量司法解释条文结合总则规定,将总则的规定适用到分则具体适用中,也有大量规定,通过刑法基本原理,对分则适用加以明确,通过横向列举和阐释,纵向深入和细化,让法律规范适用得更为精准。这些解释行为的实施者应当是司法机关,立法机关不能自降身价以立法手段进行解释。

3. 立法解释与司法解释

立法解释与司法解释的性质都属于解释,立法解释与司法解释共同组成了我国刑法规范性解释。立法解释与司法解释的共同点在于,两者行使的均为对现有法律条文的解释功能,并未改变条文的数量和内容,而是对刑法条文中用语的具体概念进行阐释。我们将立法解释的实现方法限定在了对具体规范的明确上,在司法解释中,也同样会使用下定义的方法对具体规范的含义加以明确。那么两者之间的界限到底在哪里?

---

① 参见李翔:《论我国刑法中的减轻处罚——兼评修正后〈刑法〉第63条第1款》,载《中国刑事法杂志》2012年第9期。
② 1997年《刑法》第68条第2款的内容为:"犯罪后自首又有重大立功表现的,应当减轻或者免除处罚。"
③ 删掉本条的理由是本款的存在会导致量刑不均衡。例如,在故意杀人案件的共同犯罪中,主犯"自首并且有重大立功表现",通过适用《刑法》第68条第2款,就只能在9年以下判处刑罚,进而导致"量刑偏轻"问题。而事实上,通过"二次量刑"的理论,不会出现上述"量刑偏轻"的情况。"量刑偏轻"是解释论而不是立法论造成的。
④ 〔德〕G. 拉德布鲁赫:《法哲学》,王朴译,法律出版社2005年版,第115页。

1981年《决议》对立法解释与司法解释的界限作出了原则性划分。《决议》规定，凡关于法律、法令条文本身需要进一步明确界限或者作补充规定的，由全国人大常委会进行解释或用法令加以规定；凡属于法院审判工作或检察院检查工作中具体应用法律、法令的问题，分别由最高人民法院和最高人民检察院进行解释，两院解释如有原则分歧，报请全国人大常委会解释或决定。根据该条规定，立法解释与司法解释的界限在于一个是用来解决"法律、法令条文本身需要进一步明确界限或者作补充规定的"，另一个是"审判和检察工作中具体应用法律、法令的问题"。从表面上看，这种表述过于抽象，导致两者上并没有实质的区别，因为，解决具体应用法律法令中的问题的重要手段之一即为对法律、法令条文本身的界限进行明确，明确法条界限与解决应用问题本来就属于手段与目的的关系，没有办法从中厘定一条清晰的界限。

笔者认为，之所以存在着立法解释与司法解释之间的划分，并非是两者的解释内容有所差异，也绝非是两者解释限度存在区别，申言之，不能说司法解释受罪刑法定原则约束，立法解释不受罪刑法定原则约束，也不能认为两者受罪刑法定原则约束的程度有所差别。司法解释与立法解释的区分在于，两者的解释主体不同，立法解释的解释主体立法机关高于司法解释的解释主体司法机关，在罪刑法定原则之下，立法解释是决定司法解释有效与否的终极解释。古语有言，"尺寸也，绳墨也，规矩也，衡石也，斗斛也，角量也，谓之法。"①如果将刑法比作一把尺子，那么刑法典在这把尺子上标注了米和分米的刻度，而刑法解释则将分米下面细化了厘米、毫米。立法解释对司法解释的这种终极裁决作用，并不意味着立法解释可以改变单位一米的刻度值，将一米的刻度划在了两米的位置上，而是意味着立法解释决定着在分米的刻度内，一厘米、一毫米刻度的宽窄远近。

将立法解释和司法解释的界限定位于此，既是从两者权力来源属

---

① 《管子·七法》。

性角度作出的法理分析,也是为解决司法解释立法化现象的大量存在提供解决路径。对于如何解决司法解释立法化问题,很多学者提出建立单独的监督机制和退出机制,却忽略了立法解释本身对司法解释的监督和制约功能,与其再动用立法资源确立新制度,不如激活现有制度让其焕发生机。"通过立法解释制度,全国人大常委会真正地奠定了立法机关高于行政机关、司法机关的地位,具有了高于其他机关在规范解释上的话语权,实现了其监督权。"①

因此,对现有法条适用的提示性解释不需要立法解释,采取司法解释方法即可。例如在全国人大常委会《关于对〈刑法〉第三百一十三条的解释》中,对国家机关工作人员参与拒不执行判决裁定行为如何定罪进行了规定:国家机关工作人员有上述第四项行为(被执行人、担保人、协助执行义务人与国家机关工作人员通谋,利用国家机关工作人员的职权妨害执行,致使判决、裁定无法执行的),以拒不执行判决、裁定罪的共犯追究刑事责任。这一规定显然是刑法总则共同犯罪原理在分则上的具体应用,也丝毫未对共犯理论进行颠覆,这种单纯对司法适用进行提示的规定,显然不具备动用立法解释的必要性。

---

① 林维:《刑法解释的权力分析》,中国人民公安大学出版社2006年版,第383页。

第一章

鸟瞰刑法解释权配置制度

刑法解释权是有权主体对刑法规范文本的含义进行阐明的权力。刑法需要解释,在司法实践中,解释对于案件的影响有时甚至会超越法律本身,因此,刑法解释的权力归属尤为重要。刑法解释权力归属总体来说是由宪政体制决定,同时,国家所属不同法系也决定了刑法解释权的法律,导致不同国家之间刑法解释权的归属存在较大差异。尽管如此,我们仍然可以摸索出一定的发展规律。从刑法解释权发展的历史演变来看,刑法解释权从最初隶属于立法权,后来逐渐从立法权中独立出来,而演化为带有以司法机关和司法人员为主要权力主体的司法权权力属性。刑法解释权力主体的演变过程一直伴随着几对紧张关系。首先是立法者与司法者的紧张关系,立法者作为法律的创制者当然享有对自己作品的解释权,然而随着司法能动主义理念的兴起,法官在司法实践中也开始加强其对解释的创造性。其次是司法机构与司法者的紧张关系,司法者作为审判主体,解释刑法是其行使审判权的主要手段,而司法机构往往对司法者的解释进行干预。司法机构对司法者解释权的限制与司法者自由裁量权的扩张一直此消彼长。在我国,刑法解释权被分为立法解释权和司法解释权,由全国人大常委会、最高人民法院和最高人民检察院分别行使,这种二元多级的解释体制,也催生了我国刑法解释体制中特有的另一对矛盾,即最高人民法院与最高人民检察院在司法解释权限划分中的矛盾。不同机关所配置的刑法解释权基于不同的价值基础,也承载了不同的法律功能。下面将从权力配置角度对刑法解释问题加以研究。

第一节 刑法解释权配置的全球语境分析

一、普通法系国家的刑法解释权的配置

普通法系,也称为英美法系,是指以普通法为基础发展的法律制度的总称,以英国和美国为代表。普通法系以判例法为主要法律渊源,因此,其刑法解释权的配置也具有非常鲜明的特点。总体来说,以"遵循先例"原则为基础,普通法系的刑法解释权配置体现了鲜明的法官中心主义的特点,法官通过对具体个案进行解释,以"法官造法"的形式,形成了具有普遍适用性的刑法解释;另一方面,受罪刑法定原则的限制以及制定法运动的影响,法官对案件进行的解释同样受到刑法条文的限制。普通法系主要代表国家美国和英国,因其法律发展历程不同,在刑法解释权配置方面存在着一定差异。

美国刑法的基本渊源(basic sources)是:(1)美国宪法;(2)源于英国并在美国各州得到了不同发展的关于惩治犯罪的普通法;(3)州关于惩罚犯罪的制定法;(4)联邦关于惩治犯罪的制定法。[①] 分别从这四个渊源来看,由于美国为判例法国家,联邦最高法院和各州最高法院享有法律解释权,法官在行使司法权对案件进行裁判过程中,对刑法规定进行解释,其判决中体现出的解释内容依照"遵循先例"原则,对之后的

---

① 参见储槐植、江溯:《美国刑法》(第四版),北京大学出版社2012年版,第6页。

审判活动具有拘束力。

首先,对美国宪法进行分析可以看到,根据美国宪法规定,联邦最高法院享有宪法解释权,并通过违宪审查制度实现对立法权的监督。违宪审查制度的存在,让美国刑法的制定受到了宪法限制。美国宪法中对公民权的保护作了具体规定,其中与刑法有关联的主要包括以下几条:(1) 美国宪法第一修正案规定保护公民的宗教信仰自由、禁止法律剥夺言论自由;(2) 美国宪法第八修正案,规定过高的保释金或罚金、残酷和非常的刑罚为不合法;(3) 美国宪法第四修正案,确认非经正当法律程序禁止国家剥夺任何人的生命、自由和财产;(4) 美国宪法第五修正案,对联邦政府的权力规定了与第十四修正案同样的限制,宪法第一条的第九款第三项和第十款的第一项,禁止立法溯及既往。联邦最高法院法官通过行使司法解释权,对宪法中的原则性规定进行细化,确立了刑法实施的重要规则。例如美国宪法第五修正案中规定"在任何刑事案件中不得强迫任何人自证其罪。"联邦最高法院法官在判决中对该条进行了扩大解释,即禁止陪审团和法官为了证明某人有罪,使用非法手段取得的证据,特别是逼供取得的证据,因为用酷刑拷打逼出的供词极可能是假的,它使无辜的人被定罪。① 联邦最高法院法官通过解释,进一步确定了非法证据排除规则,这一规则日后成为保障公民权利的重要武器。但是,需要注意的是,为了给予美国政府和国会决定美国刑法内容的自由,美国最高法院在其判决中对宪法与实体刑法关系涉及较少,即使有所涉及,其判决所认为的各州刑法条文违宪的理由也是具有相当的弹性。

长期以来,美国都没有制定一部统一的《联邦刑法典》,联邦刑法主要来源于 18 世纪末开始制定的《联邦法律汇编》,1877 年,美国国会对《联邦修正法律》作了进一步修正,1948 年联邦刑事法律被整理为《联

---

① 参见郭自力:《论美国刑法中的罪刑法定原则》,载《法学家》1998 年第 5 期。

邦法典》第 18 篇，成为了美国联邦刑法的主要渊源。自 19 世纪法典化运动开始以来，美国刑法渊源的制定法化趋势愈加明显，尤其在美国法学会制定了《模范刑法典》后，美国各州多依照《模范刑法典》制定了本州的刑法。制定法成为美国刑法的重要法源。美国刑法在当代发展阶段的基本特点是制定综合性的刑法典，这种法典必定包括总则（general provisions 或 general part）和分则（specific offenses 或 special part）两大部分。总则规定刑事责任的一般原则和刑罚制度的基本内容，总则部分的发达标志着法典化程度的提高。分则内容同历史上的法律相比，比较突出的进步是按法律保护的社会利益对各种具体犯罪进行归类。①在美国，联邦议会和各州议会仍然没有对制定法的解释权，解释权仍然归于联邦最高法院法官和各州法院的法官。

正如联邦最高法院所解释的，根据美国联邦宪法，联邦法院对任何一种行为不能仅仅因为普通法将其视为犯罪而进行惩罚。这并非意味着不再有联邦普通法犯罪。任何一种行为不得作为联邦犯罪而进行处罚，除非在国会法规中作出规定。但是如果国会已经将某种行为规定为犯罪，并规定了相应的刑罚，那么联邦法院在解释和适用制定法时就需要诉诸普通法。如果制定法采用了普通法上的罪名，但没有作其他的规定，这时普通法将毫无疑问地被适用。②

大多数学者主张，尽管美国刑法中制定法的数量越来越多，但是都无法动摇普通法在美国刑法中的决定地位。普通法的法源作用，其原因仍不外乎：议会的制定法在立法中所起的作用从来就不如在大陆法系国家中大；制定法涉及的范围远远不及普通法广。再有一个重要的原因就是，法官仍对制定法不抱信任的态度，他们自己设计了制定法的

---

① 参见储槐植、江溯：《美国刑法》（第四版），北京大学出版社 2012 年版，第 13 页。
② See Joseph G. Cook & Paul Marcus, Criminal Law [M]. Matthew Bender & Company Inc. 5ed. 2003. 71. 转引自王瑞君：《美国的刑法解释及其启示》，载《甘肃政法学院学报》2008 年第 7 期。

解释规则:每个偏离判例法的制定法,是判例法的例外情况,必须加以狭义的解释,倘若解释后仍不能适用,则应当根据判例法来裁定。加之,制定法所包含的规范只有在法院解释与实施之后,才能最终被接纳。因此,在美国的刑事司法中特别是在复杂案件的裁判中,判决不引用先例而单纯适用制定法是极少数例外。①

在美国,法官对刑法进行解释时,遵循着特殊的解释规则。刑法解释包含用三个法律谚语表述的解释规则,即限缩解释(penal statutes are to be construed narrowly and against state)、同等解释(the rule of pari materia)和文义解释(plain meaning)。限缩解释规则是指由于普通法要求行为人主观上具备一定程度的罪过(mens rea)方可构成犯罪,当成文法对犯罪构成的要件特别是犯罪构成的主观要件未作出明确规定时,应解释为法律要求行为人主观上具备这方面的要件;当成文法对某一事项保持沉默,即如果成文法对构成犯罪的某个要件未作要求,而普通法要求具备这样的要件时,法庭通常应适用一般的解释规则,即当成文法部分修订普通法时,成文法的适用采限缩解释。同等解释规则是指当成文法适用于同类案件时,要采取同等、相近的解释。②

总体来看,英美法系的法官解释所受到的限制要远远小于大陆法系的解释者。从解释规则来看,我们并不能看到立法者对解释者的解释加以限制的成文法规则。英美法系并不存在刚才我们所说的法官是否是僵死的机器的问题,但这并不意味着"法律发现说"没有一个开放的解释。恰恰相反,如何发现法律,发现的法律是否需要解释,在什么时候需要解释,解释后的法律如何导引出新的法律或判例仍是一个未决的问题,答案也不"唯一"。③然而,从解释方法上,美国联邦最高法院

---

① 参见王瑞君:《美国的刑法解释及其启示》,载《甘肃政法学院学报》2008 年第 7 期。
② 同上。
③ 参见夏贞鹏:《"概念法学 VS 自由法学"的法解释学命题考察——写在"民法典"之前》,载陈金钊、谢晖主编:《法律方法》(第二卷),山东人民出版社 2003 年版。

和各州最高法院的法官进行解释时,仍然受到罪刑法定的限制,遵循着严格解释。有学者指出,"在一段时期美国法院对制定法奉行严格解释的做法,但其原因并非出于对立法者的尊重,却是缘于为维护普通法的尊严而对制定法的排斥。"①

英国作为普通法系的代表国家,同样遵循着法官解释的原则。在19世纪发起的法典化运动以前,英国刑法的渊源为普通法,在普通法的发展过程中,法官一直起到了十分重要的作用。随着社会的不断发展,高层级法官适应社会发展需要,在审判活动中对具体案件作出的解释,作为判例法被吸收入普通法中,成为普通法的重要渊源。但是,以普通法为基础的刑法由于缺乏制定法表征,导致大量的判例让理论界和实务界都无所适从,让罪刑法定原则的执行举步维艰,迫切需要将刑法纳入到法典化的轨道中。因此,1959年,英国成立了刑法改革委员会,1989年,英国法典编纂委员会颁布了《刑法典草案》和《关于英国刑法典的最终报告》,草案共220条,分总则和分则。随后,1992年,英国法典编纂委员会对《刑法典草案》进行了修改,发布了《刑法草案》。整体来看,英国国会立法越来越频繁,制定法罪名的数量与日俱增而普通法罪名的数量却几乎被侵蚀殆尽。据不完全统计,英国现行制定法中的罪名应在8000个以上,而未被国会制定的法律所吸收和废除的普通法上的罪名屈指可数。② 但是,与欧洲大陆其他国家相比,英国刑法无论在体系完备方面还是在理论研究方面都稍显不足。在欧洲大陆,刑法理论的发展一直具有主导地位,一系列著名的刑事条例和刑事法典,几个世纪以来一直在不断衍生;而在英格兰,刑法的发展有着自发性和不规律的特点,通常会自相矛盾,各种制度之间彼此排斥,刑法理论久唤

---

① 董白皋:《司法解释论》,中国政法大学出版社1999年版,第130页。
② 参见陈跃辉:《英国刑法的当代命运——趋同中的坚守》,载《山东警察学院学报》2013年第3期。

未出。①

与美国不同的是,在英国,尽管高级法官享有法律的解释权,但是由于法官并没有违宪审查权,导致法官的刑法解释并不与宪法相关联。法官不能通过刑法解释推翻现有法律的规定,而只能在制定法的限度内对法律进行解释。在英国,制定法的地位和效力高于司法判例,英国宪法中司法部门服从议会立法的原则奠定了整个立法系统的最终政治实现基础,保证了英国制定法的独一无二的地位和效力。② 另一方面,法官严格解释制定法更是出于对制定法的排斥,他们倾向于严格按照制定法的字面含义对其进行解释,用来限制制定法的适用范围。

需要注意的是,在英国并非所有法官均能行使法律解释权。首先,从层级来看,只有特定的法官可以行使解释权。在中世纪,由国王派出的巡回法官和大法官才能行使解释权,而在资本主义上升时期和垄断资本主义时期,仍然只有高级法官才享有法律解释权,直到现在,刑法解释权专属于高层级的法官,基层法官无法享有该权利。从地区来看,法官行使法律解释权并不存在于全部国土,而只存在于英国大部分地区,主要指英格兰地区的情况,其他地区未必完全与英格兰地区一样。③

英国法官对法律进行解释时坚持的是"排他性规则",排他性规则将解释禁锢在了法律的明文规定上。这一态度背后的理念,也是法官们所创的独到之见,就是——这么做是为避免出现法律不确定性后果的最佳保障。立法者是一个由众多头脑组成的结合体,要设法找出那些投票支持某个法律通过的、数以百计的议员们的真实立法意图,并非易事;但是所通过的法律文本,确实顺理成章地不容置疑并坚如磐石。从逻辑上讲,排他性规则所产生的一个结论就是:要理解法律的真正含

---

① 参见〔比〕R.C.范·卡内冈:《法官、立法者与法学教授》,张敏敏译,北京大学出版社 2006 年版,第 34 页。
② 参见崔林林:《严格规则与自由裁量之间——英美司法风格差异及其成因的比较研究》,北京大学出版社 2005 年版,第 90 页。
③ 参见魏胜强:《法律解释权的配置研究》,北京大学出版社 2013 年版,第 74—75 页。

义,最不应当去垂问的人,就是立法者本身。① 人们在今天认为,法官的职责仅仅在于确定议会在其法规中所表述的内容并将法规语词适用于他受理的案件。在疑难案件中,法官给法规补充遗漏要点(除非不作这种补充,该法规会变得毫无意义)或附加衡平法上的例外,都被认为是越权行为。②

在解释方法上,美国倾向于探寻立法者之原义,而英国的解释者更愿意选择严格遵照字面含义进行文义解释。甚至"即便根据字面含义解释并适用规则会导致明显的不公或荒谬的结果,法官也必须遵循该文字所表达的意思,严格按照原文字面解释是英国法官最经常采用的方法。"③

二、大陆法系国家的刑法解释权的配置

大陆法系,即罗马法系,是以制定法为基础发展的法律制度的总称,以德国、法国和日本为代表,我国大陆和台湾地区也属于大陆法系。总体来看,大陆法系由于是制定法国家,在法律制定之初,立法者多同时被赋予了解释法律的权力。而从大陆法系整体发展来看,解释权逐渐从立法权分离出来,越来越多的国家将这种解释权力同时或单独赋予了司法机关。大陆法系国家如法国,在18世纪晚期的一段时间里,曾意图通过立法的途径来解决法律适用中遇到的疑难解释问题,但是,这种要求立法机关解释法律的规定不久就发生了变化,立法机关不再解释法律,而是专心于制定一般的行为规则,法官有了解释法律的权

---

① 参见〔比〕R.C.范·卡内冈:《法官、立法者与法学教授》,张敏敏译,北京大学出版社2006年版,第18页。
② 参见〔美〕E.博登海默:《法理学:法律哲学与法律方法》,邓正来译,中国政法大学出版社1999年版,第530页。
③ 崔林林:《严格规则与自由裁量之间——英美司法风格差异及其成因的比较研究》,北京大学出版社2005年版,第102页。

力。① 大陆法系刑法解释权配置的变化过程,对研究我国刑法解释权的配置问题有着重要的借鉴意义。

从大陆法系解释权的法源来看,可以追溯到古罗马时期。古罗马时期,法学家解释在法律渊源中占有相当重要的地位,根据解答权制度,元首可以赋予权威地位的法学家解答法律问题。盖尤斯在《法学阶梯》中说,所谓法学家的解答,是指被认许法创造的学者对于案件的判断及意见。当被认许的全部学者的判断一致时,该判断具有法律效力。反之,如果法学家的意见不一致时,则审判官可以遵从其中自己所同意的判断。② 同时,在古罗马时期,法官依据裁判官制度也可以对法律进行解释。而随后,伴随着制定法法典化不断发展,立法者将法律制定得愈加细密,其根本原因在于,立法者为了防止司法者对其法律进行解释。但是,立法者无法阻挡社会不断发展进步,再细密的法律也无法涵盖社会全部问题,更无法跟上社会发展的脚步,立法者不能通过立法来守卫住其对社会治理的全部权力,司法者在审判过程中不得不对案件进行解释。在当代,立法者的解释权力被剥夺,但是现在世界上还有伊朗、希腊、波兰、比利时、保加利亚等22个国家的宪法明确规定,立法机关是法律解释的主体。③ 但同时,司法机关的释法权仍然在不断加强,最具代表性的国家即为德国。

德国现行根本法——1949年颁布的《德意志联邦共和国基本法》(以下简称《德意志基本法》)对司法权进行了规定。《德意志基本法》第92条规定,司法权赋予司法官:它由联邦宪法法院、联邦最高法院、本基本法所规定的各联邦法院和各州法院行使之。在各法院中,行使解释权的是联邦宪法法院。《德意志基本法》第93条和《联邦宪法法院

---

① 参见李国如:《立法解释必要论——兼论罪刑法定原则的贯彻执行》,载《法商研究》2000年第5期。
② 参见董嵝:《司法解释论》,中国政法大学出版社1999年版,第115页。
③ 同上书,第53—55页。

法》第 13 条规定,联邦宪法法院裁决下列事项:(1) 就联邦最高机关或根据本基本法或最高机关议事规则授权的其他有关方面的权利和义务的范围发生争执时,对本基本法的解释进行裁决。……可以说,德国联邦宪法法院与美国联邦最高法院相类似,具有司法审查权,也就意味着其可以行使法律解释权,且其行使的法律解释权具有推翻现有法律的功能,是司法机关制约立法机关的有力武器。联邦宪法法院行使的法律解释权,实际上是一种规范审查权。对于声请解释的权利主体,《联邦宪法法院法》第 80 条规定,具备《德意志基本法》第 100 条第 1 项规定之要件时,法院应直接请求联邦宪法法院裁判。理由必须叙明,法院之裁判在何种程度内取决于这些法律规定之效力,以及这些法律与何种上级法律规范抵触。卷宗应同时附具。法院的声请,与诉讼当事人对该法规之无效的指责无关。根据该条规定,任何一级的法院,每一个法官,都可以声请联邦宪法法院进行解释,也就是将规范审查权赋予到了法官身上。但是,"基本法虽然认为每位法官都具有审查权,但是如果法官确信法律是违宪的,他本人并不需要对法律并因而对议会的意志不予理睬;相反,他必须中止其诉讼程序,并且将对于规范有效或无效的法律解释问题,提交联邦宪法法院作出裁判。"①

根据《联邦宪法法院法》,一旦规范审查宣告违宪,对于刑事判决的影响在于,根据《联邦宪法法院法》第 79 条规定,确定之刑事判决的所依据之法规业经宣告为违反基本法或依本法第 78 条之规定宣告无效者,又确定之刑事判决以联邦宪法法院宣告为违反基本法之法规之解释为依据者,均得依刑事诉讼法之规定对之提起再审。但是,对于除联邦宪法法院之外的法院和法官的解释权,"实际上是在立法者的立法权限范围外来行使,不得侵犯立法者的立法权和把某些法律原则具体化的权力。当法律出现漏洞时,法院可以对漏洞进行补充,这种补充是对

---

① 〔德〕克劳斯·施莱希、斯特凡·科里奥特:《德国联邦宪法法院地位、程序与裁判》,刘飞译,法律出版社 2007 年版,第 149 页。

法的续造,也就是法官的法律解释活动的继续,但这种补充必须受到宪法的约束。"①

在法国,大部分法案源于政府。通常的程序是,在向参政员咨询后,政府议案在内阁进行讨论,政府在(不)考虑参政员意见后,议案被归档。因此,参政员在起草法案和建议政府方面发挥了重要作用。在议会,议案被送交国民大会或上院,紧接着被分配给一个委员会,这个委员会成员包括发布报告的主要起草人(Rapporteur)。在口头辩论期间这一报告会被讨论,取得报告的议会委员会的主要起草人会分两个部分发布报告。第一部分是对起草议案的文本的研究,以其政治或法律的框架,包括委员会成员的建议、动机以及看法的具体阐述。第二部分包括阐明已有文本的规定、政府建议的文本以及委员会提出的补充建议等在内的对照表。当法律辩论时,这一报告被打印、印刷并且为每一议员所持有。这些文件或资料是法官对立法背景进行解释的主要依据。② 对比我国,我国各级人民代表大会在审议法律的过程中,所涉及的草案审议意见、委员会会议记录等相关材料是体现立法者在立法过程中的立法思路、立法考量的重要依据,但是这些材料都留存在各级人民代表大会委员会的档案室,并不向外公布,甚至在保密级别上属于机密文件。在我国,立法意图的体现主要通过立法机关及其中的工作人员在法律出台后对法律文本作出的解释,这种解释往往带有学理解释的性质,不能作为规范性法律文件加以引用。例如最高人民法院的一些同志发表在《人民司法》等杂志中的关于司法解释适用的相关说明,全国人大法工委一些同志以个人名义出版的相关书籍,这些文献资料对于探索立法原意有着重要作用,但是却缺乏官方属性。

---

① 魏胜强:《法律解释权的配置研究》,北京大学出版社2013年版,第55页。
② 参见徐金海:《论法意解释——法国与美国的比较研究》,载陈金钊主编:《法律方法》(第七卷),山东人民出版社2008年版。

三、我国台湾地区的刑法解释权的配置

台湾地区现行"刑法"仍为民国时期的《中华民国刑法》。在台湾地区,根据解释机关不同,可以将法律解释分为立法解释、司法解释与行政解释。"立法解释是指由立法者于法律条文中所为的解释,虽然立法者的本务是制定而非解释法律,但是,为了避免一些基本概念委由个别法官解释所产生的歧义,立法者便于法律条文中明白定义特定的法律概念。"①值得注意的是,台湾地区"刑法"中所指的"立法解释"不同于我国刑法制度中立法解释的概念,"就刑法常用的一些特定用语","立法者"在"刑法"总则编第 10 条"以立法方式加以定义,成为立法解释"②。2005 年修订后的"刑法"总则编第 10 条分别对"以上、以下、以内""公文书""重伤""电磁记录""公务员""性交"的概念加以规定。这种"立法解释"实际上相当于我国《刑法》第五章第 90 条至第 100 条解释性条款的规定,但我国刑法理论界和实务界均认为,这类条款属于解释性条款,是刑法条文本身的一部分,并非立法解释。该类立法解释与法条一同修订、一并发布,不适用特别的解释程序。

"司法解释是指,司法机关所为的解释,依照……现行体制又可分为一般法官在审判案件时对于相关条文所谓的解释,以及司法院大法官关于宪法与法律所产生疑义的解释。"③根据台湾地区"宪法"第 78 条规定,"司法院"解释宪法,并有统一解释法律及命令之权。由于台湾地区属于大陆法系,法官并不具有创制法律的权力,因此其行使的司法解释权仅针对个案,不具有普遍适用的效力,在台湾"宪法"中亦未赋予法官有权解释权。"行政解释则是行政机关对法律疑义而作出的解释,

---

① 林钰雄:《新刑法总则》,元照出版社 2011 年版,第 36 页。
② 同上书,第 52 页。
③ 同上书,第 47 页。

对于司法机关并无拘束力。"①根据1987年"司法院"大法官会议释字第216号解释规定,法官依据法律独立审判,"宪法"第80条载有明文,各机关依其职掌就有关法规为释示之行政命令,法官于审判案件时,固可予以引用。但仍得依据法律,表示适当之不同见解,并不受其约束。

综上,根据台湾地区法律规定,对"刑法"有权解释的机关仅为"司法院"大法官会议。在此,我们重点对大法官会议行使司法解释权制度进行研究。总体来看,在台湾地区,司法解释权主要是由15名大法官组成的"司法院"大法官会议行使的。大法官会议本身只是其最高司法机关"司法院"的内部机构,其唯一的职能就是行使对宪法、法令的解释权,除政党违宪案件外,本身并不行使对具体诉讼案件的审判权,也不裁决除法律解释、政党违宪案件以外的其他法律纠纷案件。②

大法官会议法律地位的确立经历了特殊的历史进程。由于台湾地区法律制度基本沿袭了中华民国法律制度,因此,可以从民国初期开始对其进行考察。民国初期,承袭清朝规定,由大理院作为最高审判机关行使统一解释法律权。1927年南京国民政府成立,将大理院改为最高法院,1928年《国民政府组织法》第3条规定,司法院院长经最高法院院长及所属各庭庭长会议议决后,行使统一解释法令及变更判例之权。1928年10月,国民政府颁布《司法院组织法》,司法院正式成立,根据《司法院组织法》第3条规定,组织最高法院院长和相关庭长统一解释法律、命令。1929年1月司法院制定的《司法院统一解释法令及变更判例规则》,对司法院统一解释法律的具体程序和要件加以详细规定,在此期间,司法院统一解释权实际上由最高法院院长行使。1947年3月31日,国民政府颁布《司法院组织法》,规定司法院设大法官会议,以大法官9人组织之,行使解释宪法并统一解释法律命令之职权。1947年12月25日,国民政府对《司法院组织法》进行修正,增设大法官共17人

---

① 林钰雄:《新刑法总则》,元照出版社2011年版,第47页。
② 参见吴萍、蒙柳:《海峡两岸司法解释之比较》,载《甘肃政法学院学报》2005年第3期。

组成大法官会议专司释宪和统一解释法律命令之权。总体来看,1947年"行宪"之前的训政时期,统一解释法令权是由司法院院长、副院长与最高法院分享,彼此制衡;"行宪"之后,由特设的大法官会议行使统一解释法令权和释宪权,司法院院长、副院长对其影响非常有限。[①] 解释制度在当时发挥了重要作用,大理院从1912年至1927年共得"统字"2012号解释,连同往返公文四千余篇,堪称巨构;南京国民政府最高法院解释自1927年12月至1928年11月计252号;司法院设立后,从1929年2月16日第1号解释算起,至1948年7月1日司法院根据宪法和《司法院组织法》改组之前,统一解释法令达4087件;以上三者连同改组后司法院之"大法官会议解释"前后相继,共同印证了近代中国司法解释制度的发展,也是当时制定法之外的重要法源。[②]

  大法官会议制度正式建立后,法律解释权一直由大法官会议行使。1948年《司法院大法官会议规则》正式颁布,明确了大法官会议法律解释权的行使规则。1949年1月,大法官会议首次对宪法问题进行解释,即第1号解释,规定立法委员依宪法第75条规定不得兼任官吏,如愿就任官吏,应即辞去立法委员,其未经辞职而就任官吏者,显有不继续任立法委员之意思,应于其就任官吏之时,视为辞职。1948年到1958年,大法官会议的法律依据即为"司法院大法官会议规则"。1958年"司法院大法官会议法"出台,大法官会议的法律依据为"司法院大法官会议法"。1992年,"司法院组织法"被修订,大法官会议的职权不再是简单地对宪法、法律与法令进行解释,而是"审理解释宪法及统一解释法令案件,并组成宪法法庭,审理政党违宪案件。"基于上述变化,1993年"司法院大法官审理案件法"颁布,取代了"司法院大法官会议法"成为大法官会议现行有效的实施规范。2001年"司法院组织法"再次作

---

① 参见聂鑫:《民国司法院——近代最高司法机关的新范式》,载《中国社会科学》2007年第6期。

② 同上。

出了修订。

从大法官会议解释的数量来看,截止到2013年7月,"司法院"大法官解释共发布司法解释707号,其中针对"刑法典"中共计74个条文(释1—688),共发布解释93号。同时对"毒品危害防制条例""海关缉私条例""肃清烟毒条例""枪炮弹药刀械管制条例""检肃流氓条例""战乱时期贪污治罪条例""陆海空军刑法"等单行刑法和命令发布多项司法解释。总体来看,司法院大法官会议对"刑法"进行司法解释的数量并不多,65年间仅出台司法解释93个,数量远远少于我国大陆地区刑法司法解释。

台湾地区"司法院组织法""司法院大法官审理案件法"对司法解释的程序进行了详细规定。"司法院组织法"第3条司法解释权作出明确规定:"司法院置大法官十五人,审理解释宪法及统一解释法令案件,并组成宪法法庭,审理政党违宪之解散事项,均以合议行之。"对于大法官的任职资格,"司法院组织法"第4条规定,大法官应具有下列资格之一:(1)曾任最高法院法官十年以上而成绩卓著者;(2)曾任立法委员九年以上而有特殊贡献者;(3)曾任大学法律主要科目教育十年以上而有专门著作者;(4)曾任国际法庭法官或有公法学或比较法学之权威著作者;(5)研究法学,富有政治经验,声誉卓著者。具有前项任何一款资格之大法官,其人数不得超过总名额三分之一。

在审理方式上,"司法院"大法官以会议方式,合议审理"司法院"解释"宪法"与统一解释法律及命令的案件。根据"司法院大法官审理案件法"第4条规定,"司法院"大法官会议审理的范围包括三类:(1)关于适用"宪法"发生疑义之事项;(2)关于法律或命令有无抵触"宪法"之事项;(3)关于"省自治法""县自治法""省法规"及"县规章"有无抵触"宪法"之事项。这些解释事项,以"宪法"条文有规定者为限。

根据"司法院大法官审理案件法"相关规定,审理程序分为五个阶段:(1)声请,无论是人民、法人或政党,还是机关,都可以声请解释"宪法"或统一解释法律、命令。(2)审查,"司法院"接受声请解释案件,先推选大法官三人审查是否符合解释的条件。符合条件应当解释的案件,提交会议讨论;不符合条件不应当解释的案件,说明理由报会议决定。(3)决议,大法官解释案件,应当参考制宪、修宪及立法数据,并且可以依请求或径行通知声请人、关系人及有关机关说明,或者进行调查,必要时可以进行言词辩论。统一解释法律及命令,应有大法官现有总额过半数出席,并且出席人数过半数同意,该解释才能通过。(4)公布,大法官决议的解释文本,应当附有解释理由书,连同各大法官对该解释之协同意见书或不同意见书,一并由"司法院"公布,并通知本案声请人及其关系人。(5)执行,解释文本一经公布,对各机关和民众具有普遍约束力,可以告知有关机关执行,并确定执行的种类及方法。①

从具体程序来看,"司法院大法官审理案件法"对大法官会议司法解释与个别案件的裁判密切相关。根据"司法院大法官审理案件法"第7条规定,中央或地方机关,就其职权上适用法律或命令所持见解,与本机关或他机关适用同一法律或命令时所已表示之见解有异者。但该机关依法应受本机关或他机关见解之拘束,或得变更其见解者,不在此限。由此可见,仅在机关所持见解有分歧时,才得以声请司法解释,根据"司法院"释字第2条解释的规定,"以确定其意义而为适用,殊无许其声请司法院解释之理由。"解释的声请与我国大陆地区相同,采取层报制度,声请解释机关有上级机关者,其声请应经由上级机关层转,上级机关对于不合规定者,不得为之转请,其应依职权予以解决者,亦同。

"司法院大法官审理案件法"同样将声请司法解释的权利赋予了人民、法人或政党。第7条规定,人民、法人或政党于其权利遭受不法侵害,认确定终局裁判适用法律或命令所表示之见解,与其他审判机关之

---

① 参见魏胜强:《论审判委员会制度的改革——以我国台湾地区大法官会议制度为鉴》,载《河南大学学报(社会科学版)》2013年第3期。

确定终局裁判,适用同一法律或命令时所已表示之见解有异者。但得依法定程序声明不服,或后裁判已变更前裁判之见解者,不在此限。"终局裁判"为人民、法人或政党行使司法解释声请权的必要要件,如果其中一个审判机关依法得变更他审判机关之见解,或同一审判机关之不同审判庭间裁判见解发生歧义,或人民因不于法定期间提起上诉或抗告声明不服致使裁判确定者,都不得声请。"只有在两个不同审判管辖权限之终审机关所为终局裁判适用同一法律或命令表示见解有歧见时,始有声请司法院大法官同意审判机关法令见解之必要。"①

公民个人对判决不服可以声请司法院大法官会议进行解释,"这也相当于终审之后的第四审程序"②。公民、法人或政党声请司法解释成功后,根据"司法院"释字第188条解释规定,"如引起歧见之案件业经确定终局裁判,而其适用法令所表示之见解也经司法院解释为违背法令之本旨时,则该案件即属适用法规显有错误或违背法令,自应许当事人据此项解释为声请再审或提起非常上诉之理由。"

"司法院"大法官审理案件特别之处还在于,大法官会议在发布司法解释时,不仅发布解释文,还同时公布解释理由书,更值得一提的是,大法官同时将"协同意见书""不同意见书"予以公布。"不同意见书"和"协同意见书"制度是台湾地区司法解释的特色制度。从历史沿革来看,"会议规则时期,并无不同意见书之规定。自会议法时期,始规定各大法官对于解释文有不同意见者,得提出不同意见书,与解释文一并发布(47.7.21制定之会议法第十七条)。唯一并发表之不同意见书,仅规定记明其不同意见之人数(47.10.3修正发布之会议法施行细则第七条第二项)。嗣修正为一并发表之不同意见书,应记明其不同意见者之姓名(66.1.11修正发布之'会议法施行细则'第七条第二项),并自

---

① 史庆璞:《法院组织法》(第三版),五南图书出版公司2012年,第24页。
② 曾宪义主编:《台湾法概论》,中国人民大学出版社2007年版,第38页。

释字第 149 号解释起实施。审理案件法时期,就不同意见书之规定亦同('审理案件法'第十七条第一项)。"①从对协同意见书的规定来看,"会议规则及会议法时期均无协同意见书之规定。审理案件法时期,始规定各大法官赞成解释文草案之原则,而对其理由有补充或不同之法律意见者,得提协同意见书,与解释文一并公布(审理案件法第十七条第一项,施行细则第十八条第一项)。"②对于个别解释文,大法官还以附表的形式,对相关法律规定的沿革及外国法律规定加以梳理。例如"司法院"释字第 630 号解释,对"刑法"第 329 条将较危险之窃盗抢夺拟制为强盗罪的规定进行解释,一并发布了解释理由书,许玉秀大法官的协同意见书,以及强盗罪规定在我国法制史上的演变、各国刑法窃盗罪、强盗罪及其加重类型与准强盗罪之规定比较、各国刑法窃盗罪、强盗罪及其加重类型与准强盗罪之法定刑比较。

第二节 刑法解释权配置的国内语境分析

一、我国刑法解释权配置的制度设计

(一)刑法立法解释权的分配

首先,根据《立法法》和《决议》规定,全国人民代表大会常委会是我国法律解释主体,《决议》规定,凡关于法律、法令条文本身需要进一步明确界限或者作补充规定的,由全国人大常委会进行解释或用法令加以规定。法律解释权属于全国人民代表大会常务委员会。法律有以下情况之一的,由全国人民代表大会常务委员会解释:(1)法律的规定

---

① 台湾"司法院"印行:《司法院大法官解释汇编——释字第一号至第五八七号解释》,2005 年 8 月,第Ⅲ页。
② 同上书,第Ⅳ页。

需要进一步明确具体含义的;(2)法律制定后出现新的情况,需要明确适用法律依据的。此时,法律解释也仅作为一种有权机关的权力加以规定。

从现有法律规定来看,大部分情况下,全国人大常委会主要在刑法条文本身需要进一步明确界限的情形下,对刑法条文进行解释。例如对于借记卡是否属于妨害信用卡管理罪、信用卡诈骗罪等罪名中的"信用卡",理论界和实务界一直存在争议。2004年出台的《关于〈刑法〉有关信用卡规定的解释》中,对信用卡的含义专门予以明确,规定"刑法规定的'信用卡',是指由商业银行或者其他金融机构发行的具有消费支付、信用贷款、转账结算、存取现金等全部功能或者部分功能的电子支付卡",将借记卡也纳入到信用卡的范畴中。

其次,对于第二种"法律制定后出现新的情况,需要明确适用法律依据的",2014年4月新出台的《关于〈刑法〉第一百五十八、一百五十九条的解释》正体现了立法解释的这一功能。2013年《公司法》对公司资本登记相关制度作出修订,以认缴登记制作为公司法定资本制,《公司法》第26条规定:有限责任公司的注册资本为在公司登记机关登记的全体股东认缴的出资额。法律、行政法规以及国务院决定对有限责任公司注册资本实缴、注册资本最低限额另有规定的,从其规定。在实缴登记制下方能成罪的虚报注册资本罪和抽逃出资罪的构成要件就需要作出修改。因此,《关于〈刑法〉第一百五十八、一百五十九条的解释》中规定,《刑法》第158条、第159条的规定,只适用于依法实行注册资本实缴登记制的公司。

再次,化解司法机关在法律适用过程中的分歧也是立法解释权的重要内容。在最高人民法院和最高人民检察院出台的司法解释存在冲突的情况下,由全国人大常委会来确定司法解释的效力。根据《决议》第2条的规定,凡属于法院审判工作中具体应用法律、法令的问题,由最高人民法院进行解释。凡属于检察院检察工作中具体应用法律、法令的问题,由最高人民检察院进行解释。最高人民法院和最高人民检察院的解释如果有原则性的分歧,报请全国人民代表大会常务委员会解释或决定。以《关于〈刑法〉第 294 条第 1 款的解释》的颁布过程为例。2000 年 12 月,最高人民法院公布了《关于审理黑社会性质组织犯罪的案件具体应用法律若干问题的解释》,其中规定了黑社会性质的组织一般应具备以下四个特征:(1)组织结构比较紧密,人数较多,有比较明确的组织者、领导者,骨干成员基本固定,有较为严格的组织纪律;(2)通过违法犯罪活动或者其他手段获取经济利益,具有一定的经济实力;(3)通过贿赂、威胁等手段,引诱、逼迫国家工作人员参加黑社会性质组织活动,或者为其提供非法保护;(4)在一定区域或者行业范围内,以暴力、威胁、滋扰等手段,大肆进行敲诈勒索、欺行霸市、聚众斗殴、寻衅滋事、故意伤害等违法犯罪活动,严重破坏经济、社会生活秩序。最高人民检察院 2001 年 11 月向全国人大常委会递交报告,认为最高人民法院上述司法解释是在《刑法》第 294 条规定之外对认定黑社会性质的组织又附加了条件。尤其是这四个特征中的第三个特征(即要有非法保护)的规定,突破了《刑法》第 294 条规定,致使一批"严打"中正在办理的黑社会性质组织犯罪案件,不能依法追究,造成打击不力。为解决最高人民法院和最高人民检察院就该问题的争议,全国人大常委会出台了《关于〈刑法〉第二百九十四条第一款的解释》,否定了最高人民法院的司法解释中对"非法保护"要件的要求,明确了黑社会性质组织的构成要件。①

从现有立法解释来看,自 1997 年《刑法》施行至今,全国人大常委会共颁布了 13 部立法解释,根据立法解释颁布的时间汇总如下表:

---

① 参见黄太云:《立法解读:刑法修正案及刑法立法解释》,人民法院出版社 2006 年版,第 215 页。

颁布时间	文件名称	主要内容
2000.4.29	《关于〈刑法〉第九十三条第二款的解释》	国家工作人员
2001.8.31	《关于〈刑法〉第二百二十八条、第三百四十二条、第四百一十条的解释》	违反土地管理法规与非法批准征用、占用土地
2002.4.28	《关于〈刑法〉第三百八十四条第一款的解释》	挪用公款归个人使用
2002.4.28	《关于〈刑法〉第二百九十四条第一款的解释》	黑社会性质组织
2002.8.29	《关于〈刑法〉第三百一十三条的解释》	拒不执行判决、裁定罪
2002.12.28	《关于〈刑法〉第九章渎职罪主体适用问题的解释》	渎职罪主体
2004.12.29	《关于〈刑法〉有关信用卡规定的解释》	信用卡的含义
2005.12.29	《关于〈刑法〉有关文物的规定适用于具有科学价值的古脊椎动物化石、古人类化石的解释》	文物的含义
2005.12.29	《关于〈刑法〉有关出口退税、抵扣税款的其他发票规定的解释》	出口退税、折扣税款的其他发票
2014.4.24	《关于〈刑法〉第三十条的解释》	单位犯罪主体资格
2014.4.24	《关于〈刑法〉第一百五十八条、一百五十九条的解释》	认缴资本制的适用
2014.4.24	《关于〈刑法〉第三百四十一条、三百一十二条的解释》	非法收购国家重点保护的珍贵、濒危野生动物及其制品
2014.4.24	《关于〈刑法〉第二百六十六条的解释》	骗取社保金

如前所述,我国属于大陆法系,在制定法国家"谁有权制定法律,谁就有权解释法律"理念的指引下,解释权成为立法权的延伸,最高立法机关作为法律的制定主体,当然享有解释权。全国人大常委会享有立法解释权,亦具有我国特殊的历史渊源和现实基础。从我国法律解释权的历史沿革来看,长期以来,最高立法机关都当然地享有法律解释权。1952年人民代表大会制度尚未确定之前,我国由全国政治协商会议代为行使立法权,在当时,全国政治协商会议即享有立法解释权。随

后,人民代表大会制度确立后,1981 年《决议》出台以前,全国人大常委会享有立法解释权具有宪法基础:1954 年《宪法》规定,全国人民代表大会常务委员会行使解释法律的职权;1975 年《宪法》将解释法律规定为全国人民代表大会常务委员会的职权之一;1978 年《宪法》规定,全国人民代表大会常务委员会行使解释宪法和法律的职权;1982 年《宪法》亦规定了全国人民代表大会常务委员会行使解释宪法和法律的职权。从出台的相关立法文件来看,1981 年《决议》出台前,1955 年全国人大常委会就颁布了《关于解释法律问题的决议》,规定"凡关于法律、法令条文本身需要进一步明确界限或作补充规定,由全国人大常委会进行解释或用法令加以规定。"1981 年《决议》是现行有效的确立全国人大常委会的立法解释权的法律文件,其在 1955 年《关于解释法律问题的决议》的基础上,进一步规定当最高人民法院和最高人民检察院出台的司法解释存在冲突的情况下,赋予了全国人大常委会的中立裁断权。2001 年《立法法》的出台,进一步为全国人大常委会享有的解释权提供了效力更高的法律依据,并规定了全国人大常委会行使立法解释权的相关程序规范。

  从实然的角度来看,1981 年《决议》颁布后,全国人大常委会从 1996 年起作出的法律解释有 16 个,主要分三种情况:一是关于国际法在香港澳门地区的适用;二是关于香港澳门基本法规定的含义;三是关于《刑法》有关规定的含义和适用。迄今为止,全国人大常委会共出台了 13 部刑法立法解释。全国人大确实起到了对刑法条文进行解释的作用。因此,无论从法律规定的应然角度,还是现实的实然角度,全国人大常委会有权且已经行使了立法解释权。

  然而,理论界对立法解释制度的批评和质疑之声不绝于耳,一个首要的问题就是,立法解释行为到底属于立法行为还是解释行为。有观点认为,"对于'法律制定后出现新的情况,需要明确适用法律依据的',则很难一概以立法解释的方式予以解决。如果法律制定后出现新的情况,仍然可以适用以往的规定,就可以认为属于立法解释解决的问题,但如果法律制定后出现新的情况,不可能适用以往的规定,只能作出新的规定,那么,新的规定就不是立法解释,而是新的立法。"① 亦有观点指出,"'立法解释'一经作出,法律规范的数量就会因此而增加,而解释法律却不可能增加法律规范的数量。因此,'立法解释'实质上是立法权的一种行使方式,是对法律进行修改和补充,是制定法律的行为,而不是解释法律的行为。"② 张德江委员长 2014 年在十二届全国人大二次会议上作出的《全国人大常委会工作报告》中明确指出,"综合运用制定、修改、废止、解释等多种形式,增强立法工作的协调性、及时性、系统性,切实增强法律的可执行性和可操作性。"从这一段话中,我们是否可以认为,立法机关认为立法解释行为是其立法权的内容,立法解释属于立法? 笔者认为,这段话并不代表着立法机关将解释权定位为立法权,此处所提及的"立法"是广义的立法概念,而并非我们所指的与司法相对的狭义意义上的立法。对于立法机关来说,解释权附属于其立法权而存在,但解释行为仍不是立法行为,立法机关行使刑法立法解释权所出台的刑法立法解释,仍然只是法律解释,而并非是法律。立法解释的性质仅为解释,并不因主体为立法机关就改变了其本身的性质而被赋予了立法性。立法解释与司法解释相比,内容更为简短、抽象,"是否具有抽象性、概括性、普适性并不是立法与法律解释的根本区别。立法意味着法律规范的从无到有,或者是对现有法律规范的根本性修正;而法律解释则不具有这种内涵,法律解释是在法律规定的范围内对法律含义的阐释或者阐释的结论,立法和法律解释的区别在于二者内在质的规定性不同。"③

从立法程序来看,亦可以看到立法解释与立法的不同之处。由于

---

① 张明楷:《立法解释的疑问——以刑事立法解释为中心》,载《清华法学》2007 年第 1 期。
② 贺日开:《司法解释权能的复位与宪法的实施》,载《中国法学》2004 年第 3 期。
③ 李希慧、廖梅:《我国刑法立法解释性质问题探讨》,载《法学》2004 年第 8 期。

刑法的修订是以刑法修正案的形式作出，立法机关在刑法领域行使立法权的唯一体现就是出台刑法修正案。从刑法修正案和刑法立法解释的文本表述上来看，两者所用的措辞并不相同。以《刑法修正案（八）》为例，《刑法修正案（八）》以主席令的方式公布，在全文的首部只写明"2001年2月25日第十一届全国人民代表大会常务委员会第十九次会议通过"，而2014年4月颁布的《关于〈刑法〉第二百六十六条的解释》的首部规定"全国人民代表大会常务委员会根据司法实践中遇到的情况，讨论了刑法第二百六十六条的含义……解释如下"。这种表述隐含了立法解释的产生更多的是基于司法实践的需要，具有一种被动性。从具体解释程序来看，有学者认为立法解释与立法程序相同，完全可以直接立法而不需要对其进行立法解释。但是，仔细研究《立法法》可以看到，尽管立法解释和立法都包括了相关的审议和表决等程序，但是在具体程序上，立法程序较立法解释程序显然要复杂、具体得多。根据《立法法》第27条对全国人大常委会立法程序的规定，列入常务委员会会议议程的法律案，一般应当经三次常务委员会会议审议后，再交付表决。同时，第27条和第28条对三次审议的具体程序作出了详细规定。而《立法法》第48条关于全国人大常委会进行法律解释的程序的规定中写到，"法律解释草案经常务委员会会议审议，由法律委员会根据常务委员会组成人员的审议意见进行审议、修改，提出法律解释草案表决稿"，即并未强制要求常务委员会会议审议的具体程序。另外，在第36条还作出了全国人大常委会在立法过程中需听取各方面意见的规定，即"列入常务委员会会议议程的法律案，法律委员会、有关的专门委员会和常务委员会工作机构应当听取各方面意见。听取意见可以采取座谈会、论证会、听证会等多种形式。……常务委员会工作机构应当将法律草案发送相关领域的全国人民代表大会代表、地方人民代表大会常务委员会以及有关部门、组织和专家征求意见。"而对于立法解释程序，并没有听取意见的相关规定。同时，《立法法》还对立法过程提案人撤回、专门委员会审议程序、搁置审议程序等作出了具体规定,立法解释程序都没有相类似的规定。更为重要的是,与立法解释不同的是,《立法法》第44条规定,立法程序结束后,常务委员会通过的法律由国家主席签署主席令予以公布。通过这些具体的程序,我们可以看到,立法解释与立法的程序并不相同,无论是从所需时间、程序的复杂性、社会公众的参与度等方面,都存在着较大区别,因此,从程序上来看,立法解释不同于立法。

也有观点认为,根据我国《立法法》规定,立法解释与法律的效力相同,这一条似乎也可以意味着立法机关将立法解释上升为法律从而赋予了其法律的地位。笔者认为,此处所指的效力相同应当具有提示功能,是指司法机关在适用法律的过程中应当重视立法解释的作用,利用立法解释来对条文的含义加以理解,更重要的是,立法解释因与法律的效力相同,而附属于法律,因此其自法律生效而生效,具有溯及效力。

(二) 刑事司法解释权的分配

最高人民法院和最高人民检察院是我国刑事司法解释权力主体。最高人民法院是出台司法解释最为重要的主体。根据《决议》规定,对于审判工作中具体适用法律的问题,由最高人民法院作出解释。最高人民检察院同样有权出台刑事司法解释,根据《决议》规定,对于检察工作中具体适用法律的问题,由最高人民检察院作出解释。

最高人民法院和最高人民检察院行使司法解释权经历了特殊的历史进程。1954年《人民法院组织法》规定了最高人民法院是司法解释的主体,1955年全国人大常委会颁布的《关于解释法律问题的决议》中,将司法解释权单独赋予了最高人民法院审判委员会行使。"但在长达数十年的时期内,大多数司法解释不予公布,仅由审判人员内部掌握。司法解释的名称众多,格式不一,没有生效或失效时间,缺少制定和发布的程序。1985年,《最高人民法院公报》公开发行,提高了司法解释的公开程度。"[①]1997年6月最高人民法院制定了《关于司法解释工作的若干规定》,并于2007年进行修订,修订后的《关于司法解释工作的若干规定》对最高人民法院行使司法解释权的具体实体和程序规范进行了详细规定,规定最高人民法院制定司法解释的立项来源有以下几种:(1)最高人民法院审判委员会提出制定司法解释的要求;(2)最高人民法院各审判业务部门提出制定司法解释的建议;(3)各高级人民法院、解放军军事法院提出制定司法解释的建议或者对法律应用问题的请示;(4)全国人大代表、全国政协委员提出制定司法解释的议案、提案;(5)有关国家机关、社会团体或者其他组织以及公民提出制定司法解释的建议;(6)最高人民法院认为需要制定司法解释的其他情形。基层人民法院和中级人民法院认为需要制定司法解释的,应当层报高级人民法院,由高级人民法院审查决定是否向最高人民法院提出制定司法解释的建议或者对法律应用问题进行请示。《关于司法解释工作的若干规定》中规定,最高人民法院发布的司法解释具有法律效力,将司法解释的形式分为"解释""规定""批复""决定"四种。对在审判工作中如何具体应用某一法律或者对某一类案件、某一类问题如何应用法律制定的司法解释,采用"解释"的形式;根据立法精神对审判工作中需要制定的规范、意见等司法解释,采用"规定"的形式;对高级人民法院、解放军军事法院就审判工作中具体应用法律问题的请示制定的司法解释,采用"批复"的形式;修改或者废止司法解释,采用"决定"的形式。《关于司法解释工作的若干规定》还进一步规定了司法解释的详细程序,分为立项、起草与报送、讨论、发布、施行与备案多项程序,对各个程序的负责部门和具体内容也作出了详细说明。2006年修订后的《人民法院组织法》第32条规定,最高人民法院对于在审判过程中如何具体应用法律、法令的问题进行解释,也再次确立了最高人民法

---

① 陈春龙:《我国司法解释的地位与功能》,载《中国法学》2003年第1期。

院解释权主体地位。

对于最高人民检察院的司法解释权,其法律依据相对不足。1955年《关于解释法律问题的决议》中并未赋予最高人民检察院司法解释权,经修订后的1980年《决议》首次规定最高人民检察院对于检察工作中具体适用法律、法令的问题,有权进行解释。而在1983年修订后的由全国人民代表大会颁布的《人民检察院组织法》并未将最高人民检察院享有解释权写入其中。1996年12月,最高人民检察院颁布了《最高人民检察院司法解释工作暂行规定》,首次对其履行司法解释权的具体程序加以规定,该暂行规定于2006年被废止,《最高人民检察院司法解释工作规定》开始施行。在该规定中,对最高人民检察院制定司法解释的主要来源作出如下规定:(1)省级人民检察院向最高人民检察院提出制定司法解释的请示、报告或者建议;(2)最高人民检察院领导同志关于制定司法解释的批示;(3)最高人民检察院法律政策研究室和其他有关业务部门提出制定司法解释的建议;(4)有关机关、单位提出制定或者商请最高人民检察院联合制定司法解释的建议;(5)全国人大代表、全国政协委员提出制定司法解释的议案、提案。司法解释工作按以下程序进行:确立司法解释项目;调查研究并提出司法解释意见稿;论证并征求有关部门意见,提出司法解释草案;提交分管检察长审查,报请检察长决定提交检察委员会审议;检察委员会审议;核稿;签署发布,司法解释文件采用"解释""规定""规则""意见""批复"等形式,统一编排最高人民检察院司法解释文号。值得一提的是,该规定中还特别规定了"司法解释应当以法律为依据,不得违背和超越法律规定"。是否取消最高人民检察院的司法解释权是理论界一直争论的问题。有论者认为,在刑事审判中,人民检察院事实上扮演的是控方即"原告"的角色。正是基于这一特定的"角色",人们完全有理由认为,如果允许人民检察院行使司法解释权,无异于让"运动员"行使制订竞赛规则甚至充当"裁判"的角色,控辩双方的"法律地位"呈现明显的不"对等",其控辩式的审判是否还有"公正"可言?!① 亦有相反观点认为,在实践层面,最高检行使司法解释权具有现实合理性,即"检察机关在刑事诉讼中的案件筛选权并不像民事行政案件中的抗诉权,仅仅具有程序上诉讼提请意义,它同时还具有实体上的标准设定意义……恰恰是这种实体上的标准设定而不是检察机关的监督权赋予了检察解释的天然合理性。"②"监督法律的统一、正确实施是检察机关履行法律监督职能的重要组成部分,而法律监督权则包括司法解释权,它是保障国家法律的统一、正确实施的应然手段。法律解释能让检察系统在适用某项具体法律适用时上下一致,真正保护法律的稳定性,维护司法的尊严和权威。"③笔者认为,最高人民法院天然具有司法解释权,但是无论从各国经验来看,还是从现实层面来看,最高人民检察院的刑法解释权应当谨慎行使。从各国经验来看,刑法解释权经由司法机关行使,鲜有国家对检察机关赋予刑法解释权。从现实层面来看,最高人民检察院行使司法解释权并非不可替代。检察院作为审查起诉机关,在对案件进行审查起诉时,确实需要对法条内容进行解释,但是,在此种情况下对法条规范进行解释应当可以直接适用最高人民法院对该问题的解释,也就是说,对于适用法律中的具体问题,全部由最高人民法院进行解释也未尝不可,并非一定要赋予最高人民检察院司法解释权。最高人民检察院可以对程序性事项和内部工作规范加以规定,但对于具体法律适用的问题,可以由最高人民法院负责解释。对于最高人民检察院的解释权应当严格加以限制,解释权行使要严格限定在法律的框架内,即最高人民检察院只能对检察机关负责的事务进行解释,仅能对检察阶段涉及的法律问题加以解释。

1979年《刑法》颁布以来,最高人民法院和最高人民检察院颁布的

---

① 参见罗书平:《论立法解释与司法解释》,载《云南大学学报(法学版)》2002年第2期。
② 林维:《刑法解释的权力分析》,中国人民公安大学出版社2006年版,第411页。
③ 黄硕:《论最高人民检察院司法解释的实质合理性》,载《政法论丛》2014年第3期。

司法解释数量日益增加,根据全国人大网中国法律法规检索系统搜索结果,截止到 2014 年 8 月,最高人民法院和最高人民检察院发布的现行有效的刑法司法解释共 524 篇。① 司法解释的数量正在逐年增加,尤其在 2013 年和 2014 年,司法解释更是呈现了井喷之势。与之前司法解释相比,近两年司法解释涉及的罪名更多,且与社会公众的关系更加密切,例如 2013 年和 2014 年最高人民法院和最高人民检察院就盗窃罪、网络诽谤、抢夺罪、非法集资等重要罪名和多发犯罪现象均出台了司法解释。同时,还出现了为了迎合社会舆论而出台司法解释的情况,例如 2013 年最高人民法院、最高人民检察院和公安部联合出台了《关于依法惩治性侵害未成年人犯罪的意见》,就是基于前期媒体大量报道性侵害未成年人犯罪案件引发民众特别关注的背景。鉴于此现象,有学者提出批评,在媒体相对集中报道某类犯罪后,民众不管刑法对此类犯罪有着怎样的规定,也不管司法机关是否依法对其进行了处理,都会通过不同途径,呼吁严厉打击这类犯罪。倘若刑法的确存在不可容忍的漏洞,或者司法机关没有依照刑法处罚某类犯罪,立法机关与司法机关就必须重视民众的呼吁。显然,在刑法没有漏洞,司法机关依法处理了相关案件,案件处理结论合理时,"两高"原本就没有必要颁布司法解释。②

最高人民法院与最高人民检察院作为司法解释的主体,两机关行使解释权之间的冲突与联合是探讨司法解释权所必须研究的重要问题。长期以来,最高人民法院与最高人民检察院所持有的解释权的关系较为暧昧,从最初的分别解释以致发生冲突,到近些年来的联合解释的增多,审判解释权和检察解释权一直在冲突与联合中摇摆。从近年来司法解释出台的情况来看,2013 年最高人民法院出台司法解释 12

---

① 不包括发布指导性案例的通知和以"五个严禁"为例的内部工作性文件,亦排除了与刑事诉讼法相关的司法解释。参见 http://law.npc.gov.cn:87/home/begin1.cbs。
② 参见张明楷:《简评近年来的刑法司法解释》,载《清华法学》2014 年第 1 期。

部,最高人民检察院出台司法解释9部,其中与最高人民检察院联合下发的司法解释共6部,占最高人民法院司法解释50%,占最高人民检察院出台司法解释67%;2012年最高人民法院共出台司法解释14部,其中与最高人民检察院联合下发的司法解释共7部,占总量的50%,最高人民检察院出台的司法解释全部为与最高人民法院联合颁布;2011年最高人民法院共出台司法解释12部,最高人民检察院下发的司法解释共8部,其中两高联合出台司法解释5部,占最高人民法院全部解释的42%,占最高人民检察院全部解释的63%。两高联合出台司法解释的趋势正在逐渐增强。尤其对主要刑法罪名进行解释时,最高人民法院都选择了与最高人民检察院联合解释。

然而,笔者认为,这样一种现象应当引起我们的警惕。最高人民法院不应当与最高人民检察院联合发布司法解释。有观点认为,"《07规定》第7条明确提出:'最高人民法院与最高人民检察院共同制定司法解释的工作,应当按照法律规定和双方协商一致的意见办理。'如此一来,也就为预防前述抵牾的发生提供了令人可喜的制度雏形。"①这显然是对该法条的误解。《最高人民法院关于司法解释工作的若干规定》中并未规定,最高人民法院在制定司法解释中应当与最高人民检察院协商,该条规定限于最高人民法院和最高人民检察院共同制定司法解释的情形,显然在这种情形下,"两高"务必要协商一致方能出台司法解释。最高人民检察院出台司法解释都站在了保护国家利益、打击犯罪的立场之上,而最高人民法院所行使的审判权天然具有中立性,不能站在惩治犯罪的立场上。当最高人民法院与最高人民检察院发布联合解释时,其立场就已经发生了倾斜,这种倾斜最为直接的表现就是司法解释中用语的表述上。在2013年4月最高人民法院、最高人民检察院联合颁布的《关于办理盗窃刑事案件适用法律若干问题的解释》的首段写

---

① 赵钢:《我国司法解释规则的新发展及其再完善——〈07规定〉与〈97规定〉的比较分析》,载《现代法学》2008年第4期。

明,"为依法惩治盗窃犯罪活动,保护公私财产,根据《中华人民共和国刑法》、《中华人民共和国刑事诉讼法》的有关规定,现就办理盗窃刑事案件适用法律的若干问题解释如下",我们显然可以通过解释中所使用的"惩治""保护"等用语,察觉出最高人民法院在该解释中所站的立场。而在大部分最高人民法院单独解释的司法解释中,却并未使用这种明显具有倾向性的用语,例如,在2005年最高人民法院发布的《关于审理未成年人刑事案件具体应用法律若干问题的解释》的首部规定,"为正确审理未成年人刑事案件,贯彻'教育为主、惩罚为辅'的原则,根据刑法等有关问题的规定,现就审理未成年人刑事案件具体应用法律的若干问题解释如下",其中最高人民法院就使用了"审理"这种中性词汇。最高人民法院与最高人民检察院联合解释很容易导致最高人民法院偏离自身的中立立场。

有观点认为,"两高"联合发布司法解释是为了避免两机关分别解释以至于解释结论发生冲突。笔者认为,这并不能成为赋予"两高"联合解释合法性和合理性的理由。在过去的司法解释中,确实出现了"两高"分别对同一事项进行解释,但解释结论不一致的情况。在这种情况下,确实会导致司法工作人员无所适从,因此,基于这种现实需要,立法机关就发挥了其中间裁断的作用,由立法机关出台立法解释终结争议。但是立法机关解释权毕竟受到解释程序的限制,且立法机关的解释权确实不应随意启动,那么如果两者的解释发生冲突应当如何解决呢?实际上,无论从现有法条规定和诉讼程序来看,最高人民法院的司法解释的效力应当高于最高人民检察院的司法解释的效力,在"两高"解释发生冲突的情况下,应当以最高人民法院的司法解释为准。首先,从解释程序上看,《最高人民法院关于司法解释工作的若干规定》中仅规定了司法解释程序中应当征询全国人大常委会的意见,而《最高人民检察院司法解释工作规定》第13条则规定,司法解释意见稿应当征求地方人民检察院、专门人民检察院和最高人民检察院有关业务部门意见,必要时可以征求其他有关部门及专家意见,征求意见应当附函说明情况和要求,并注明答复期限。对于重大、疑难、复杂的问题,应当召开由有关部门和专家参加的论证会进行论证,必要时可以向社会公开征求意见。其中"有关部门"应当理解为包括最高人民法院。其次,从诉讼程序来看,最高人民检察院出台的司法解释只能适用于检察工作中,尽管检察院享有法律监督权,可以对人民法院的任何判决提起抗诉,但是在不考虑审级的情况下,最后对案件结果加以裁断的仍然是人民法院,也就是说,人民法院在裁断案件的过程中,只需以最高人民法院出台的司法解释为依据即可。最后,在一些情况下,我们应当对两高司法解释存在的冲突加以容忍。人民检察院具有审查起诉权,对于自侦案件具有立案侦查权,最高人民检察院的立案和审查起诉标准可以宽于最高人民法院出台的定罪量刑的规范。另一方面,从最高人民检察院的职权来看,最高人民检察院仅能负责检察阶段涉及的法律问题的解释,对于审判阶段涉及的法律问题,最高人民检察院不能进行解释,申言之,"两高"联合出台的司法解释是相关罪名涉及的法律问题的解释,最高人民检察院有越权解释之嫌。例如,在最高人民法院、最高人民检察院出台的《关于办理盗窃刑事案件适用法律若干问题的解释》(法释[2013]8号)中,其解释的内容是盗窃罪适用的问题,也就是说这种法律适用既包括了检察机关审查起诉阶段涉及的法律适用,也包括了审判机关审判阶段涉及的法律适用,此时,最高人民检察院不应当插手对盗窃罪适用的定罪量刑问题。由是,最高人民法院应当保持独立解释的地位,不应当与最高人民检察院联合解释。

同时,还需注意的是,最高人民法院更不能与行政机关联合发布司法解释,不能成为部门利益的绑架者。2002年7月最高人民法院、最高人民检察院、海关总署出台《关于〈办理走私刑事案件适用法律若干问题的意见〉的通知》(法[2002]139号)规定,研究解决近年来公安、司法机关在办理走私刑事案件中遇到的新情况、新问题,最高人民法院、最高人民检察院、海关总署共同开展了调查研究,根据修订后的刑法及有关司法解释的规定,在总结侦查、批捕、起诉、审判工作经验的基础上,就办理走私刑事案件的程序、证据以及法律适用等问题提出意见。2008年6月最高人民法院、最高人民检察院、公安部、监察部、国家安全生产监督管理总局发布了《关于严格依法及时办理危害生产安全刑事案件的通知》(高检会[2008]5号)规定,为充分发挥刑事诉讼活动对预防重大生产安全责任事故的重要作用,维护法律权威,保障人民群众生命财产安全,促进社会和谐稳定,推动经济社会又好又快发展,就严格依法及时办理危害生产安全刑事案件的有关事项发布该通知。在这些司法解释中,最高人民法院都站在了行政机关立场之上,其身份从一个中立裁判者转化为执法者。总体来看,最高人民法院与行政机关联合下发的解释并不多,近些年来数量更为减少,最高人民法院应当保持中立立场,不应为了打击某项犯罪,与其他行政机关联合下发司法解释。

在对这些司法解释进行梳理的过程中,笔者发现,现有司法解释在解释形式上存诸多问题。尽管如前所述,《最高人民法院关于司法解释工作的若干规定》和《最高人民检察院司法解释工作的规定》已经对"两高"出台的司法解释的形式加以规定,但是仍然存在着一部分法律文件,并未符合"两高"规定的司法解释形式要求,却包含司法解释的实质内容,并在司法实践中发挥司法解释的作用。例如2011年最高人民法院颁布的《关于审理走私犯罪案件适用法律有关问题的通知》(法[2011]163号),该法律文件以"通知"形式发布,但是从该通知的内容来看,第1条规定"《刑法修正案(八)》取消了走私普通货物、物品罪定罪量刑的数额标准,《刑法修正案(八)》施行后,新的司法解释出台前,各地人民法院在审理走私普通货物、物品犯罪案件时,可参照适用修正前的刑法及《最高人民法院关于审理走私刑事案件具体应用法律若干问题的解释》(法释[2000]30号)规定的数额标准"所涉及的内容,确实属于对审判机关在具体适用法律过程中遇到问题的解释,但是却未经过司法解释相关程序出台。同样,2013年5月最高人民检察院颁布的《关于依法严厉打击编造、故意传播虚假恐怖信息威胁民航飞行安全犯罪活动的通知》(高检发侦监字[2013]5号),亦规定了"对于编造、故意传播虚假恐怖信息,引起公众恐慌,或者致使航班无法正常起降,破坏民航正常运输秩序的,应当认定为'严重扰乱社会秩序'"的具有司法解释性质的内容。那么该类通知是否属于司法解释呢?很多学者将这类通知归为司法解释性质的文件,笔者认为,应当规范对该类通知的下发,如果所发通知内并非属于法院内部工作性质,而是与具体罪名的犯罪构成要件相关,就应当遵循司法解释发布程序,按照《最高人民法院关于司法解释工作的若干规定》中规定的形式下发。

同时,现有司法解释性质的文件中,还存在着大量最高人民法院和最高人民检察院内部机构为主体出台的解释类文件。例如2012年由最高人民法院研究室发布的《关于如何理解"在法定刑以下判处刑罚"问题的答复》(法研[2012]67号),其发文机关为"最高人民法院研究室",发文形式为"答复",从主体和形式来看,均不属于司法解释,但是,从该答复的内容来看,规定"刑法第六十三条第一款规定的'在法定刑以下判处刑罚',是指在法定量刑幅度的最低刑以下判处刑罚。刑法分则中规定的'处十年以上有期徒刑、无期徒刑或者死刑',是一个量刑幅度,而不是'十年以上有期徒刑'、'无期徒刑'和'死刑'三个量刑幅度",所涉及内容具有司法解释的性质。长期以来,"两高"内部机构发布司法解释性质文件的行为广受理论界诟病。[①]"两高"内部机构并非是法定的司法解释机关,其对外发布的司法解释只能是越权解释。值得注意的是,2015年3月15日新修订的《立法法》已经明确,最高人民法院和最高人民检察院以外的审判机关和检察机关,不得作出具体应

---

① 参见詹红星:《刑法司法解释的宪法审视》,载《政治与法律》2013年第4期。

用法律的解释。

二、我国刑法解释权配置的理论支撑

(一)我国刑法解释权所隐含的内在动因

1. 立法解释权配置的内在动因

对于刑法解释权的研究,我们不能仅仅将目光局限在对国外的借鉴上,而更多的应当考察我国法律的本土资源,通过对我国宪政制度和法律制度加以全方位考察,方能梳理出我国刑法解释权分配有其所隐含的内在动因。

首先,立法解释的存在并将其权力分配给全国人民代表大会常务委员会具有其特殊的内在动因,即终结理解分歧,明确规范含义。长久以来,对于立法解释是否具有存在的必要,理论界亦存在着大量的质疑。例如有观点主张,"立法解释超越解释范围,表明立法解释与立法之间界限不清,而如果立法解释不能区别于立法(法律的立、改、废),我们就无法证明在法律的范围之外设立立法解释的必要性。立法解释权长期虚置或实际旁落则可能表明:在解释对象重合(皆为基本法律、法律)的情况下,立法解释除去立法的内容之外,实际上并没有什么不同于实施机关对法律解释的内容。"[1]也有观点认为,"确认法律条文的确切含义是立法已经完成之后的事,它表明法律已经制定,已经有了法律的存在,它是属于如何执行的事,至于如何保证执行中所确认的法律含义符合立法者的原意,则应当属于立法机关对执行机关的监督和制约的问题,而与是否要在这个问题上再次立法无关。"[2]

诚然,立法解释在其发挥作用的过程中确实存在着一些问题,如出台的解释文本较少,权力被虚置。但是笔者认为,立法解释作为"全国人大常委会对刑法规范的含义所作的阐明",具有在法律体系中存在的

---

[1] 张志铭:《法律解释操作分析》,中国政法大学出版社1999年版,第244—251页。
[2] 袁吉亮:《论立法解释制度之非》,载《中国法学》1994年第4期。

必要性,其存在的内在动因就是我国的刑法解释体制。我国法律将司法解释权授予最高人民法院和最高人民检察院,由于各机关的角度不同,立场则有所不同,在价值取向上也会有所不同,从而导致不同机关对相同法律条文含义理解不同,各自所制定的司法解释内容之间甚至存在着冲突。多元解释主体的解释体制下,需要一个终极权威者作为中间裁判者,解决各机关对法律理解的冲突,而立法机关正可以担此重任。"立法解释权的强化不仅符合了中国法律解释的传统,而且也在这种一元化的国家权力结构中找到了安身立命的场所。在这种权力结构模式和法律解释体制下,国家立法权处于最高地位。"[①]这种裁决机制,对于解决各机关各行其政、任意依照自己出台的司法解释开展司法和执法活动中存在的问题,具有重要意义。"在二元多极的刑法解释体制下,全国人大常委会的立法解释权不仅意味着对刑法作出解释的主动权,而且取得了一种对司法解释居高临下的控制权。"[②]从现有立法来看,《关于刑法第三百八十四条第一款的解释》《关于刑法第二百九十四条第一款的解释》《关于刑法第九章渎职罪主体的解释》《关于刑法有关出口退税、抵扣税款的其他发票规定的解释》《关于刑法有关文物的规定适用于具有科学价值的古脊椎动物化石、古人类化石的解释》均是在"两高"对法律的理解出现分歧的情况下,最终由全国人大常委会进行解释的。

另一方面,"当社会生产方式的进步要求某种法律形式时,现实生活中尚未存在的法律形式就会被创造出来;甚至原来的概念、范畴都会发生新的变化以适应法律的成长和发展要求。"[③]这种对概念和范畴的更新并非是对罪刑法定原则的突破,而是对立法机关刑法修订行为的

---

① 唐稷尧:《事实、价值与选择:关于我国刑法立法解释的思考》,载《中外法学》2009年第6期。
② 林维:《刑法解释的权力分析》,中国人民公安大学出版社2006年版,第65页。
③ 李道军:《法的应然与实然》,山东人民出版社2001年版,第320页。

有效配合。因为伴随着社会发展,概念与范畴的内涵发生了改变,这种改变体现在社会生活中,体现在每个社会成员的认知里,也同样应当体现在法律里,因此,立法解释正是要发挥这种确认和明确规范含义的职能。对于某些行政犯罪来说,当前置法发生重大改变的情况下,全国人大常委会通过发布立法解释,重新确认法律适用。2013年12月28日,全国人大常委会对《公司法》进行了修改,将一般公司的注册资本实缴登记制改为认缴登记制。但同时,明确对金融机构、具有准金融机构性质的企业、募集设立的股份有限公司、直销企业、对外劳务合作企业、劳务派遣企业等法律、行政法规和国务院另有规定的公司,仍然实行注册资本实缴登记制。为明确刑法中"虚报注册资本罪"和"虚假出资、抽逃出资罪"是否适用于认缴登记制的公司,2014年4月全国人大常委会发布了《关于〈刑法〉第一百五十八条、第一百五十九条的解释》,规定"刑法第158条、第159条的规定,只适用于依法实行注册资本实缴登记制的公司。"2001年8月,全国人大常委会出台了《关于〈刑法〉第228条、第342条、第410条的解释》,该立法解释建立在《刑法修正案(二)》的基础上,规定《刑法》第228条、第342条、第410条规定的"违反土地管理法规",是指违反土地管理法、森林法、草原法等法律以及有关行政法规中关于土地管理的规定。《刑法》第410条规定的"非法批准征用、占用土地",是指非法批准征用、占用耕地、林地等农用地以及其他土地。

通过对现有立法解释进行梳理和归纳可以看到,现有的13部立法解释多是通过明确词语概念,进行抽象性解释来实现其解释权力,这种方式也确实在发挥着上述作用。或许可以认为,立法也可以在解决这一问题上发挥其作用,但是需要注意的是,我们在讨论立法与立法解释的问题上都应当坚定这一立场——坚持立法的经济性、保持立法的稳定性。立法与立法解释最主要的共同点即为两者制定主体均为国家立法机关即全国人大常委会。然而,尽管两者解释主体相同,但是两者权力性质完全不同,刑法修订的性质是立法,而立法解释的性质只能是解释,立法解释不能因主体具有立法性而演变为一种立法活动。立法与解释,是完全不同的两种活动。立法,即对法律规范的立、改、废,其最明显的表现在于是对法律规范的直接更新,对法条内容直接的增加和减少。而解释,是建立在不对现有条文作任何改动的前提下,以法律规范为文本,对其文本中的内容进行阐明,这种阐明必须在法条中词语内涵和外延内进行。因此,立法和立法解释之间可以具有且应当具有清晰的界限。之所以在一些问题上,立法机关选择进行解释而不立法,正是出于对立法成本的考量,减少对法律文本的变动从而实现法的相对稳定。对于法律规定中涉及概念的具体含义发生的变动,立法者完全可以通过解释的形式对概念的内涵加以阐述,而不需要增、减法律条文。

因此,在适用顺序上,应当坚持立法解释优先,可以通过解释给出答案的就不应当再通过刑法修订而将其规定在刑法条文当中。法律调整的生活事实多种多样,无法穷尽。反之,出于各种原因,法律条文和法律信条的数量则尽可能精简且具备条理性。法律所调整的事实的无限性与法律规范数量的有限性要求之间的辩证关系或者说矛盾必然要求在语言上产生如下结果:成文法规范必须包含普遍的、一般的评价标准。① 自 1999 年第一部《刑法修正案》颁布至今,短短十余年间,近百分之二十的法条被修改,如此大规模的修法是否真的有必要呢?通过对九部修正案的内容进行梳理,笔者发现,有相当数量的条文是对规范中词语的含义进行了未超过词语本身含义的平义解释。为了减少法条变动,保持法条的稳定性,节约立法资源,这种解释工作理应由立法解释来完成。例如《刑法修正案(八)》直接吸收了全国人大常务委员会《关于刑法第二百九十四条第一款的解释》中对黑社会性质组织的性质特征作出的规定的全部内容。对于为何将立法解释上升为刑法修正案,

---

① 参见〔德〕魏德士:《法理学》,丁晓春译,法律出版社 2005 年版,第 84 页。

全国人大法工委黄太云认为,"由于其是以立法解释的形式存在,容易被忽视,有些地方的司法机关仍以本部门的司法解释作为认定黑社会性质的组织的依据,导致对黑社会性质的组织罪的认定上出现分歧。"① 然而,我们回过头来对全国人大常务委员会《关于刑法第二百九十四条第一款的解释》的出台背景进行考察可以看到,当时立法解释的出台正是因为最高人民法院和最高人民检察院对黑社会性质的组织的特征的理解不一致,在最高人民检察院向全国人大常委会提出立法解释要求后,由全国人大常委会作出了立法解释。② 既然立法解释已经发挥了解决分歧的功能,《刑法修正案(八)》再加以规定就显然是多此一举了。

2. 司法解释权配置的内在动因——统一司法尺度,精准司法适用

《决议》《人民法院组织法》《人民检察院组织法》将司法解释权授予了最高人民法院和最高人民检察院。研究司法解释制度,不能忽视中国现实法律土壤,统一司法尺度,解决类型案件的法律适用问题是司法解释的最重要内在动因。规范性解释所发挥的这种"准立法"的媒介作用,在我国有其历史背景和观念基础,有着较强的适应性,能够有效

---

① 黄太云:《刑法修正案解读全编——根据刑法修正案(八)全新阐释》,人民法院出版社2011年版,第50页。
② 2000年12月,最高人民法院公布了《关于审理黑社会性质组织犯罪的案件具体应用法律若干问题的解释》,规定"黑社会性质的组织"一般应具备以下四个特征:"(一)组织结构比较紧密,人数较多,有比较明确的组织者、领导者,骨干成员基本固定,有较为严格的组织纪律;(二)通过违法犯罪活动或者其他手段获取经济利益,具有一定的经济实力;(三)通过贿赂、威胁等手段,引诱、逼迫国家工作人员参加黑社会性质组织活动,或者为其提供非法保护;(四)在一定区域或者行业范围内,以暴力、威胁、滋扰等手段,大肆进行敲诈勒索、欺行霸市、聚众斗殴、寻衅滋事、故意伤害等违法犯罪活动,严重破坏经济、社会生活秩序。"最高人民检察院2001年11月向全国人大常委会递交报告,认为最高人民法院上述司法解释是在《刑法》第294条规定之外为对认定黑社会性质的组织又附加了条件。尤其是这四个特征中的第三个特征(即要有非法保护)的规定,突破了《刑法》第294条规定,致使一批"严打"政治斗争中正在办理的黑社会性质组织犯罪案件,不能依法追究打击不力。因此,全国人大常委会出台了《关于刑法第二百九十四条第一款的解释》。参见黄太云:《立法解读:刑法修正案及刑法立法解释》,人民法院出版社2006年版,第215页。

缓冲严格规则与自由裁量的紧张关系,具有丰富的"正当性资源"。①

从刑法法条的规定来看,我国刑法条文规定得过于模糊是司法解释大量存在的重要原因。有学者主张,应当坚持细密立法观,理由在于"立法的抽象程度和法律解释权的大小成反比关系:立法越抽象(粗疏立法就是其表现形式之一),法律解释的余地就越大;立法越细密,法律解释权就越小。法律解释权越大,越权法律解释出现的可能性也就越大。"②然而,笔者认为,现存的粗疏立法模式建立在我国处于社会转型持续期这一国情的基础之上,是实现立法稳定与社会易变之间的平衡的必由之路。以经济犯罪为例,在社会转型阶段,很多犯罪由政府管制而起,而现如今政府管制松动是我国经济发展的必然趋势。根据二次违法理论,前置立法改变将直接影响到刑法的规定,如果刑法规定过于细密,一旦前置性法律法规作出修改,而刑法修改又需要较长的周期,将直接造成法律之间的矛盾。难以否认的是,改革开放以来,这些前置性的法律法规一直处于变动状态,过于细致地对与其相对应的刑法罪名的构成要件进行规定,只会带来刑法一次又一次的修订。③ 因此,应当使用空白罪状或对构成要件进行原则性规定,才能满足前置性规定频繁变动的需求,以追求法律的稳定性。

但是,不可否认的是,法律规定的模糊性必然导致的是法官自由裁量权的扩大,而中国的法治现状,却在不断挤压着法官自由裁量权的适用空间。一方面,在当前法治化程度不高、政治腐败和司法腐败现象较为严重的社会现实背景下,民众对司法不统一有着本能的反射性的抗拒。法律适用人人平等是刑法重要原则,但是绝对化的"同案同判"无疑是一个无法实现的美好愿景,在司法实践中,即便是适用法律正确、

---

① 参见张文、牛克乾:《中国规范性刑法解释的实然与应然》,载陈金钊、谢晖主编:《法律方法》(第九卷),山东人民出版社2009年版。
② 赵秉志、陈志军:《论越权刑法解释》,载《法学家》2004年第2期。
③ 例如洗钱罪被1997年《刑法》规定后,先后被《刑法修正案(三)》和《刑法修正案(六)》修改,洗钱罪的上游犯罪的范围一次又一次被扩大。

案件事实清楚的案件,在一些情况下,由于媒体报道的案情有限,断章取义下,这些所谓"司法不公"的案件严重刺激着普通民众的神经,不断引发舆论对司法公正的质疑,自由裁量权岂敢轻易扩大?"也许没有任何一个审判制度应该力求完全取消自由裁量权,但是把责任基本原则所重视的权力交给法律官员们的良知,这应是采取的最后一种手段。"①

另一方面,中国社会正处在转型时期,新的犯罪现象不断出现的同时,法官的断案水平却没有获得相应提高,对类型案件的统一处理的难度也大大加大,法官渴望着一个更为具体的标准指导他们从事司法活动。正是基于这样的现实需要,对类型案件中的具体问题给以详细解答的司法解释,就扮演了"司法活动的参考书"的角色。以非法集资为例,随着我国经济的不断发展,非法集资的手段行为也愈发专业化、技术化,犯罪分子往往改头换面以合法经营行为掩盖其集资行为,如当时轰动全国的万里大造林案、蚁力神案。然而对于司法机关而言,由于刑法对非法吸收公共存款罪、集资诈骗罪的构成该要件的规定相对模糊,其对于这些新的犯罪手段是否适用非法吸收公共存款罪仍存在疑问。基于此,2010年12月最高人民法院出台了《关于审理非法集资刑事案件具体应用法律若干问题的解释》,将"以转让林权并代为管护等方式非法吸收资金的"、以"以代种植(养殖)、租种植(养殖)、联合种植(养殖)等方式非法吸收资金的"等情形规定为非法吸收公众存款罪,解决了司法实践中的争议,使得同类案件获得相同处理。

司法解释大量出台是对当前中国现实的本能反应,出台司法解释,在立法原意的基础上,并在立法预留的空间内,对类型案件具体法律应用问题进行解释,尽可能地统一司法适用的尺度,是国家维护社会稳定的重要手段。司法解释将对类型案件的处理具体化、明确化,对于司法机关来说,只有明确的法律规范才能保证司法机关在适用过程中端平

---

① 〔美〕道格拉斯·N.胡萨克:《刑法哲学》,谢望原等译,中国人民公安大学出版社2004年版,第110页。

手中的天平,而对于民众来说,"只有具有明确性的法律规范,才能在民众心中树立起相对固定的'行为—法律后果'之间的预期,从而使法律规范对于它所指向的人具有拘束力"①。

(二) 我国刑法解释权所承载的法律功能

立法解释与司法解释承载了不同的法律功能,从两者的外在表现形式上,可以看到立法解释和司法解释承载的法律功能的差异。

1. 立法解释权承载的法律功能

立法解释内容通常比较简短,通过下定义、确定构成要件要素的方法,对涉及犯罪构成的重要词语的内涵和外延进行界定,其表现形式和性质可以类比为《刑法》总则第五章"其他规定"中的解释性条款。《刑法》一经出台应当具有稳定性,不能朝令夕改,任意增减条文内容,对于条文中出现的重要概念的界定,与其通过继续修改法律增加解释性条款的方式来对其含义加以明确,不如选择利用立法解释对其加以规定。例如全国人大常委会《关于刑法第二百二十八条、第三百四十二条、第四百一十条的解释》中对"违反土地管理法规"的含义进行的解释。其解释背景在于,《刑法修正案(二)》将第 342 条非法占用耕地罪的犯罪对象扩大到耕地、林地等农用地,将罪名改为非法占用农用地罪,由于犯罪对象的扩大,使得第 342 条中"违反土地管理法规"的含义相应扩大,包含了森林法、草原法等规范林地或其他农用地法律适用的前置性法律和行政法规。这种立法解释明确了重要词语的含义,且不需对刑法条文进行修改,既维护了刑法的稳定性,又实现了刑法的明确性要求。

2. 司法解释权承载的法律功能

司法解释也承载了重要的法律功能。首先,解释条文内容中的定性因素。在现有司法解释中,数量最多、对司法实践影响最大的解释类

---

① 杨书文:《刑法规范的模糊性与明确性及其整合机制》,载《中国法学》2001 年第 3 期。

型就是对类型案件具体法律应用问题所作出的解释,其标题多为"关于办理/审理某某刑事案件具体应用法律若干问题的解释",而此类司法解释中,主要对条文内容的定性因素以以下形式进行了解释。

第一,列举行为表现形式。

司法解释对于犯罪构成中的某一要件在司法实践中的主要表现形式进行列举,一般在解释文本中表现为:具有下列情形之一的,可以认定为"某某"。例如,2011年最高人民法院、最高人民检察院、公安部《关于办理侵犯知识产权刑事案件适用法律若干问题的意见》第10条规定,除销售外,具有下列情形之一的,可以认定为"以营利为目的":(1)以在他人作品中刊登收费广告、捆绑第三方作品等方式直接或者间接收取费用的;(2)通过信息网络传播他人作品,或者利用他人上传的侵权作品,在网站或者网页上提供刊登收费广告服务,直接或者间接收取费用的;(3)以会员制方式通过信息网络传播他人作品,收取会员注册费或者其他费用的;(4)其他利用他人作品牟利的情形。

第二,细化具体适用标准。

与横向的对表现形式进行列举相对,一部分司法解释中,通过深入细化对某一构成要件要素的适用标准来实现统一司法的目的。一种情形最为普遍,就是通过下定义的方式进行细化,例如2012年最高人民法院《关于审理盗窃案件具体应用法律问题的解释》中对扒窃的概念进行了细化限定——"扒窃是指在公共场所或公共交通工具,对被害人随身携带的财物进行盗窃",以此将对扒窃行为的认定具体化、明确化。另一种情形表现为,设定组成要素。此时设定组成要素并非是同刑法法条一样对某一犯罪的构成要件进行规定,而是对符合某一构成要件所需具备的条件进行设定。在解释文本中一般表述为"同时具备下列几个条件的,应当认定为某某"。例如2010年最高人民法院《关于审理非法集资刑事案件具体应用法律若干问题的解释》第1条规定,"非法吸收公众存款或者变相吸收公众存款"应当具备四个条件:(1)未经有关部门依法批准或者借用合法经营的形式吸收资金的;(2)通过媒体、推介会、传单、手机短信等途径向社会公开宣传;(3)承诺在一定期限内以货币、实物、股权等方式还本付息或者给付回报;(4)向社会公众即社会不特定对象吸收资金。

第三,提示总则对分则的适用。

众所周知,在对具体案件处理过程中,除了通过适用刑法分则对其进行定罪量刑以外,刑法总则的规定也同样被适用在个罪处理中。为了规范总则的适用,司法解释将总则对分则的适用情况进行规定,而这种规定仅应发挥提示作用,是一种"注意规定"。这一类规定主要体现在司法机关对类型案件量刑的规定中,将刑法总则中规定的从轻、减轻情节在司法解释中再次进行阐述,以起到提示作用。对于其他总则条文的适用,司法解释也有所规定,例如2000年最高人民法院《关于审理拐卖妇女案件适用法律有关问题的解释》第2条规定,外国人或者无国籍人拐卖外国妇女到我国境内被查获的,应当根据《刑法》第6条的规定,适用我国刑法定罪处罚。

第四,提示刑法原理的适用。

刑法总则中并不能穷尽对所有刑法原理性的规则的规定,对于实践中出现的刑法条文没有具体规定但可以用刑法原理进行处理的情况,如对罪数的认定、溯及力的确定,可以通过司法解释加以提示适用。例如,2009年最高人民法院《关于审理洗钱等刑事案件具体应用法律若干问题的解释》第3条规定,"明知是犯罪所得及其产生的收益予以掩饰、隐瞒,构成刑法第三百一十二条规定的犯罪,同时又构成刑法第一百九十一条或者第三百四十九条规定的犯罪的,依照处罚较重的规定定罪处罚。"这条规定对洗钱罪、掩饰隐瞒犯罪所得罪与窝藏、隐瞒毒品、毒赃罪出现想象竞合的情况下,提示按照想象竞合从一重原则处理的典型。

其次,解释规范中的定量因素。定量因素的大量使用是我国刑法的特色,近几年来出台的刑法修正案也不忘将原来刑法中对犯罪规定的具体数额、情形,修改为表述模糊的"情节严重""数额较大"等定量因素。① 这与我国社会经济快速发展,社会转型具有持续性特征的社会背景密切相关。对于犯罪数额来说,如果在刑法中直接规定犯罪数额,则在现如今通货膨胀货币贬值的情况下,几年前甚至十几年前刑法规定的犯罪数额,显然与今天相同数额的社会危害性是不同的。因此,在条文中设置定量因素对于平衡刑法稳定性与社会易变性之间的关系发挥着重要作用。

刑法条文中定量因素主要包括以下情形:数额巨大(及数额较大、数额特别巨大等)、情节严重(及情节特别严重等)、造成严重后果(及造成特别严重后果等)、情节恶劣(及情节特别恶劣)、严重破坏"某某"秩序等。司法机关不无例外地对这些定量因素都进行了解释,这种解释在不破坏现有条文的情况下,及时应对社会发展变化,能够有效规范司法适用,统一定罪量刑尺度。

最后,规定具体制度执行细则。司法解释制定对具体制度的执行细则的规定主要体现在总则上,尤其以刑罚部分居多,如 2000 年最高人民法院《关于适用财产刑若干问题的规定》、2010 年最高人民法院《人民法院量刑指导意见(试行)》、2010 年最高人民法院、最高人民检察院、公安部、司法部《关于对判处管制、宣告缓刑的犯罪分子适用禁止令有关问题的规定(试行)》、2012 年最高人民法院、最高人民检察院、公安部、司法部《社区矫正实施办法》等。这些针对具体制度制定的实施细则对于增加制度施行的可操作性,统一全国的制度施行具有十分重要的作用。

---

① 例如《刑法修正案(八)》将《刑法》第 338 条污染环境罪的构成要件由"违反国家规定,排放、倾倒或者处置有放射性的废物、含传染病病原体的废物、有毒物质或者其他有害物质,造成重大环境事故的"修改为"违反国家规定,排放、倾倒或者处置有放射性的废物、含传染病病原体的废物、有毒物质或者其他有害物质,严重污染环境的"。

(三) 立法解释权与司法解释权之分立

立法解释权附属于立法权,司法解释权附属于司法权,从权力运作角度来看,立法权与司法权当然存在着紧张关系,因此立法解释权和司法解释权之间亦存在一定冲突与矛盾。

从权力运作来看,解释权原附属于立法权,并逐渐从立法权中分立出来,并将一部分解释权归属于司法权。这种分立一方面,具有现代宪政之基础,另一方面,又符合我国现阶段国情。在立法权与司法权被严格限制的今天,任何立法行为都应当经过严格的立法程序,解释权就成了立法权的延伸,成了立法机关变相行使立法权的工具。而对于司法机关来说,解释权亦成为司法机关僭越立法权的手段。立法解释权和司法解释权应当坚守各自的界限,方能各归其位、各司其职。

立法解释与司法解释的性质都属于解释,立法解释与司法解释共同组成了我国刑法规范性解释。立法解释与司法解释的共同点在于,两者行使的均为对现有法律条文的解释功能,并未改变条文的数量和内容,而是对刑法条文中用语的具体概念进行阐释。我们将立法解释的实现方法限定在了对具体规范的明确上,在司法解释中,也同样会使用下定义的方法对具体规范的含义加以明确。那么两者之间的界限到底在哪里?

根据《决议》,立法解释与司法解释的界限在于一个是用来解决"法律、法令条文本身需要进一步明确界限或者作补充规定的",另一个是"审判和检察工作中具体应用法律、法令的问题"。从表面上看,这种表述过于抽象,导致两者并没有实质的区别,因为,解决具体应用法律法令中的问题的重要手段之一即为对法律、法令条文本身的界限进行明确,明确法条界限与解决应用问题本来就属于手段与目的的关系,没有办法从中厘定一条清晰的界限。

笔者认为,之所有存在着立法解释与司法解释之间的划分,并非是两者的解释内容有所差异,也绝非是两者解释限度存在区别,申言之,不能说司法解释受罪刑法定原则约束,立法解释不受罪刑法定原则约束,也不能认为两者受罪刑法定原则约束的程度有所差别。司法解释与立法解释区分在于,两者的解释主体不同,立法解释的解释主体立法机关高于司法解释的解释主体司法机关,在罪刑法定原则之下,立法解释是决定司法解释效力有效与否的终极解释。古语有言,"尺寸也,绳墨也,规矩也,衡石也,斗斛也,角量也,谓之法。"① 如果将刑法比作一把尺子,那么刑法典在这把尺子上标注了米和分米的刻度,而刑法解释则将分米下面细化了厘米、毫米。立法解释对司法解释的这种终极裁决作用,并不意味着立法解释可以改变单位一米的刻度值,将一米的刻度划在了两米的位置上,而是意味着立法解释决定着在分米的刻度内,一厘米、一毫米刻度的宽窄远近。

将立法解释和司法解释的界限定位于此,既是从两者权力来源属性角度作出的法理分析,也是为解决司法解释立法化现象的大量存在提供解决路径。对于如何解决司法解释立法化问题,很多学者提出建立单独的监督机制和退出机制,却忽略了立法解释本身对司法解释的监督和制约功能,与其再动用立法资源确立新制度,不如激活现有制度让其焕发生机。"通过立法解释制度,全国人大常委会真正地奠定了立法机关高于行政机关、司法机关的地位,具有了高于其他机关在规范解释上的话语权,实现了其监督权。"②

因此,立法解释这一特殊的功能定位,决定了对于单纯对现有司法适用进行提示,不具有任何争议的问题不需要进行立法解释,采取司法解释方法即可。例如在全国人大常委会《关于对〈刑法〉第三百一十三条的解释》中,对国家机关工作人员参与拒不执行判决裁定行为如何定

---

① 《管子·七法》。
② 林维:《刑法解释的权力分析》,中国人民公安大学出版社2006年版,第383页。

罪进行了规定:国家机关工作人员有上述第四项行为(被执行人、担保人、协助执行义务人与国家机关工作人员通谋,利用国家机关工作人员的职权妨害执行,致使判决、裁定无法执行的),以拒不执行判决、裁定罪的共犯追究责刑事责任。这一规定显然是刑法总则共同犯罪原理在分则上的具体应用,也丝毫未对共犯理论进行颠覆,这样一种单纯对司法适用进行提示的规定,显然不具备动用立法解释的必要性。

第二章

刑法规范解释下的利益分配风险

第一节 刑法规范解释与我国立法体系格局变迁

一、刑法规范解释者的立场选择

刑法解释是从法典上的刑法到社会生活中的刑法的必经过程,一部刑法典的不断发展的原动力就在于不断地被解释。国外有些刑法典的适用已经跨越了几个世纪,依然规范着现代人的行为。刑法规范解释者所采取的价值立场决定了该司法解释适用于司法个案的结果不同。刑法规范解释者的立场融入了其基本的思想与对刑法问题的自身理解。刑法解释的立场指明了解释者进行解释的方向和限度,解释方法则是方法论上的解释工具。当刑法规范者所持的解释立场不同,即便运用相同的解释方法也可能得出不同的解释结论,同样,即便运用刑法解释方法相同,基于不同的解释立场也可能导致不同的解释结论。刑法解释的历程包含着所秉持的法律价值观念的抉择,刑法解释结论上的不同表面上看是解释方法的不同,但深层次探知便反映了解释者在价值判断上的偏好和取舍。① 在刑法解释中,解释者所持的解释立场的不同,将导致得出案件罪与非罪、此罪与彼罪等截然不同的结论。关于刑法规范解释的立场问题,世界各国刑法学界主要集中在主观说与客观说之争、形式解释论与实质解释论之争。

主观说,也即是主观解释论,其内涵主要探讨立法解释者原意,以其为解释的基本立场,承认刑法存在立法原意并尊重该立法原意是此学说的理论基础。严格的主观说,在承认立法原意客观存在之外,探求的是立法者当时存在的原意。这样的刑法规范解释者为自身设定了刑法解释的界限,即在立法原意范围内合理地解释刑法,以最大限度地维护刑法的安定性,防止解释者漫无边际的解释刑法,从而防止解释者更改立法者的原意。这样的刑法解释立场为刑法规范解释指明了方向和界限,使得每个规范的刑法解释出台应考虑到刑法文本本身的立法目的,并以此为制定规范刑法解释的准则。主观说的主要依据有三个:首先,刑事立法者知道每一条规范的目的。通过制定刑法规范,刑事立法者将自己的意志写入刑法文本中,这种意志体现的是刑事立法者对认为需要保护的法益进行明确界定,因为对于如何确定刑法所要保护的法益及保护的程度范围只有刑事立法者自身最明白。其次,刑事法律所应具有的安定性与稳定性决定了刑法规范解释者只能去认真揣测刑事立法者的原意。在客观上刑法立法原意是可以探知的,不同的解释者通过阅读刑事立法过程所保留的文献资料可以探求并不断接近刑事立法解释者的原意。刑法解释者依据这样的思路将不会因为解释路径的不同而动摇立法的意图,并且可以客观性地描述刑法的立法原意。最后,刑事立法所体现的是国家立法权,立法权作为国家最高的权力之一,体现的是全体国民的意志,立法所体现的意志是不能随意改变的。刑法规范解释权是基于案件事实的客观需要,探求刑事立法者的意思

---

① 参见张志铭:《法律解释操作分析》,中国政法大学出版社1998年版,第193页。

而赋予解释者的权力,因此,刑法规范解释者必须是以探求并不断接近刑事立法原意为己任。由上可知,主观说的基本论点在于承认立法原意的客观存在,并且严格限制刑法解释者的具体解释界限,这样的学说无疑会困于形式上的追求刑法规范原意,而罔顾了刑法随着社会不断发展而产生滞后性和缺乏实质合理性。

客观说,也即客观解释论。客观说立足于法律文本本身,依据当下客观语境进行理解,探求规范客观上应有的解释结论。客观说认为,刑法是以服务社会需求为其最终价值追求,脱离现实社会而进行的任何解释都会偏离刑法的最终价值目标。"客观"一词本身便是追求脱离于立法者主观意思而单纯从法律规范本身为出发点。法律规范并不是经立法者固定的不可改变的文字堆砌,而是与纷繁复杂的社会现实生活相连接不断变化的行为准则。换言之,客观说主张强调法律文本本身的独立性和客观性,试图挣脱立法者所谓立法原意的束缚,并以社会的客观需求为自己的价值追求。这种发掘法律文本内在固有的合理意思以适应不断变化的社会情势和适用目的的解释理论又被称为实质解释论。[1] 客观说的主要依据也有三点:首先,刑法一经脱离立法者的法律思想表现为具体的法律条文,便独立于立法者而客观独立地存在,具有自身的价值内涵与目的追求,刑事立法者在立法时想要赋予刑法的立法原意已经不再具有约束力。其次,刑法规范具有简约性以及文字的多义性等固有品性,同时社会对刑法的期待利益要求刑法保持相对稳定性,使其不可能随意进行更改,然而不可回避的是,社会生活纷繁复杂并处于不断的变化之中,即便立法可以具有一定的超前性,但是立法者仍旧无法完全遇见未来社会生活的变化,特别是新型犯罪的出现,然而刑法的适用却是刻不容缓的,因此需进行合理的解释以使刑法适应现实的刑法意义,并要求立足于客观现实情况,合理回应现实社会对刑

---

[1] 参见梁根林:《罪刑法定视域中的刑法适用解释》,载《中国法学》2004年第3期。

法解释结论的具体需求。最后,即便承认立法原意的存在,但对立法原意的探求却是一个不可企及的目标,正如"人不可能两次踏入一条河流"一般,虽然可以通过立法文献资料大概了解立法过程中立法者表现出来的立法思想痕迹,但人类自身理性的局限性,使得其在面临杂乱的立法文献资料时无法客观地以一个立法者心态来还原立法当时的情景,故而不可能还原立法者当时的立法原意,也就无法理解在具体刑法规范背后的立法者思想。即便客观说从多个角度对立法原意的存在与探知进行了质疑,但是客观说仍然遭受相当多的议论,饱受诟病的一点便是其不承认立法原意的存在将可能导致解释的无边界性,这显然与罪刑法定原则的价值追求是相违背的。

从两种截然不同的刑法解释立场的对比中可知,主观解释论与客观解释论,在立法原意是否客观存在及是否应严格遵循立法原意上所持观点大相径庭。笔者认为,绝对的客观解释立场与绝对的主观解释立场均会妨害刑事法治目标的实现及司法的公正,具体到个案的司法实践中,刑法规范解释者应对这两种解释立场进行适当的调和,刑法解释离不开刑事立法,刑法适用也离不开社会现实,兼顾立法原意以及社会需求才是刑法解释应秉持的正确抉择。法律解释的最佳平衡目标在于解释已经客观化的立法意图,这种客观化立法意图的探求应基于具体法律规范的客观意思、价值取舍及利益衡量,同时不能罔顾立法意图而进行无限制解释,法律解释应是客观需求和主观意图的有机结合,这样才能兼顾实现实质正义与形式正义。

除了客观解释论与主观解释论之外,刑法解释立场还可以分为形式解释论与实质解释论,这两种重要的刑法解释立场对于刑法规范解释者构成重要的影响,进而影响着规范的刑法解释制定与实施。

形式解释论认为,司法审判人员在认定某一具体行为是否构成犯罪、构成何种犯罪时必须依据刑法条文本身进行理解,在形式上依据刑法文字的规定进行字面含义进行形式逻辑解释。在罪刑法定原则的指引下,形式解释论比实质解释论更具有外观层面的合理性,对于形式上不具有刑法规范构成要件符合性的行为,即便其实质上具有处罚的必要性或严重的社会危害性,也不能将之进行入罪。例如,在危险驾驶罪中,其行为方式是"醉酒驾驶"与"追逐竞驶",如果是其他的具有危险性的违章驾驶行为在社会危害性上具有与该罪行为方式相当性,也不能将该行为入罪。因为形式解释论中,严格按照刑法条文字面可能含义是最基本的要求。① 持形式解释论观点的刑法规范解释者,往往依据对刑法条文形式上的理解,并不进一步揣测刑法规范的目的范围,因此,在制定刑法解释规范时,往往会使得刑法的处罚范围变小、刑罚变得轻缓。

实质解释论认为,司法审判人员在认定某一行为是否构成犯罪、构成何种犯罪时,除具备刑法规范形式上的要求外,还应从该行为的社会危害性及处罚的必要性、刑法适用妥当性等具有实质判断的角度加以评价。虽然有些行为在形式上并不符合刑法规范要求,但实质上却具有严重的社会危害性和处罚必要性,故可以在罪刑法定原则的指引下进行适当的扩大解释,将该行为入罪并予以处罚;但是对于某些行为虽然形式上符合刑法规范字面内涵要求,但实质上却不具有严重的社会危害性和处罚必要性,依据实质的违法观,可以将其排除在犯罪圈之外。在对于具体的犯罪构成要件各要素进行考察时,不能脱离规范的实质含义的判断,例如,在对入户抢劫中的"户"的理解上,不仅要从场所具备的基本特征进行形式上的认定,还要从"户"具有的功能性上进行实质的判断,对于开设在家中的赌场进行"入户抢劫"是否构成抢劫罪中的加重情节便是实质上进行考察的体现。持实质解释论观点的规范解释者,注重对于行为的社会危害性角度进行实质考察,而不拘泥于刑法条文的字面含义,因此,具备实质解释刑法立场的司法解释往往关

---

① 参见陈东升、柳条河:《抢劫家中赌场不构成"入户抢劫" 绍兴检方抗诉使6人总共少坐15年半牢》,载《法制日报》2008年12月2日。

注行为的实质社会危害性与处罚的必要性。

　　刑法规范解释立场和价值判断的不同造成了形式解释论与实质解释论主要观点的差异,笔者认为,对于刑法规范本身进行形式上和实质上的双重解释并不是完全矛盾的,因为具体犯罪行为本身便是一个兼具形式违法性和实质违法性的综合体,对于犯罪行为的处罚也是基于形式上的合法性及实质上的必要性的双重符合性,这也体现了罪刑法定原则所具有的形式侧面与实质侧面的要求。① 如果单纯地强调形式解释论,将导致司法过程的程序化与模式化,并可能超出民众对刑法维护社会安定的心理预期;如果单纯地强调实质解释论,则使得罪刑法定原则被虚化,刑法的人权保障机能将被破坏。因此,刑法的解释应该是兼具刑法规范符合性与刑法目的符合性的双重标准,只顾其一均是偏颇的。在刑法解释立场上则应兼顾形式解释与实质解释的双重正义需求,在刑法解释方法论上应采取以形式解释为前提和基础,以实质解释为检验结论的合理性的刑法解释过程。严格按照刑法规范字面含义本身所具有的可能含义,同时,应保持刑法体系的协调逻辑关系。只要在依据形式解释得出严重偏离合理性常情的解释结论时,便应运用目的解释方法发掘隐含在刑法规范背后的价值与意义,从实质解释考察的角度得出兼具合法与合理的解释结论。笔者认为有必要通过实证的角度具体考察刑法规范解释者所持的立场,可知在形式解释立场与实质解释立场的抉择中我国的规范刑法解释者采取的是实质刑法解释立场,以下将从刑事立法解释与刑事司法解释双重维度进行具体分析。

　　其一,在 2000 年 4 月 29 日颁布的《关于〈刑法〉第九十三条第二款的解释》,即针对国家工作人员的刑事立法解释。一般国家工作人员的认定中存在公务论和身份论之争,主张身份论者认为,国家工作人员是一种具有国家行政编制的特殊身份,只有具备这样身份的人所从事的

---

① 参见张明楷:《罪刑法定与刑法解释》,北京大学出版社 2009 年版,第 72—73 页。

行为才能被认为是公务；主张公务论者认为，国家工作人员的本质特征在于其所从事的行为性质上属于公务，行为人即便不具有国家行政编制，只要其从事的行为性质上是公务行为，则该行为人的行为应被认为是国家工作人员的公务行为。其中对于村民委员会等基层自治组织能否构成相关职务犯罪的主体，该刑事立法解释认为，当村民委员会协助人民政府从事相关行政事务时，属于"其他依照法律从事公务的人员"，以国家工作人员论。即他们可能成为贪污贿赂等须由国家工作人员构成的犯罪主体。因此，该刑事立法解释是基于实质解释的立场对国家工作人员作出的规范解释。

其二，2002年4月28日颁布的刑事立法解释《关于〈刑法〉第三百八十四条第一款的解释》，即针对挪用公款归个人使用如何解释，仅仅从刑法形式上进行理解"归个人使用"，应是指归单个自然人使用，而不应包括挪用给其他单位组织使用。但从实质解释立场上进行理解，挪用公款所要保护的法益是本单位对公款的占有使用权，因此，不管公款处于其他自然人还是其他单位的占有使用均是对本单位对公款的占有使用利益的侵害。该刑事立法解释规定，将公款供本人、亲友或者其他自然人使用；以个人名义将公款供其他单位使用；个人决定以单位名义将公款供其他单位使用，谋取个人利益；这些行为均构成挪用公款归个人使用的情况。由此可见，该刑事立法解释是基于实质刑法解释立场对挪用行为作出的解释结论，而没有仅仅依据刑法规范的字面含义进行形式上的规范解释。

其三，2004年12月29日颁布的刑事立法解释《关于刑法有关信用卡规定》，即针对信用卡认定的解释。在1999年《银行卡业务管理办法》中区分了贷记卡、准贷记卡及借记卡。其中贷记卡和准贷记卡统称为信用卡，而区别于借记卡。关于信用卡诈骗罪中"信用卡"的理解，如果从形式上进行认定，即只有《银行卡业务管理办法》中称的信用卡可成为该罪的对象。但如果从实质上对信用卡进行理解，除了在是否具有透支功能上的差别,信用卡和借记卡并没有其他不同,均是由发卡银行向持卡人所发放,背后体现的是银行的金融信用。行为人利用借记卡进行相关的诈骗活动,所侵犯的法益仍然是以金融信用为基础的我国金融秩序。因此,该刑事立法解释基于实质解释的立场,将信用卡解释为商业银行或者其他金融机构发行的具有消费支付、信用贷款、转账结算、存取现金等全部功能或部分功能的电子支付卡,包括贷记卡、准贷记卡和借记卡。

从以上具体的刑事立法解释可知,我国刑事立法解释所采取的是实质刑法解释立场,通过扩大解释方法将某些形式上不具备构成要件该当性的行为纳入犯罪圈,这也是形式解释立场者所极力反对的。事实上,实质刑法解释在不违背国民预测可能性的前提下进行适当的扩张解释以入罪,但不能因此否定实质刑法解释立场所具备的出罪功能。刑法规范离不开文字的表达,然而文字本身也有诸如无法克服多边性、模糊性等缺陷,这将导致仅仅从刑法条文文字上的理解将导致一些本不具有实质可罚性的行为纳入犯罪进行处理。例如,《刑法》第313条规定的拒不执行判决、裁定罪。如果仅从刑法条文文字表面进行理解,没有生效的判决裁定及不具有执行内容的判决裁定也应成为该罪执行的对象,但这显然是不符合刑法实质解释的要求及该刑法规范的目的。可知,实质解释刑法立场不仅需要考察刑法规范条文的字面含义,还须基于刑法规范的目的及处罚的必要性等实质性价值判断,从而对不具有法益侵害但形式上符合犯罪构成该当性的行为进行出罪,从而有效地保护人权。又如,在"入户抢劫"的认定中,对"户"的理解便是基于公民对家的安全信赖进行实质的考察,从而将"宾馆""校舍"等封闭的户排除在外,这样提升情节犯的情节要求,使得"入户抢劫"的认定不致过宽。2000年最高人民法院《关于审理抢劫案件具体应用法律若干问题的解释》中,将"入户抢劫"解释为"为实施抢劫行为而进入他人生活的与外界相对隔离的住所,包括封闭的院落、牧民的帐篷、渔民作为家庭生活场所的渔船、为生活租用的房屋等进行抢劫的行为"。① 综上可知,我国刑法规范解释者所持的立场是实质刑法解释立场,即在刑法规范文字可能含义范围内,严格遵循罪刑法定原则的要求,基于实质处罚必要性的基本价值判断,既可以将具有法益侵害严重性的行为合理地入罪,也可将形式上符合刑法规范要求但不具有处罚必要性的行为排除在犯罪圈外,或者提升情节犯的情节要求,实质上维护了人权保障机能。

二、刑法规范解释僭越刑事立法

(一)刑事立法解释权限虚置之虞

《立法法》第45条规定,"法律解释权属于全国人民代表大会常务委员会。法律有以下情况之一的,由全国人民代表大会常务委员会解释:(一)法律的规定需要进一步明确具体含义的;(二)法律制定后出现新的情况,需要明确适用法律依据的。"全国人大常委会通过的《关于加强法律解释工作的决议》第1条规定:"凡关于法律、法令条文本身需要进一步明确界限或作补充规定的,由全国人民代表大会常务委员会进行解释或用法令加以规定。"这些法律规定成为全国人大常委会进行刑法立法解释的法律依据。

从权力性质划分的角度来看,刑事立法权与刑法解释权是两种不同性质的权力。《宪法》第67条从宪法层面规定了两种权力的区别,同时,《立法法》对于全国人大常委会的立法权和解释权作了进一步的区分,例如,在有权提案主体上,提请立法解释的主体范围要大于提请刑法修正案的主体。并且,刑法修正案的审议、讨论等程序比法律解释草案要复杂很多,法律解释草案由常务委员会工作机构拟定,由委员长会议列入委员会会议议程,再由法律委员会根据审议意见进行修改形成

---

① 参见苏彩霞:《我国刑法立法解释立场的实证考察》,载《浙江大学学报(人文社会科学版)》2010年第2期。

表决稿,通过表决后由全国人大常委会名义颁布。刑法修正案草案发给全国人大常委会成员的日期和审议的次数、程序及内容均具有严格的程序限定。以上刑法修正案与刑法立法解释在制定过程中程序复杂程度的不同规定正是基于解释权与立法权的不同性质而产生。

从权力渊源角度上来看,全国人大常委会的解释权是对其立法权的一种补充,但在某些情况下,全国人大常委会的解释权代替了立法权,使得其立法解释的数量与立法规定的数量严重失衡。究其原因,主要是因为两种不同性质权力其行使主体的同一,从而导致了两种性质不同权力之间相互的纠缠与错位,具体表现为刑事立法解释权往往具有扩张性,加上立法解释界限的模糊性和不确定性,使其在内容上看更像是创制一种新的刑法规范,而不是针对刑法规范本身作说明性阐释。但是,从立法解释的对象上来看,刑事立法解释所针对的事项通常具有明确性,其对于某些刑法模糊用语的界定往往具有定分止争的效果。从这个角度来看,立法解释很难看出是一种当然解释、扩张解释或者类推解释,如《关于刑法第九章渎职罪主体适用问题的解释》。《刑法》第93条第1款规定,本法所称国家工作人员,是指在国家机关中从事公务的人员。按照通常的理解,国家工作人员必须在国家机关中工作,也即具有国家行政编制,对于国家机关的范围之外,依照法律、法规规定行使国家行政管理职权的组织或者受国家机关委托代表国家机关行使职权的组织,代表国家行使职权时,可否被认为属于国家机关本是一个具有争议性的问题,很难说刑事立法解释将这类行为解释为国家工作人员不是一种创设新的刑法规范。

从当前立法解释与立法规定的现状来看,立法解释权的扩张性导致立法权被虚置的危险。笔者认为,立法机关倾向于运用立法解释权行使立法事项的理由主要有三点:首先,法律案与法律解释案在体系完整性上存在着明显的不同。法律案的体系要求具有相对的完整性和复杂性,至少是针对某一个法律制度提出全面而充分的解决方案;而法律解释案则不具有体系性的要求,可能仅仅针对一个法律条文或法律条文中某一用语进行解释,这使得其不可能具备法律案形成的复杂程度。其次,立法程序的繁琐复杂程度大大高于法律解释程序,这是《立法法》的基本要求,同时也导致立法权行使具备成本高、效率低等特点,然而立法解释面临的是司法实践中亟须解决的现实问题,不允许较长期间的立法周期,并且立法本身还面临一个溯及力问题,对于已经发生待决的案件起不到实质上的作用,立法解释的便捷性与立法的低效性使得立法解释往往更受全国人大常委会的青睐。最后,从现有的刑法修正案具体规定来看,大多数修正案是对原有刑法规范构成要件要素进行修订或提升法定刑,这是立法解释所无法替代的。但更多的时候,当刑法规范立法解释(如扩张解释)与刑法规范创设界限模糊的时候,同一主体下的两种权力选择往往会产生混淆,权力行使者更倾向于使用立法成本低、效率高的立法解释权。此外,刑事立法解释与刑事立法在时间效力上也存在很大区别,刑法修正案一般是公布之日起生效,由于其属于创设新的刑法规范,因此原则上没有溯及既往的效力,然而刑事立法解释属于对刑法规范适用的解释性说明,其效力附属于刑法规范本身,故而刑事立法解释一经制定便可适用于待决的案件之中,而不存在溯及力的问题。需要警惕的是,当刑事立法解释代替刑事立法时,这将导致的后果是形式上的"立法解释"也能适用于解释发布之前的行为,这显然不利于行为人的人权保障,也违背了罪刑法定原则的要求。

虽然刑事立法与刑事立法解释的对比中,刑事立法解释具有与刑事立法的模糊定位,但是从实然角度对刑事立法解释与刑事司法解释进行比较分析时,可知我国的刑事立法解释还是较为滞后的,这种滞后性主要体现在立法解释的不作为或者少作为。正因为立法解释的长期缺位,也客观上为司法解释的扩张及立法化倾向提供了可能的机会。刑事立法解释与刑事司法解释形成了巨大的失衡。导致这种失衡的原因主要有两点:其一,刑事司法解释主体从自身的部门利益与价值偏好出发,不断扩张自己的部门利益,而没有顾及司法解释其他利益主体的需求,对于刑法规范进行了不合理的越权解释,这种越权解释往往具有形式上的合法性,但并没有严格限定在法律应用中的具体问题,因而有的刑事司法解释表现出很大的随意性和扩张性。其二,这种失衡背后是立法解释本身相对不作为的直接后果。立法解释权虽然具有效力位阶上的优势,但并没有充分和有效地行使立法解释权,对于日益膨胀的司法解释也没有进行有效监督,特别是对于"两高"具有歧义性的司法解释置若罔闻,这也是客观上造成刑事立法解释薄弱的原因。卢梭认为,"制定法律的人要比任何人更清楚,法律应该怎样执行和解释。"全国人大常委会既是立法机关也是解释机关,其行使刑事立法解释权具有天然的优势。笔者认为,刑事立法解释需要改变当前不作为或少作为的现实状态,立法解释权的归位不仅能够缓解不断被诟病的创设性司法解释,还能够对司法解释权的行使进行有效的监督。值得庆幸的是,自 1997 年《刑法》修订以来,全国人大常委会共出台了 9 个刑事立法解释,立法解释的常态化将会改变当前立法解释权与司法解释权之间不协调的状态。

(二)刑事司法解释扦格立法之忧

在我国当前的法律解释体制中,除了全国人大常委会具有立法解释权,最高人民法院与最高人民检察院具有司法解释权,全国人大常委会《关于加强法律解释工作的决议》第 2 条规定,"凡属于法院审判工作中具体应用法律、法令的问题,由最高人民法院进行解释。凡属于检察院检察工作中具体应用法律、法令的问题,由最高人民检察院进行解释。"从而明确了司法解释权的权力合法性依据。当然这种司法解释权在权力位阶上低于立法解释权,当最高人民法院与最高人民检察院针对同一刑法规范的司法适用产生分歧无法调和时,根据全国人大常委会《关于加强法律解释工作的决议》第 2 条的规定,"最高人民法院和最高人民检察院的解释如果有原则性的分歧,报请全国人大常委会解释或决定。"这样的规定使得司法解释权在权力本源上便是不完整的权力,并不能终局性地决定法律待解释的事项,该权力是受到监督的权力。事实上,尽管立法上对司法解释权作了相应的限制,但司法实践中,基于司法解释本身高效、及时等特点,司法解释不仅在数量上急剧扩张,还在解释本身性质上有突破具体应用法律问题之嫌。主要表现在以下几点:其一,有的司法解释已经突破了立法原意。如《刑法》第 67 条第 2 款规定,"被采取强制措施的犯罪嫌疑人、被告人和正在服刑的罪犯,如实供述司法机关还未掌握的本人其他罪行的,以自首论。"其中,对于"其他罪行"的认定,从条文字面含义作通常的理解应是包括行为人的同种罪行和不同种罪行,只要是司法机关尚未掌握的犯罪行为即可,均应认定为自首。但《最高人民法院关于处理自首和立功具体应用法律若干问题的解释》第 2 条规定,"被采取强制措施的犯罪嫌疑人、被告人和已宣判的罪犯,如实供述司法机关尚未掌握的罪行,与司法机关已经掌握的或者判决确定的罪行属不同种罪的,以自首论。"该司法解释较大地限缩了刑法规范本身中关于"其他罪行"的含义范围,这导致可以成立自首的范围大为缩小,不可否认存在对立法原意突破的一种嫌疑。其二,在性质上,司法解释产生明显的立法化倾向。例如,2000 年《最高人民法院关于对变造、倒卖变造邮票行为如何适用法律问题的解释》规定,"对变造或者倒卖变造的邮票数额较大的,应当依照刑法第二百二十七条第一款的规定定罪处罚。"即按照伪造、倒卖有价票证罪定罪处罚。该司法解释将"变造"类推为"伪造",事实上已不是简单地对法律具体应用中遇到的法律问题进行解释,而是具有创设新的刑法规范的意义。从权力界分的角度来看,司法解释立法化是没有合法性法理基础的。司法机关以司法解释的形式突破刑事立法的界限或者代替刑事立法创设规范将极大地破坏刑事法律的权威,也是对刑事立法权或者刑事立法解释权的严重侵犯。如何应对这些具有越权性质的司法解释,有学者建议设立越权司法解释的撤销机制。① 首先,严格提请撤销的主体。全国人大各专门委员会、国务院、中央军委、最高法及最高检可以向全国人大常委会提请撤销相关司法解释。其次,对司法解释进行实质审查。全国人大常委会对提请审查的司法解释交给法制工作委员会进行审查,并由委员长会议提交常委会审议,由常务委员会全体成员过半数通过。这种越权司法解释的退出机制将有效地改变当前刑法解释体制中不平衡的现象。

关于法律解释性质是否因解释主体不同的问题,笔者认为,法律解释本身无法脱离司法实践中具体问题或司法个案而单纯从形式逻辑出发对法律规范本身进行理解,从这个意义上来看,立法解释与司法解释本质上并没有不同,因此无法形成具体的区分。从现有的刑事立法解释来看,其针对的大多是司法实践中具体的问题,这些问题具有相当大的争议性或亟需更高的权力予以确认,刑事立法解释与刑事司法解释针对解释对象上的具体性没有区分标准。再者,从刑事立法解释案的提出主体来看,很多刑事立法解释最初均是最高司法机关在法律适用过程中向立法解释机关提出的,例如,《关于刑法第 93 条第 2 款的解释》《关于刑法第九章渎职罪主体适用问题的解释》均是最高人民法院、最高人民检察院提出;《关于刑法第 228 条、第 342 条、第 410 条的解释》是在国务院提交的《刑法第 342 条、第 410 条修正案(草案)》基础上进行的解释;《关于刑法第 284 条第 1 款的解释》《关于刑法第 384 条第 1 款的解释》由最高人民检察院提出。② 这是刑事立法解释被动性的一个体现,刑事立法解释是司法解释争议的最后裁决,但从权力角度而言,并非具体解释内容属于刑事立法解释的专属领域,很多具体的立法解释中均具有司法机关的影子。立法解释制定的这种被动性决定了刑事立法解释机关不可能对司法解释权进行有效的限制,刑事立法解释

---

① 参见赵秉志、陈志军:《论越权刑法解释》,载《法学家》2004 年第 2 期。
② 参见林维:《论立法解释权与立法权和司法权的纠葛》,载《当代法学》2006 年第 5 期。

权的行使很多情况下是刑事司法解释权终局性的自身让渡,这种让渡基于刑事立法解释机关能为自己的解释赋予更高的权力外衣。即便如此,由于最高人民法院在刑法解释体制中的优势地位及其在整个诉讼制度中的终局裁决性地位,其他机关如最高人民检察院、其他行政机关等刑法解释利益主体更愿意从全国人大常委会那里获得自身解释的权威性,这种复杂的立法解释与司法解释、司法解释之间的利益纠葛使得刑法解释权力分配变得异常的激烈。

从另一个角度来看,全国人大常委会的刑事立法解释权在事实上也对刑事司法解释权造成了冲击,刑事立法权的合法性高位阶地位决定了最高人民法院在适用法律规范过程中无法成为最高的法律解释主体,最高的审判机构无法行使最高的司法权本身便是一种极大的矛盾,这导致了司法机关不能独立地对刑法规范作出自己的理解。《立法法》第46条规定,"国务院、中央军事委员会、最高人民法院、最高人民检察院和全国人民代表大会各专门委员会以及省、自治区、直辖市的人民代表大会常务委员会可以向全国人民代表大会常务委员会提出法律解释要求。"从利益论角度来看,各提案主体将自己对于刑法解释的利益需求明确化要求刑事立法解释予以确定,这种多主体平行提出的机制中,削弱了最高人民法院的司法权,这种看似被动进行刑事立法解释本身便极具冲击力。

此外,在整个法律解释体制中,刑事立法解释效力的位阶决定了全国人大常委会高于最高人民法院、最高人民检察院的地位,并通过刑事立法解释对最高司法机关进行监督。在当前刑事司法解释不断繁荣的时期,大有冲淡刑事立法在司法实践中适用的作用。刑事立法解释的介入似乎可以对司法解释进行一定的制约。立法解释的发展将使得立法机关的作用不再局限于立法过程本身,而是不断扩展至法律的适用阶段。刑事立法解释的存在导致了同一层级的司法解释存在着正确与否的区分,不同的解释主体针对同一问题所作出的解释本身无所谓正确与否的判断,解释本身便是一个价值判断与利益衡量的过程,解释结论的不同也是解释学本身的特质。刑事立法解释裁决性导致了不同解释结论上升到了正确与错误的阶段。这将导致司法裁判终局性与裁判依据可能被推翻的客观矛盾。

第二节 刑法规范解释内部要素的分解与博弈

一、形式与实质解释之争

刑法规范解释是针对某一刑法问题作出的有权性的规范解释,该规范解释由众多的要素组成,各种要素之间代表的是不同解释主体之间的利益诉求,其中涉及解释立场、解释方法、解释目标等诸多内部要素之间的权衡与妥协。形式解释论与实质解释论正在成为我国刑法学派之争的一个方面,这不仅仅是解释方法的争论,更是刑法解释价值与机能的争论,甚至上升到刑法观念之争,形成形式的刑法观与实质的刑法观之争。① 对形式解释论与实质解释论之争,不应局限在刑法解释这一层面,而应上升到形式刑法观与实质刑法观的区别,从而探寻形式解释论与实质解释论之间的分歧。笔者认为,有必要通过对实质解释与形式解释的不同内涵进行对比性研究,探求两者之间的争论点,并最终形成解释利益需求主体之间的合理妥协。

形式解释论与实质解释论首先涉及的是方法论上的问题。在法律解释学中,本没有形式解释论与实质解释论之分,只有客观解释论与主观解释论之分。有学者认为,"法律解释论中,关于法律解释目标向来有主观解释论与客观解释论、实质解释论与形式解释论之分,主观解释

---

① 参见刘艳红:《实质刑法观》,中国人民大学出版社 2009 年版;邓子滨:《中国实质刑法观批判》,法律出版社 2009 年版。

论探寻立法原意,这种解释论强调忠于立法者通过法律文本表达的立法原意,也被称为形式解释论。客观解释论注重发现法律文本客观存在的意思,即不承认忠于立法原意,而强调法律文本的独立性,依据解释的目标,探寻法律文本现存的合理意思的解释论,也称为实质解释论。"①事实上,该种观点是值得商榷的。主观解释论与客观解释论是指刑法条文含义随着外部社会及价值观念变化是否会变化的问题;而形式解释论与实质解释论主要解决的是解释的限度问题,即解释限度是否应严格限制于条文文字的含义范围之内。② 主观解释论与客观解释论问题,在我国刑法解释立场中,客观解释论成为通说。从最高人民法院发布的指导性案例来看,司法实践中也倡导客观解释论。③

　　实质解释论与形式解释论之间的分歧在于能否通过实质的判断将事实上值得科处刑罚但形式上缺乏刑法规定的行为入罪。形式解释论否定将其入罪,而实质解释论则肯定将其入罪。实质解释论主张将实质上值得科处刑罚的判断优先于刑法形式上规定的判断。这种情况下不再是对法律文本的严格解释,可能动摇罪刑法定原则。罪刑法定原则是近代启蒙思想家的重要遗产,是现代刑法的精髓所在,罪刑法定原则的演变从绝对的罪刑法定发展到相对的罪刑法定。两者之间的主要区别在于刑事立法上是否应设置相对确定的法定刑,是否应赋予司法人员较大的自由裁量权对刑法进行解释。孟德斯鸠认为,如果允许法官对法律进行解释,法官将可能在关于公民财产、荣誉和生命的案件中作出有害公民的解释。④ 贝卡里亚认为,严格遵守刑法文字所遇到的麻烦不能与解释法律所造成的混乱相提并论。并试图阻止自由解释,认

---

① 梁根林:《罪刑法定视域中的刑法适用解释》,载《中国法学》2004 年第 3 期。
② 参见许浩:《刑法解释的基本立场——对实用主义法律解释观的论证》,载《东方法学》2008 年第 6 期。
③ 陈兴良:《判例刑法学》(上卷),中国人民大学出版社 2009 年版,第 30 页。
④ 参见[法]孟德斯鸠:《论法的精神》(上册),张雁深译,商务印书馆 1961 年版,第 12 页。

为这是擅断和徇私的源泉。① 笔者认为,法官所从事的不是一种人工自动归类工作,法官面对法律文本所具有的各种含义必须作出选择,这种选择包含了法律规则下的法官创造性在内,被称为法律解释。② 罪刑法定原则是在成文法局限性基础上的一种价值选择,对于法无明文规定的行为,无论具有何种社会危害性都要将其排除在犯罪范围在外,法无明文规定本身便是一种规定。

形式解释论与实质解释论的对立,源于对罪刑法定原则的不同理解。其关键在于如何区分罪刑法定原则下刑法解释的边界,罪刑法定原则并不禁止对法律明文规定的行为进行出罪,因此,刑法解释边界是指将行为入罪的边界。而将刑法明文规定的行为进行出罪并不涉及形式解释还是实质解释的问题。形式解释论与实质解释论的争议点在于,在刑法规范没有形式上规定的情况下,能否通过实质上具有处罚必要性而将该行为入罪。形式解释论对此是否定的,实质解释论对此则是肯定的。德国学者洛克辛认为,"解释与原文界限的关系不是任意的,而是建立在法治原则刑法基础上的,立法者通过文字表达自己的意志,文字所没有给出的便不是立法者的意志并不能适用,超越文本的适用,就违背了使用刑罚进行干涉本应具有的国家自我约束,从而基于自己的思想按照法律安排自己的行为。因此,在可能词义框架内的解释本身,能起到保障法律的预防性作用。"③"法律的意思只能从条文的词义中寻找,条文的词义是解释的要素,因此将可能词义视为最宽的界限。"④在对刑法适用语义解释时,如果某一行为没有被刑法规范中词语的通常含义所包含,则应进一步分析该行为是否在词义的射程之内。

---

① 参见〔意〕贝卡利亚:《论犯罪和刑罚》,黄风译,中国大百科全书出版社1993年版,第13页。
② 参见〔德〕克劳斯·罗克辛:《德国刑法学总论》(第1卷),王世洲译,法律出版社2005年版,第84—85页。
③ 同上书,第94页。
④ 〔德〕汉斯·海因里希·耶塞克、托马斯·魏根特:《德国刑法教科书》,徐久生译,中国法制出版社2001年版,第197页。

以可能的语义限制解释方法正是形式解释论所主张的。但实质解释论则认为可能语义不是刑法解释的界限,而应该由处罚必要性作为其界限。有学者认为,"基于妥当性的目的解释可能出现两种情况:(1)当刑法字面含义包含了某种不具处罚必要性的行为,目的解释基于妥当性的要求,从处罚的必要性出发限缩相应的构成要件,以保障自由;(2)当刑法字面含义没有包含某种具有处罚必要性的行为,目的解释基于妥当性的要求,在不超出可能语义范围,将进行合理的扩大解释,以保障法益。"①

在形式解释论与实质解释论的争论中,实质解释论认为形式解释论不进行实质的判断而将不具有处罚必要性的行为进行入罪。但形式解释论主张在进行形式解释之后再进行实质解释,这种双重解释必将是限制解释而不是扩张解释。而实质解释论主张,在进行实质解释之后便不再进行形式解释,形式解释对实质解释进行限制的功能丧失,导致的结果是实质解释将刑法规范没有形式上规定的行为解释为犯罪,这种解释倾向很容易导致类推解释。笔者认为,有必要通过司法实践中具体的规范进行比较性分析研究,充分权衡形式解释论与实质解释论将可能导致的不同解释结论的合理性。

其一,"冒充军警人员抢劫"的不同解释。一般认为这里的冒充是指假冒,是语义解释下的含义。有学者指出"冒充军警人员抢劫是指假冒现役军人、武装警察、公安机关和国家安全机关的警察、司法警察等身份。"②但也有学者认为,"从实质角度看,军警人员显示其真实身份抢劫比冒充军警人员更具备法定刑升格理由,刑法中同时有使用假冒和冒充,因此其含义是不同的,冒充应包括假冒和充当,即军警人员显示其身份进行抢劫,应认定为冒充军警人员抢劫。"③就"冒充"所具不

---

① 苏彩霞:《实质的刑法解释论之确立与开展》,载《法学研究》2007年第2期。
② 王作富主编:《刑法分则实务研究·中》(第3版),中国方正出版社2007年版,第1083页。
③ 张明楷:《刑法学》(第3版),法律出版社2007年版,第717页。

同的解释结论在形式解释与实质解释之争中主要体现三点疑问:其一,实质判断优先的思维方式。实质解释主张价值判断取代语义判断,从而突破语义的可能限制。从语义学角度,冒充便是假冒,将真正军警人员显示身份进行抢劫入罪的理由在于其具有加重处罚的必要性。形式解释论将军警人员显示身份进行抢劫的行为排除在加重处罚的范围内,遵循的是罪刑法定原则的形式侧面。其二,可能语义的具体界限。刑法规范的某些词语具有多义性,有时具有较宽的可能含义,因此需要就可能含义进行价值选择。在大多数的情况下,刑法规范的词语含义是相对确定的,并没有可能含义的价值选择余地。在这种情形下只能进行语义解释而不能进行实质解释,事实上"冒充"一词便是属于这种情况。其三,论证方式的主观性。有学者在论证冒充应包含假冒和充当时,认为刑法的其他条文中也使用了假冒,因此这两者的含义应是有所区别的。这本是对立法意图的主观臆测。《刑法》第279条的招摇撞骗罪是指冒充国家机关工作人员进行招摇撞骗的行为,同样是冒充,在该罪名中并没有被解释为假冒和充当。因此,在刑法体系中,同一词语的不同含义及不同词语的相同含义的存在是正常的,应结合具体的语境进行解释。

其二,"毁坏财物"的不同解释。《刑法》第275条规定了故意毁坏财物罪,有学者认为,"故意毁坏财物罪的行为方式是毁坏,包括毁灭和损坏,毁灭是指使财物灭失或全部损坏,使之在物理上不复存在,或虽然存在但丧失使用价值。损坏是指财物遭受破坏,部分丧失价值或使用价值。"①该理解从语义层面出发,符合一般人对于毁坏的理解。也有学者认为,"对《刑法》第275条规定毁坏的理解,不能单纯以人们日常用语理解为依据,而应注意故意毁坏财物罪所要保护的法益,虽然超出了该用语的通常含义,但是没有超出该词语的可能含义,也能实现保护

---

① 王作富主编:《刑法分则实务研究·中》(第3版),中国方正出版社2007年版,第1183页。

法益的刑法目的,故应采用效用说。"①效用说所强调的是结果,即刑法所保护的法益,对于行为人采用何种方式进行毁坏则不关注。事实上,毁坏是一种行为,是行为导致了结果,充分考虑行为因素才不致导致认定毁坏范围过大。如对于采用高价买入低价售出操作他人股票使其财产损失的行为,是否构成故意毁坏财物罪,涉及对毁坏的理解。形式解释论者认为,这种行为不能认定为毁坏,刑法规定的毁坏具有基本的界定功能,如果将故意造成他人财产损失的行为均认定为毁坏,则故意毁坏财物罪将演变成故意使他人财物损失罪。这里的毁坏理解存在一个符合公众语言习惯,也就是法律的可预测性的问题。② 实质解释论者认为,"能否将该行为评价为毁坏,需要将规范向事实拉近,将事实向规范拉近,而将两者拉近时需要考虑事物的本质,高买低卖的行为造成他人财产的损失(丧失应有价值),故意毁坏财物罪的立法目的在于保护他人财产免受损失(保护他人价值),故有必要将毁坏解释为使他人财物价值减少或损失的行为。"③使财物价值降低或者丧失是故意毁坏财物的本质特征,但这是结果特征而不是行为特征,以结果反推行为的逆向逻辑是不合理的,其解释方法使用导致了解释结论的偏颇。

通过以上形式解释论与实质解释论在司法实践中运用所得出不同的解释结论可知,实质解释论所具有的合理性应被提倡。笔者认为,在运用实质解释论时需要处理两个方面的问题:

其一,实质解释论所应包含的具体内涵需要明确。

1. 对构成要件的解释不能停留在刑法法条的字面含义,应以该法条所要保护的法益为出发点。没有解释方向和目标的解释不能称为有效的刑法解释,刑法解释本身必然带有解释者一定的价值取向。刑法规范最基本的目的便是保护法益,刑法分则条文则是将侵害具体法益

---

① 张明楷:《罪刑法定与刑法解释》,北京大学出版社2009年版,第210页。
② 参见陈兴良:《形式与实质的关系:刑法学的反思性检讨》,载《法学研究》2008年第6期。
③ 张明楷:《罪刑法定与刑法解释》,北京大学出版社2009年版,第212页。

行为类型化的构成要件。"任何具体构成要件都对应这一个或几个所要保护的法益,每个刑法分则条文具体对应的法益为其所要保护的客体。因此,法益是所有客观构成要件要素与主观构成要件要素所要描述的中心概念,法益成为刑法解释的一种重要导向工具。"① 如果是采用四要件理论,则构成要件解释的导向应为犯罪客体;如果采用三阶层或者二阶层理论,则构成要件解释的导向应为所保护的法益。无论犯罪客体还是法益,均表明刑法解释并非漫无目的,而是具明确方向性的。缺少法益为指导的刑法规范解释无法正确作出构成要件符合性的判断。例如,《刑法》第 243 条第 1 款规定,"捏造事实诬告陷害他人,意图使他人受刑事追究,情节严重的,处三年以下有期徒刑、拘役或者管制。"如果仅按照刑法条文字面含义理解,而缺少探究该刑法规范所要保护的法益,则可能得出错误的判断结论。如果甲要求乙捏造自己实施犯罪的事实并向公安机关告发以达到获得监狱基本生活保障的目的,在这种情况下,诬告陷害罪所保护的法益不同将导致认定乙行为是否构成犯罪。如果认为诬告陷害罪所要保护的法益是公民的人身自由,那么由于乙的行为获得了甲的承诺,乙主观上并没有侵犯甲人身自由的故意,故乙不构成诬告陷害罪;但如果认为诬告陷害罪所要保护的法益是国家正常的司法活动,那么由于乙的行为事实上破坏了国家正常的司法活动,即便乙并没有对甲的人身自由造成侵犯,但仍构成诬告陷害罪。由此可见,即便刑法条文本身内容没有变化,但如果其保护的法益产生变更,那么,对构成要件的解释也会相应改变。② 这也是实质刑法解释所强调的法益导向性功能,而形式解释关注的仅是刑法规范的具体规定,而非规范背后所要保护的利益。

2. 犯罪的实体是违法与责任,因此,对违法构成要件的解释必须达到使该违法性达到值得科处刑罚的程度,对责任构成要件要素必须达

---

① 林山田:《刑法特论》(上册),台湾三民书局 1978 年版,第 6 页。
② 参见张明楷:《刑法的基本立场》,中国法制出版社 2002 年版,第 137 页。

到使该有责性达到值得科处刑罚的程度。换言之,实质解释主张将形式上具备构成要件符合性,但实质上不具备可罚性的行为排除在构成要件之外。因为刑法条文的语言文字具有一定的模糊性,语言文字往往与被定义的构成要件要素不能相吻合,故我国刑法对于很多具体构成要件除去定性要素外还具有定量要素进行限制,但是也有很多条文没有设置相应的定量要素,因此对于该类构成要件应进行实质的考察,将其中不具有可罚性的行为排除在犯罪圈外。例如,《刑法》第245条第1款规定:"非法搜查他人身体、住宅,或者非法侵入他人住宅的,处三年以下有期徒刑或者拘役。"显然并不是所有的非法搜查他人身体、住宅的行为均应科处刑罚,依据实质的构成要件解释将不具有刑法可罚性的行为归入一般的行政违法行为,由《治安管理处罚法》进行规制,这样有效地形成了行政违法与刑事违法之间的区分。有学者批判认为,"刑法当然以文字为载体,但不包含不值得科处刑罚的行为,因为那是不利于立法者的假定,是荒唐的。"① 对此,笔者认为这并不能否定实质解释存在的意义:首先,有些行为从形式上理解完全符合构成要件要求,司法者没有理由认定立法者已经将那些不具可罚性的行为排除在外,实质解释的存在正好说明了形式上刑法规范的规定包含了不值得科处刑罚的行为。其次,《刑法》第13条的规定表明,构成要件本身是包含不值得科处刑罚的行为,只是通过"情节显著轻微,危害不大"将其出罪,如何将其在具体的司法实践中进行操作需要依据个别化的实质解释来完成。最后,将明显不具有可罚性的行为通过形式解释入罪显然是荒唐的,但是对于处于中间状态的行为是否依据形式解释将其入罪则是需要从实质可罚性入手,这也是实质解释所主张的。

3. 某种行为虽然不是通常认为的词语中心含义,但在具备处罚必要性时,应在该词语的可能含义范围之内进行扩大解释。换言之,即在

---

① 邓子滨:《中国实质刑法观批判》,法律出版社2009年版,第187页。

遵守罪刑法定原则的前提下,可以作出不利于被告人的扩大解释。词语含义本身是具有一定范围的,这个范围由核心含义向边缘含义扩展。刑法对于一个词语解释的容许范围,与其实质的正当性成正比,与其离词语核心含义距离成反比。① 因此,对某一行为进行刑法解释时,不仅应考虑刑法用语距离核心含义的距离,还应从该行为的违法性与有责性程度进行综合考察。事实上,实质解释论并不是脱离形式而主张实质优先于形式,而是反对在刑法解释中形式解释起决定性作用。单纯地强调罪刑法定原则形式侧面,仅从形式上判断构成要件符合性是不够的,而应从实质上进行判断是否具备处罚的必要性与合理性。从实质解释论看来,并不单纯地强调形式优先还是实质优先,而应依据冲突的内容来判断。当某一行为不可能被构成要件所包含,即超出了刑法规范用语的可能含义,则形式解释优先于实质解释;当某一行为可能被构成要件包含,即在刑法规范用语的可能含义之内,则实质解释优先于形式解释。

其二,正确处理实质解释论与罪刑法定原则的关系。

1. 实质解释论既维护罪刑法定原则的形式侧面,也维护其实质侧面。罪刑法定原则形式侧面主要是四个方面:成文法主义、禁止事后法、禁止类推解释、禁止不定刑与绝对不定刑。② 主要目的在于限制司法权。罪刑法定原则实质侧面主要是两个方面:刑罚明确性原则、刑罚正当性原则。主要目的在于限制立法权。

2. 罪刑法定原则要求法无明文规定不为罪、法无明文规定不处罚。也即对于法无明文规定的行为,即便其侵害的法益再严重,也不能科处刑罚。真正的刑法漏洞是无法通过刑法解释来弥补的,只能通过立法

---

① 参见〔日〕前田雅英:《刑法总论讲义》(第4版),东京大学出版会2006年版,第78—79页。
② 参见〔日〕大塚仁:《刑法概说(总论)》(第三版),冯军译,中国人民大学出版社2003年版,第73页。

机关修正刑法来填补。如刑法没有将强制猥亵男子行为认定为强制猥亵罪,若要将该行为入罪,则应该将《刑法》第237条中的"妇女"修改为"他人"。为了实现刑法的公正,在罪刑法定原则下,对于值得科处刑罚的行为通过实质解释将其合理地入罪。如《刑法》第247条将以"暴力逼取证人证言"的行为认定为犯罪,对于使用同样的暴力逼取被害人陈述的行为如何评价?从形式解释论角度看,该行为不符合暴力取证罪的对象要件,因此不能入罪。从实质解释论角度看,可以通过扩大解释将被害人解释为证人,将其陈述解释为证人证言。《刑法》第329条规定的抢夺国有档案罪,对于抢劫国有档案的行为如何评价?从实质解释论角度看,如果该行为不构成抢劫罪,则应认定构成抢夺国有档案罪。虽然抢劫不能等同于抢夺,但是抢劫行为包含了抢夺行为,如同杀人行为包含了伤害行为。

3. 实质解释主要是针对犯罪构成要件进行实质解释,而不是对案件事实进行判断。只要没有超出刑法规范用语的可能含义,并且行为具有处罚的必要性与合理性,对其进行不利结果的扩大解释是合理的。刑法不仅具有保障自由的机能,还具有保护法益的机能。"正确的解释,必须永远同时符合法律的文言与法律的目的,仅满足其中一个标准是不够的"①。例如,最高人民法院、最高人民检察院2001年4月5日《关于办理生产、销售伪劣商品刑事案件具体应用法律若干问题的解释》第6条规定:"医疗机构或者个人,知道或者应当知道是不符合保障人体健康的国家标准、行业标准的医疗器械、医用卫生材料而购买、使用,对人体健康造成严重危害的,以销售不符合标准的医用器材罪定罪处罚。"该规范性的司法解释便是从实质解释论出发,将"购买、使用"等构成要件要素进行实质的解释,从而认定为销售不符合标准的医用器材罪。

---

① 张明楷:《实质解释论的再提倡》,载《中国法学》2010年第4期。

二、创设性刑法规范解释之非

"法律解释学是一种带有保守主义倾向的学科"[①]。那么,基于罪刑法定原则的制约,刑法解释理当最具保守主义倾向。本书在梳理和分析我国刑法规范性解释法律文件异常繁荣的背后认为,对刑法规范作出实质性变更且已具有创设刑法规范功能的诸多有权解释的盛行,应引起我们的警惕:刑法领域过度解释化的现象,已在某种程度上消融刑法规则的刚性边界,使得刑法文本安全性面临挑战。在当今罪刑法定主义时代,创设性刑法规范解释藏于暗处,凭借其正当性的权力源泉与广泛的影响力,使得实质上的类推解释以一种更为隐蔽的方式存活于我国刑事司法,进而影响到罪刑法定在当代刑事司法中真正的、完全的贯彻。

(一)"创设性刑法规范解释"之提出与范畴

1. "刑法规范解释":立足于本国刑法解释体制

在我国刑法解释学研究领域,关于刑法解释的分类标准呈现多元化状态。例如,依据解释主体的差异,分为立法解释、司法解释、学理解释与任意解释;依据解释场合、方式上的差异,分为规范(抽象)解释与适用(具体)解释[②];依据是否具备法律效力的标准,分为有权解释与无权解释。多元化分类标准导致刑法解释具体种类外延上的交叉与重合,易使实践中的认识产生分歧。关于刑法解释具体种类的称呼也远未达致统一,例如仅"刑法适用解释"概念一项,理论界对其就有多种称

[①] 陈金钊:《法律解释学——权利(权力)的张扬与方法的制约》,中国人民大学出版社2011年版,第5页。

[②] 抽象解释是指法定国家机关如全国人大常委会、最高人民法院、最高人民检察院等,在法律实施过程中就法律所作的一般的解释性规定,它具有普遍的法律效力;具体解释是指司法人员在具体个案的司法裁判中与法律适用相联系的法律解释活动。参见张志铭:《法律解释操作分析》,中国政法大学出版社1998年版,第17—18页。

呼。① 然其表达的内涵、外延则是一致的。为了避免理解上的误区,笔者首先须对本书所探讨的概念作出明晰的界定。

在大多数西方国家,无论是大陆法系的"大法官释法"还是英美法系的"法官适用解释"体例,其刑法解释无不以法官解释为核心、以个案适用为载体,其特征是具体的、适用性的。而在我国法律语境下,刑法解释不仅包括法官在司法裁判过程中对刑法的解释,还包括有权机构规定的在司法中具有普遍适用效力的一种准立法规范。规范解释与适用解释的分化,"使得我国的解释权问题不仅仅是立法机构与法院的问题,同时也要解决司法机关内部之间的权力配置、法官解释和法院解释的界分等诸多问题。"②

鉴于规范性是我国刑法解释制度与实践实然状态之下的反映与归纳,因此,笔者立足于本国刑法解释的体制,认为刑法规范解释是指全国人大常委会、最高人民法院、最高人民检察院在法律实施过程中就刑法所作的一般性的、具有普遍法律效力的解释性规定。据此,基本可以对本书所探讨的刑法规范解释作出明晰的勾勒:从解释主体来看,刑法规范解释包括刑法立法解释与刑法司法解释,而排除学理解释、任意解释;从解释场合、方式来看,刑法规范解释当然为规范(抽象)解释而排除刑法适用(具体)解释;从法律效力来看,刑法规范解释是有权解释而非无权解释。具体而言,其外延包括刑法立法解释、以"解释""规定""批复""决定""规则""意见"等形式的最高司法机关司法解释③。

---

① 如"个案解释""法官解释""法官适用解释""法官个案刑法适用解释"等名称,参见王凯石:《刑法适用解释》,中国检察出版社2008年版,第10页。
② 林维:《刑法解释的权力分析》,中国人民公安大学出版社2006年版,第48页。
③ 以上形式依据"两高"分别关于司法解释工作的规定得出。此外,有人可能会对"批复"的"刑法规范解释"属性存有异议。笔者认为,我国最高法院出具的"批复"尽管来源于个案,然而其注重的是从个案中归纳出某些普遍性规则,对各级司法机关产生约束力,更由于内容上不具有结合个案的说理过程,效力仍旧来源于审级上的优位性,"批复"与其他规范性解释并无实质差异,其仍为一种专断式的判断,而非适用中的解释。因此,将其归类于"刑法规范解释",并无不妥。

2. "创设性刑法规范解释"之判断标准

尽管刑法解释的规范性特征并非其成为过度解释的直接原因,但却从中起到了一定的助推作用。在我国法律解释学领域,恰恰是刑法解释正不断遭受外界的质疑。创设性刑法规范解释即刑法解释过度化的产物。

在刑法解释目标问题上,主观解释论认为,刑法解释的目标在于探究立法者的意图。极端的主观解释论主张立法时(历史的)立法原意,温和的主观解释论则主张当下的立法原意,即采取换位思考,用时下立法者的意志取代以往立法者的意志。[①] 客观解释论则试图脱离立法意图而主张刑法文本背后独立的客观目的。纯粹的客观解释论放弃立法原意的标准地位,而以刑法规范的当下目的取而代之。有限的客观解释论倡导刑法规范客观目的的合理实现,却并不推翻立法原意补充性的标准地位,也不能全然不顾法条文字的形式制约而无限突破。[②] 在笔者看来,极端的主观解释论,其追求立法者固化的、静态的历史意图以保证刑法安定性之目标固然理想,然而在现实中要得以实现却面临重重困难。立法原意是否真正存在?"在什么意义上我们可以说,这些立法者分享了公共的意图?"[③]解释者如何能排斥自身主观价值判断而完全站在立法者立场?纵使解释者完成"客观"解析"真实"立法原意这一几乎不可能的任务后,当因环境的变化依据立法原意会招致现实极大的不公时,解释结论的僵化程度可见一斑。纯粹的客观解释论过于放大法官的自由裁量权,易致突破法条文字的形式制约,因而在刑法解释中同样已无市场。温和的主观解释论的暧昧态度则给人以欲遮还羞之感:没有当下立法又何来当下的立法原意?其解释立场的虚设性实

---

① 参见赵运锋:《刑法解释立场:在形式主义与现实主义之间》,载《东方法学》2011 年第 4 期。
② 参见王凯石:《刑法适用解释》,中国检察出版社 2008 年版,第 274 页。
③ 苏力:《解释的难题:对几种法律文本解释方法的追问》,载梁治平主编:《法律解释问题》,法律出版社 1998 年版,第 40 页。

已反映出立法原意面罩之下的客观解释论的实质内容。综上,在刑法规范解释的限度问题上,笔者赞成有限的客观解释论,即"刑法司法解释的创造性发挥到极致也不过就是:对刑法规范现在的、客观的含义进行阐述。"①

在法律解释方法问题上,多数学者认为,法律解释方法基本遵循文义解释、体系解释、历史解释、目的解释及比较解释之位阶次序。② 事实上,在刑法解释领域,"文本的含义构成了解释者的出发点和界限"③。一方面点明,刑法解释的对象依据为刑法文本,另一方面也为刑法解释的限度划定了底线,即,不能逾越刑法文本的含义,此处的文本含义当然不仅仅指文本的通常文义,还包括可能的文义。因此,无论刑法解释的目标与方法如何成为刑法解释学中的焦点问题,其解释结论的最终归属仍应表现出内容上的一致性:解释结论尊重文本文义原则。

在法律解释学中,立法者、法律文本与解释者组成其主体基本构架。如何看待刑法领域三者间的交互关系(刑法文本和解释者的关系、刑法文本和立法者的关系、立法者和解释者的关系),是把握刑法解释限度的前置性问题。事实上,刑法解释学中主观解释论、客观解释论与折中论的纷争也始终围绕以上关系而展开。有论者指出:"从根本上应该肯定立法者和法律文本之间的关系是一种创制和被创制、源和流的关系;法律文本和解释者之间的关系是一种制约和被制约、主导和从属的关系;立法者和解释者之间的关系则是一种创制和适用、传递和接受的关系。"④上述论述给我们带来启示:法律文本起到沟通立法者与司法

---

① 陈兴良、周光权:《刑法司法解释的限度——兼论司法法之存在及其合理性》,载《法学》1997年第3期。
② 以上解释方法种类的罗列及其位阶次序的排列只是大致而言,参见梁慧星:《民法解释学》,中国政法大学出版社1995年版,第243—245页;张志铭:《法律解释操作分析》,中国政法大学出版社1998年版,第174—175页;〔德〕卡尔·拉伦茨:《法学方法论》,陈爱娥译,商务印书馆2003年版,第219—221页。
③ 〔德〕卡尔·拉伦茨:《法学方法论》,陈爱娥译,商务印书馆2003年版,第43页。
④ 张志铭:《法律解释原理》,载《国家检察官学院学报》2007年第6期。

者的桥梁作用,其一方面对解释者产生直接的制约作用,另一方面也是立法者传递给解释者的媒介物,亦即,解释者适用与解释的对象是法律文本而非立法原意,尽管如此,立法原意与解释结论之间源与流的关系却始终得以保持。其共同点在于,法律文本构成对解释的直接制约,解释结论不能超出刑法文本现在的、可能的文义。

由上可知,无论采取何种解释方法,也无论遵循何种解释目标,超越刑法文本的可能文义是判断创设性刑法规范解释的基准。而突破立法者所确立的刑法条文背后的刑法规范则为创设性刑法规范解释之实质。

3. "刑法规范解释"中的漏洞补充与价值补充

(1) "刑法规范解释"反对漏洞补充

漏洞补充,亦为填补漏洞,"系指法律对于应规定之事项,由于立法者之疏忽、未预见或情况变更,致就某一法律事实未设规定,应由司法者予以补充而言。"① 这里不得不谈起刑事法律与其他法律(以民事法律为例)价值取向及司法适用方式的区别。"民法中的法官不得借口法律没有规定而拒绝裁判,但是,刑法却受罪刑法定的制约,法官在法无明文规定的情况倒是必须拒绝有罪裁判。基于这个特点,刑法中的'漏洞'在某种程度上必须被尊重"②。

刑法规范解释只是一种对刑法文本框架的细则化、明确化,不能用于补充法律的漏洞。法律漏洞应当取狭义的概念,在法律规则的意义射程内,依据司法之实体法渊源对法律规则的意义进行扩张或限缩,并不涉及法律漏洞问题。因而,所谓法律漏洞,是指当我们以司法之实体法渊源为参照,认为某一案件事实应当具有某种法律意义,但却无法在其意义射程内,通过对相关法律规则的合法性与妥当性解释,获得一个有效的司法三段论推理之大前提,同时法官又没有非法律的正当理由

---

① 杨仁寿:《法学方法论》,中国政法大学出版社1999年版,第100页。
② 邓子滨:《中国实质刑法观批判》,法律出版社2009年版,第160页。

拒绝对该案件作出裁判时,所彰显的法规范的不圆满性。① 这种法律漏洞属于法律规定的盲区,应当通过立法的方式予以解决,而不能够进行创设性的解释,否则会造成解释替代立法,而且也无法从根本上解决法律漏洞的问题。从法律漏洞产生的原因看,主要根源于两方面,一方面是由于立法的滞后性,受限于立法当时的状况以及立法者认识的局限性,成文规范只是对既有社会关系的调整,无法全面认识到未来可能出现的新情况,因而会出现法律调整的盲区。另一方面是由于语言表达的局限性。语言具有一定的抽象性、模糊性与变迁性,这可能会导致不同的人对刑法产生不同的认识,或者语言的具体含义发生变化,出现法律调整的盲区。

可见一定范围的法律漏洞的存在具有一定的必然性,也正是通过逐渐认识到这些法律漏洞并进行立法修改,才使立法得以不断地进步。应当说,"坚持形式理性的立场,对于法无明文规定但实质上值得科处刑罚的行为不予处罚,正是实行罪刑法定原则的必要代价。"②尽管自树立罪刑法定原则之日起,人们应当对以上的代价有所预期,然而在面对罪刑法定原则的代价时,司法实践总显得有些恋恋不舍。创制刑法规范解释的主动方式,推动最高司法机关司法能动性的实现,并加深其参与政策制定、社会治理、惩治犯罪等政治事务的深度。从其制定的为数不少且以应受刑法惩罚性为主导观念的入罪化创设性刑法规范解释中可见一斑。

然而,寄希望通过创设性的规范解释来补充刑法漏洞是一种舍本逐末的做法。"当立法的代价最终由司法者填充,罪刑法定原则也就名存实亡了"③首先,这种创设从根本上违背了罪刑法定,是解释代替立法的一种表现。其次,这种创设并未能从根本上解决问题。刑法规范

---

① 参见吴丙新:《修正的刑法解释理论》,山东人民出版社2007年版,第252页。
② 陈兴良:《形式解释论的再宣示》,载《中国法学》2010年第4期。
③ 李翔:《论创设性刑法规范解释的不正当性》,载《法学》2012年第12期。

解释与刑事立法具有相同的表现形式,即都是成文规范,因此刑法规范解释也同样面临着与刑法规范本身相同的局限性。而且刑法规范解释的制定程序相比立法修改的程序宽松很多,立法修改要经过更多的严谨的论证。这也容易使规范解释本身产生更多的漏洞。

(2)"刑法规范解释"允许价值补充

价值补充,"介乎狭义的法律解释与漏洞补充之间,乃系对不确定法律概念及概括条款之一种解释方法。"① 与国外大多数国家刑法"立法定性、司法定量"模式不同,在社会危害性理念引导下,我国刑法采用的是"立法定性加定量"的模式,即罪质因素与罪量因素均在刑事立法中得以体现。"数额犯""情节犯""结果犯"等在我国刑法分则中普遍分布。定量因素在刑法分则中大部分都是以表示定量因素的模糊性词语,如"数额较大""数额巨大""情节严重""情节特别严重""情节恶劣""后果严重""后果特别严重"等予以体现。这些模糊性用语关涉犯罪界限与法定刑升格,在司法实践中需要被进一步解释。

作为犯罪行为或犯罪结果的危害性量之征表的数量型犯罪构成,通过司法解释的细则化规定,担负起协调刑法规范"明确性"与"妥当性"之重任。这种具有中国特色的以规范性文件确立的诸多罪量具体化解释,如我国最高司法机关对大量的对于数额犯、情节犯、结果犯的追诉标准、量刑情节的具体化规定,系对刑法条文中不确定概念的进一步细化规定,其解释具有条文文义上的依据,系最高司法机关对于可罚违法性程度的整体性的有权把握。因此,刑法规范解释中的价值补充是允许的,并非属于创设性刑法规范解释。

(二)刑法规范解释之创设性症候

"创设性刑法规范解释"概念之提出,旨在揭示违背刑法规范解释最低要求——合法性要求的现象。创设性刑法规范解释存在于现有刑

---

① 杨仁寿:《法学方法论》,中国政法大学出版社1999年版,第99页。

法规范性解释法律文件之中,考虑到本书篇幅以及在某些问题尚有较大争议,本书择其典型,重点加以列举与阐释。

1. 违反适用体例的创设性规范解释

不可否认的是,以有权刑法解释为内容构建起来的一套"副法体系"已成为司法适用的规范框架。"刑事司法解释已经不仅仅成为对刑法的解释这样一种附属性的体系而存在,而是作为一种相对独立的规范体系而存在。"[1]事实上,如果说创制程序主动性、创制形式规范化(抽象化)、创制形式条款式等仅仅是刑事司法解释成为副法体系的一种表象外,刑事判决援引化则是其成为副法体系的实质理由。可以说,刑法司法解释伴随着刑事判决援引的认同确立而正式跨入刑法副法体系之列。1986年10月28日最高人民法院《关于人民法院制作法律文书如何引用法律规范性文件的批复》规定,最高人民法院提出的贯彻执行各种法律的意见以及批复等,应当贯彻执行,但不宜直接引用。现如今,刑事司法解释在司法文书中的援引化早已成为实践中的制度化规定。2006年5月10日《最高人民检察院司法解释工作规定》第5条指出:"最高人民检察院制定并发布的司法解释具有法律效力。人民检察院在起诉书、抗诉书等法律文书中,可以引用司法解释的规定。"2007年4月1日《最高人民法院关于司法解释工作的规定》第27条规定:"司法解释施行后,人民法院作为裁判依据的,应当在司法文书中援引。人民法院同时引用法律和司法解释作为裁判依据的,应当先援引法律,后援引司法解释。"刑事司法解释在刑事判决文书中"应当援引"的确立,意味着刑事司法机关裁断的依据来源于自己制定的刑法解释,尽管其是在依据刑法名义之下行使制定司法解释的权力,实际上,作为一种被赋予自主权力且解释内容又极为专业的刑事司法解释,司法机关的制定权是相对专业化、独断化的。刑事司法解释以一种比法律简便得

---

[1] 林维:《刑法解释的权力分析》,中国人民公安大学出版社2006年版,第441页。

多的程序获得了几乎等同于刑法规范的效力。另外,相比较由民选机构选举的立法机关制定的法律而言,刑事司法解释的民意性毕竟与直接体现民意的法律存在程度上的差异,民意仅为刑法解释制定的参考依据而非直接依据。①

2. 僭越立法罪名设置权限的创设性规范解释

当然,从广义上而言,创设性刑法规范解释均存在僭越立法之嫌疑。而此处所言之僭越立法权限设置,仅是从罪名设置而言。目前,由"两高"出台《关于执行〈刑法〉确定罪名的补充规定》系列的司法解释已成为一种司法惯例。依据我国《宪法》及《立法法》规定,关于犯罪与刑罚事项为法律绝对保留事项,亦即,司法机关不应也不能对该方面事项进行调整与规定。

而罪名性质理应属于"犯罪与刑罚事项",为法律绝对保留事项。如果说犯罪事项仅仅包括犯罪事项内容即罪状,而不包括犯罪事项的名称,则是无论如何也说不过去的。与之相对应,刑罚事项则不仅包括刑罚种类名称,而且包括具体刑罚的内容。罪状是对犯罪行为的表述,而罪名是对罪状的抽象,是对犯罪的本质特征的概括,是统一刑事体制的主要工具之一。"罪名比罪状的层次更高,罪名理应也完全能够由立法加以解决。"②而我国目前刑事立法对罪名并无规定,只有司法解释来确定刑法的具体罪名,致使司法部门本身也超越了其应有的权力范围,从而造成立法和司法双重的失范状态。③

---

① 根据《最高人民法院关于司法解释工作的规定》第 17、18 条规定,起草司法解释,应当深入调查研究,认真总结审判实践经验,广泛征求意见。涉及人民群众切身利益或者重大疑难问题的司法解释,经分管院领导审批后报常务副院长或者院长决定,可以向社会公开征求意见。司法解释送审稿应当送全国人民代表大会相关专门委员会或者全国人民代表大会常务委员会相关工作部门征求意见。
② 陈兴良、周光权:《困惑中的超越与超越中的困惑》,载陈兴良主编:《刑事法评论》(第 2 卷),中国政法大学出版社 1998 年版,第 22 页。
③ 参见艾小乐、王耀忠:《论真正的罪名法定化——罪刑法定主义之本义》,载《当代法学》2003 年第 5 期。

3. 违反刑法总则规定的创设性规范解释

最高人民法院、最高人民检察院 2000 年 11 月 15 日颁布的《关于审理交通肇事刑事案件具体应用法律若干问题的解释》第 5 条第 2 款规定,"交通肇事后,单位主管人员、机动车辆所有人、承包人或者乘车人指使肇事人逃逸,致使被害人因得不到救助而死亡的,以交通肇事罪的共犯论处。"交通肇事罪属于过失犯罪,根据该解释的规定,交通肇事罪可以成立共同犯罪。但是依照我国《刑法》总则第 25 条规定,"共同犯罪是指二人以上共同故意犯罪。二人以上共同过失犯罪,不以共同犯罪论处;应当负刑事责任的,按照他们所犯的罪分别处罚。"亦即,我国刑法明文规定并不承认过失共同犯罪。然而,该司法解释却以规范形式承认了交通肇事共同犯罪的成立,无疑与刑法总则共犯原理是相悖的。有观点对此进行辩解,认为"刑法第 133 条将这种故意实施的行为(即逃逸致人死亡的行为)规定为交通肇事罪加重处罚的情节,而且在肇事后逃逸的问题上,肇事人主观上是故意的,而且逃逸行为与被害人死亡具有因果关系,符合共犯的构成条件"①。在笔者看来,这一辩解将行为的故意等同于犯罪的故意,逃逸的故意并不意味着对行为人死亡结果持故意心态。交通肇事后,单位主管人员、机动车辆所有人、承包人或者乘车人指使肇事人逃逸,其同样可能对被害人死亡抱有过失心态。另有观点认为,刑法第 133 条"因逃逸致人死亡"不仅包含过失致人伤亡,也包含故意致人伤亡的情形,以此试图证明该条司法解释并不违背刑法总则的共犯原理。笔者认为,这一看法并不完全妥当。鉴于许多"因逃逸致人死亡"案件中,行为人对被害人死亡的心态没有任何证据可以证明,尽管确实可能存在间接故意致人死亡之情形,然从证据学上有利于被告原则出发,认定为交通肇事罪并无不当。由此,在实体上,我们仍应坚持交通肇事罪之基本犯与情节加重犯的过失犯属性,

---

① 陈国庆主编:《刑法司法解释及规范性文件适用精解》,中国人民公安大学出版社 2012 年版,第 410 页。

"如果将故意致人死亡也理解为该规定之范围内,无疑破坏了分则条文的协调性,严重违背了罪责刑相适应原则,混淆了故意杀人罪与交通肇事罪的构成"①。

4. 突破犯罪构成要素文义的创设性刑法规范解释

此类创设性刑法规范解释常为关于刑法分则的刑法解释,实践中,刑法分则的规范性解释有利于明确罪与非罪的标准,使犯罪界限更加明晰,然而其解释限度确实很难把握,也经常受到批判,问题主要出在出于处罚必要性考虑而放宽了对刑法核心用语的距离要求。即"在判断解释的容许范围时,必须衡量与语言的本来的意义(核心)的距离和处罚的必要性。"②乃至无形中突破犯罪构成要素用语含义而作出的扩大犯罪圈的规定,实质上创设了立法原本不作禁止规定的新的规范。该类解释在创设性刑法规范解释中占有较大比例,既包括司法解释,也包括个别立法解释。笔者挑取几例加以研讨:

2002年12月28日第九届全国人大常委会《关于〈刑法〉第九章渎职罪主体适用问题的解释》规定:"在依照法律、法规规定行使国家行政管理职权的组织中从事公务的人员,或者在受国家机关委托代表国家机关行使职权的组织中从事公务的人员,或者虽未列入国家机关人员编制但在国家机关中从事公务的人员,在代表国家机关行使职权时,有渎职行为,构成犯罪的,依照刑法关于渎职罪的规定追究刑事责任。"依据我国刑法规定,渎职罪的一般主体为国家机关工作人员。《刑法》第93条对此作有明文规定,国家机关包括国家权力机关、行政机关、审判机关、检察机关、军事机关。如果说"虽未列入国家机关人员编制但在国家机关中从事公务的人员"尚且可以认定为"国家机关工作人员"而尚未突破"国家机关工作人员"语义范围的话,那么将另外两种在非国

---

① 肖中华:《刑法目的解释和体系解释的具体运用》,载《法学评论》2006年第5期。
② 〔日〕前田雅英:《刑法总论讲义》(第4版),东京大学出版会2006年版,第79页。转引自张明楷:《刑法分则的解释原理》,中国人民大学出版社2011年版,第96页。

家机关里工作的人员认定为国家机关工作人员则有突破文义之嫌。肯定该立法解释论者列举"职能论"学说予以佐证:在我国无论是理论上还是司法上都逐步以行为人所从事的是否属于国家机关的相关公务、一般公务活动分别作为"国家机关工作人员""国家工作人员"的认定标准,且扩大渎职罪主体也符合从严治吏的刑事政策。然而笔者认为,"职能论"作为一种实质判断标准,以此标准解释时更应当坚守文义的边界。具体而言,《刑法》第93条第2款"以及其他依照法律从事公务的人员,以国家工作人员论"之表述,旨在阐明该款为拟制规定,只要是依照法律从事公务的人员,均被拟制为国家工作人员。而从该条第1款规定来看,并未有对"国家机关"或者"国家机关工作人员"的拟制规定,因此,仍应遵循其语义的刚性边界。所以,以"职能论"作为"国家工作人员"认定标准,并不脱逸于语义,但是若将其作为"国家机关工作人员"认定标准,则并不见得合适。

又如,2000年12月5日最高人民法院《关于对变造、倒卖变造邮票行为如何适用法律问题的解释》规定:"对变造或者倒卖变造的邮票数额较大的,应当依照刑法第二百二十七条第一款的规定,即伪造、倒卖伪造的有价票证罪定罪处罚。"但从刑法分则的条文来看,"伪造"之中并不包含"变造",两种行为在刑法中的界限也是分明的。这一点也可以从刑法分则分别规定了伪造货币罪与变造货币罪两个罪名中得到印证。因此,该解释将变造行为按照伪造处理的规定,是一种对刑法分则规定的逾越,是一种新的创设。难怪有人认为,该司法解释实属类推解释。[①] 亦有人指出,该司法解释将伪造、倒卖伪造的有价票证罪犯罪构成的危害行为和犯罪对象作了超越刑法的变更,创造了细则化的刑法

---

① 参见王瑞君:《刑法司法解释合理性评析——以罪刑法定原则为基点》,载《山东社会科学》2003年第5期。

规范,甚至是超越刑法立法的罪刑规范。①

再如,我国《刑法》第 145 条规定了生产、销售不符合标准的医疗器械罪,无论从其罪名还是罪状表述来看,该罪客观行为是"生产"与"销售"。但是 2001 年 4 月 10 日最高人民法院、最高人民检察院《关于办理生产、销售伪劣商品刑事案件具体应用法律若干问题的解释》第 6 条第 4 款规定:"医疗机构或者个人,知道或者应当知道是不符合保障人体健康的国家标准、行业标准的医疗器械、医用卫生材料而购买、使用,对人体健康造成严重危害的,以销售不符合标准的医用器材罪定罪处罚。"支撑该条解释的理由是:"第一,从事经营性服务的医疗机构或者个人,其购买、使用医用器材的行为属于以牟利为目的的经营行为,与销售医用器材的行为无异……第二,《产品质量法》②有类似规定。"③然而,上述两条理由却不无商榷之处。探究第一条理由的论证思路,其首先将"购买、使用医用器材"之本质归纳为"以牟利为目的的经营行为",然后笔锋一转:"与销售医用器材的行为无异",完成从"购买、使用"到"销售"的跨越,试图以本质的共性特征"牟利目的之下的经营行为"来填补两者语义上的鸿沟。在这里,处罚必要性这一实质价值要素超越了刑法条文可能的语义,使其解释结论成为不合理的扩张解释,甚至类推解释。第二条理由之合理性同样值得探讨,《产品质量法》第 62 条并无"构成犯罪的,依法追究刑事责任"之类表述,因此该条并非附属刑法规定,而仅仅是行政处罚条款。对"使用"参照"销售"进行行政处罚的规定,反映出两种行为社会危害性的相近程度。因此,该条理由同

---

① 参见牛克乾:《刑法渊源、规范性刑法解释与刑事判例》,载《法律适用》2004 年第 5 期;竹怀军:《论我国刑法司法解释的不足与完善》,载《学术交流》2004 年第 7 期。
② 《产品质量法》第 62 条规定:"服务业的经营者将本法第四十九条至第五十二条规定禁止销售的产品用于经营性服务的,责令停止使用;对知道或者应当知道所使用的产品属于本法禁止规定销售的产品的,按照违法使用的产品的货值金额,依照本法对销售者的处罚规定处罚。"
③ 陈国庆主编:《刑法司法解释及规范性文件适用精解》,中国人民公安大学出版社 2012 年版,第 466 页。

样仅能反映出"使用"行为的处罚必要性,而并未完成也不可能完成解释论上从"购买、使用"到"销售"的无缝衔接。

此外,2005年6月8日最高人民法院《关于审理抢劫、抢夺刑事案件适用法律若干问题的意见》第11条第2项规定,"驾驶车辆强抢财物时,因被害人不放手而采取强拉硬拽方法劫取财物的,定抢劫罪"。不可否认,司法者是基于当前社会治安状况,将上述行为以抢劫罪认定,体现了从重打击飞车抢夺行为的刑事政策的考虑。但是,从行为样态上分析,上述行为并不符合抢劫罪的立法文本要求,创设了抢劫罪的新的犯罪构成,因而僭越了立法权,这就在事实上加重了对行为人的处罚,超出了行为人的行为预期后果。

5. 混淆此罪与彼罪的创设性刑法规范解释

此类创设性刑法规范解释表现为,在此罪与彼罪问题上持与刑法条文相矛盾之立场。例如,《刑法》第196条第3款规定:"盗窃信用卡并使用的,依照本法第二百六十四条的规定定罪处罚"。尽管实践中对该条规定存有争议,然不管是基于刑法理论抑或是法律拟制规则,既然刑法已对此作出法律上的确认,对上述行为就应当认定为盗窃罪而非信用卡诈骗罪。2009年12月3日《关于办理妨害信用卡管理刑事案件具体应用法律若干问题的解释》规定:"刑法第一百九十六条第一款第(三)项所称'冒用他人信用卡',包括以下情形:……(三)窃取、收买、骗取或者以其他非法方式获取他人信用卡信息资料,并通过互联网、通讯终端等使用的"。依据该司法解释,窃取他人信用卡信息资料并通过互联网、通讯终端等使用的行为不构成盗窃罪,而为信用卡诈骗罪中"冒用他人信用卡"情形。可以看出,司法解释实质上将《刑法》第196条第3款中的信用卡进行限缩解释,将"他人信用卡信息资料"排除于"信用卡"含义。然而,其并未对将"他人信用卡信息资料"又解释入"冒用他人信用卡"中的"信用卡"提供充足理由。有学者指出上述解释的矛盾之处:"不能认为,冒用他人信用卡时,其中的信用卡包括信用卡信息资料,而盗窃信用卡时,其中的信用卡必须是包含了信用卡信息资料的有体物。"① 上述解释立场与刑法条文的不一致,突破了刑法条文所规定之罪的原有界限,导致盗窃罪、信用卡诈骗罪间此罪与彼罪的混淆。

(三) 创设性刑法规范解释之不当性分析

1. 刑法规范解释之自身合理性

法律解释的必要性已经得到普遍承认。法律文本是对行为的类型化表述,具有一定的抽象性与包容性。而法律的适用则是要在既有案件事实与法律的类型化规定中寻找对应关系,从而使特定的行为得到应有的法律评价,使法律规范发挥作用。因此,法律解释是法律适用过程中不可缺少的一环,任何对法律的适用都包含着相关主体的解释活动。而根据我国的现实情况,刑法规范解释具有相当的历史合理性。

首先,我国刑事法治领域保有一种对刑法规范解释的路径依赖。我国1979年《刑法》坚持了宁疏勿密的指导思想,规定了类推制度。有学者认为这是由于当时立法能力与立法经验有限,是立法者的失误或者无奈。亦有学者认为这是立法者有意为之,因为当时强调刑法的惩治功能,希望通过粗疏的立法为司法者留下广阔的活动空间。② 但无论原因为何,结果都是刑法条文的规定体现了较强的原则性,缺乏可操作性。在这种情况下,司法机关出台了大量的规范性司法解释,增强法律条文的适用性与明确性。这就使司法人员在办案过程中形成了对规范解释的一种路径依赖,即使1997年《刑法》已经进行了细密化的规定,但是司法人员仍然倾向于向规范解释寻求更为细致的解释。

其次,刑法规范解释有利于统一司法适用。我国历来就有着追求"大一统"刑法适用的观念,古代正是在"大一统"观念的指引下,统治

---

① 张明楷:《刑法分则的解释原理》,中国人民大学出版社2011年版,第23页。
② 参见陈兴良、周光权:《困惑中的超越与超越中的困惑》,载陈兴良主编:《刑事法评论》(第2卷),中国政法大学出版社1998年版,第50—51页。

者追求法制的统一,试图通过统一解释从法制上一统天下,这种法治传统影响至今。① 而事实上我国疆域辽阔、人口众多,又存在区域发展不均衡的现象,同时法官素质又不是很高。这种种因素综合作用极易造成刑法适用的不统一,出现同罪异罚的现象。这种对法治统一的追求与现实发展的不均衡在一定程度上催生了刑法规范解释。如关于信用卡诈骗罪中的信用卡如何理解的问题,在出台立法解释之前,实务界对借记卡能否认定为此处的"信用卡"认识不一,导致同样的使用借记卡诈骗的行为,有的认定为金融凭证诈骗罪,有的认定为普通诈骗罪,还有个别案件未作刑事处理,造成了司法适用的不统一。后来通过立法解释明确了"信用卡"的含义范围,解决了在相关方面定罪处罚的混乱局面。可以说刑法规范解释的发达归根结底是司法权必须统一和判决结果必须统一的产物。②

最后,刑法规范解释有利于节约司法成本。无论多么细密的刑法规定都不能避免法官自由裁量权的适用。但是在法官解释与刑法规范之间设置一个对司法工作人员具有普遍约束力的规范解释,一方面有利于制约法官的自由裁量权,最大限度防止自由裁量权的滥用,防止司法腐败;另一方面,我国确实存在司法人员职业水平不高的问题,规范解释的存在既在一定程度上保证了他们的办案水平,也使司法人员在具体案件的处理中提升了效率,减少了他们的"找法"成本。

2. 创设性刑法规范解释之不当性

(1) 社会法治环境对创设性刑法规范解释的容忍度在减小

综观新中国成立以来我国的法治建设状况,可以发现,"创设性刑法规范解释"功能经历了从正价值向负价值的转换。其负价值只有在刑事法治社会环境中才得以凸显,社会法治的文明程度也与其对"创设

---

① 参见喻海松、刘克兰:《刑法解释权配置模式的比较分析》,载《法学杂志》2008年第3期。
② 参见胡云腾:《关于刑事司法解释的若干问题》,载中国人民大学刑事法律科学研究中心组织编写:《现代刑事法治问题探索》(第1卷),法律出版社2004年版,第343页。

性刑法规范解释"的容忍度成反比。

根据司法解释的功能特性,可以划分为以下几个阶段:第一阶段,即"解释政策为主、创制法律为辅"阶段,自新中国成立初期至1954年第一届全国人民代表大会召开之前。这段时期,立法工作尚在起步阶段,人民法院审理刑事案件依据的主要是政策,这时刑事司法解释主要在于是对政策而非法律的解释,甚至司法解释本身就是为刑事立法创造条件的;第二阶段,即"创制法律为主、解释政策为辅"阶段,自1954年至1978年期间,由于人民法院面临的任务产生了新的变化,这时期内法律的缺失与滞后成为迫切需要解决的问题,总结司法经验,并为立法创造条件,成为司法解释发挥作用的新趋势。第三阶段,即"解释法律为主、创制法律为辅",自1978年中国共产党十一届三中全会以来,司法解释的基本对象已经不是政策而是法律,是对已经制定的基本法律的含义进行明确或填补其漏洞。①

在前两个阶段,由于刑事法律缺失,刑事司法解释主要功能就在于解释政策、填补法律的功能缺失。到了刑事法治建设的第三阶段,1979年《刑法》颁布,弥补了刑事法律缺失的空白。此后,刑法解释开始主要围绕刑法在司法实践中的适用问题。如果说1979《刑法》中立法者有意为之的粗疏规定与类推解释的允许,仍为创设性刑法规范解释提供了发挥空间的话,那么1997年《刑法》则大大压缩了创设性刑法规范解释的生存空间。在社会主义法制体系业已形成、社会法治环境大为改善的今天,"创设性刑法规范解释"之负价值才会如此显眼。

(2)创设性立法解释混淆了解释与立法

对于创设性的司法解释,学者大多持反对态度,认为侵犯了立法权,是不当的。但是对于立法解释是否可以超越刑法的规定进行创设性的解释,学界的态度则不甚明朗。有学者认为,在我国,刑法的立法

---

① 参见董皞:《新中国司法解释六十年》,载《岭南学刊》2009年第5期。

解释是由全国人大常委会进行的。立法机关所作的解释仍然是立法权的延伸，其实质还是立法，只是在这里借用了"解释"一词的象征意义，将刑法立法解释作为一种补充性的立法。① 本书认为，虽然立法解释由立法机关作出，但仍不能改变其作为"解释"的性质，仍然要有一定的限度，不能超越立法的规定。

首先，刑法立法权与刑法解释权是两种不同的权力，必须严格区分。刑法立法权是指立法机关对刑法进行制定、修改和废止的权力。立法权是立法者根据社会境况运用法律语言而形成的表明法律规范的法律载体的权力，重心在于构建共性的法律，形成法律文本。② 根据《宪法》第67条规定，刑法立法权应当属于全国人民代表大会。而在全国人民代表大会闭会期间，全国人大常委会可以部分补充和修改刑法，且不能与刑法的基本原则相违背。刑法解释权是指解释机关针对刑法条文作出具有法律效力的解释的权力。刑法立法解释权是对立法机关所形成的法律文本的一种阐释和说明，目的在于刑法规范的正确适用，重心在于关注共性法律与事实的互动关系。③ 根据《宪法》第67条以及《立法法》第45、104条的规定，在我国享有刑法解释权的机关为全国人民代表大会常务委员会、最高人民法院和最高人民检察院。可见，刑法解释权既不同于刑法立法权也不同于刑法司法权，应当是独立于立法权与司法权之外的权力。刑法立法权与刑法解释权的宗旨不同，前者的宗旨在于设立、变更和废止刑法规范，后者则在于在刑法规范内部对规范的含义予以进一步明确，既不能变更、废止已有的规范，也不能创设新的规范。④ 但是也必须看到刑法解释权要依附于刑法立法权，要以刑事立法为解释对象，否则刑法解释权也成为无源之水。基于以上分

---

① 参见陈金钊：《法律解释的哲理》，山东人民出版社1999年版，第44页。
② 参见徐岱：《刑法的立法解释三论》，载赵秉志主编：《中国刑法学年会文集（第一卷）》，中国人民公安大学出版社2003年版，第398页。
③ 同上。
④ 参见赵秉志、陈志军：《论越权刑法解释》，载《法学家》2004年第2期。

析,必须要严格区分刑法立法权与刑法解释权,二者应各尽其能,共同发挥作用。创设新的法律规范应当并且只能通过立法权的行使来实现,解释权应定位于对刑法规范进行明确性、可操作性的阐释,以刑法规定为限,不能进行创设性的规定。

其次,要对全国人大常委会的立法权与解释权进行严格区分。虽然根据《宪法》和《立法法》的规定,全国人大常委会同时具有部分补充和修改刑法的权力与解释刑法的权力,但是不能因为主体的同一而将两种权力、两种功能混淆。一方面,二者的行使程序不同。《立法法》对全国人大常委会的立法权与解释权分别设定了不同的运作程序,对于全国人大常委会立法权的行使作了更为严格的程序规定。从《立法法》的规定看,二者在提案主体与审议程序方面都有严格的区分。① 可见全国人大常委会进行立法解释的程序比进行立法修改的程序要简单得多,而且全国人大常委会的立法修改权在实体内容上也是不完全的,仅具有部分修改权。如果允许创设性立法解释的存在,那么全国人大常委就可以通过采取简单的程序对刑法进行创设性解释,就实际上行使了原本并不享有的完整的立法权,致使宪法对于立法权的规定流于形式,会增加刑法规范的不稳定性与刑事立法的任意性,并导致刑事立法的懈怠。

此外,刑事立法与立法解释的生效时间不同。刑事立法的生效日期比较容易确定,或者自公布之日起生效,或者规定特定日期生效。而我国刑法立法解释的时间效力目前没有明确的规定,但是《立法法》第50条规定"全国人民代表大会常务委员会的法律解释同法律具有同等

---

① 在提案主体方面,根据《立法法》第26条的规定,有权提出刑法修改草案的主体为全国人大常委会委员长会议、国务院、中央军事委员会、最高人民法院、最高人民检察院、全国人大各专门委员会;《立法法》第46条规定,有权提出刑法解释草案的主体为国务院、中央军事委员会、最高人民法院、最高人民检察院和全国人大各专门委员会以及省、自治区、直辖市人大常委会。在审议程序方面,刑法修正案草案与其他法律草案一样,原则上须经常委会会议三次审议后才能交付表决,而对刑法解释草案则没有关于审议次数的规定。

效力",而法律的效力包括时间效力与空间效力,所以刑法立法解释与立法应当认为具有同等的效力,即自法律生效之日起生效。同时,我国目前已经制定的 9 个立法解释均未对生效日期作出规定,也说明其默认与刑法生效日期相同。如果允许有创设性的立法解释存在,其生效时间与刑法同步,[①]就会存在如下情况,即某行为根据刑法的规定并不是犯罪,而之后通过创设性立法解释将其规定为犯罪,这明显是违背罪刑法定原则的。

(3) 创设性司法解释僭越了刑事立法权

目前存在大量的司法解释,包括前文列举的内容,超出了法律文本规定的含义,进行刑法适用的创设性阐释,这从根本上说是违法的。人类经过漫长的发展史逐渐认识到权力这个巨大怪兽的危险性,于是设计了将权力进行划分并互相制约的机制,以限制权力的滥用,减少过于集权可能造成的损害。而创设性的司法解释恰恰是对已经建立的立法权与司法权的界限的超越,如果任由这种趋势发展下去,将会导致立法权的萎缩与司法权的过度膨胀,其时司法机关实际上集创设规范与适用规范的权力于一身,司法擅断将重新抬头。罪刑法定原则这一现代刑事法治的根基也将被动摇。从这个意义上,刑法司法解释必须遵循一定的限度,不能超越刑事立法作创设性的规定。

创设性刑法规范解释也易使立法虚置。创设性规范解释的不当性不只在于其内容上的违法性,也因为其与刑事立法具有相同的表现形式,即都以一种具有广泛适用性的法律规范的形式表现出来。本书认为,恰恰正是后者使创设性规范解释引起了人们的注意,并将其作为批

[①] 对于刑法立法解释是否存在溯及力的问题,尚未达成统一观点。本书认为刑法立法解释依附于刑法规范,其本身不具有独立的时间效力,刑法的效力期间即为立法解释的效力期间,因此刑法立法解释通常情况下不存在溯及力的问题。只有在对同一问题有新旧两个立法解释的时候才涉及溯及力的探讨。具体论证参见赵秉志、杨丹:《试论我国刑法立法解释的效力问题》,载赵秉志、张军主编:《中国刑法学年会文集(第一卷)》,中国人民公安大学出版社 2003 年版,第 373—374 页。

判对象。我们仅需作一个简单的对比即可发现这个问题。同样在司法领域中,如果一个法官在个案判决时,超越法律规定的含义进行适用解释,超越刑法本身的含义范围将不是犯罪的行为认定为犯罪,最多只会认定为错案,而不会被指为僭越立法权。而一旦将相关的内容作为立法解释或者司法解释规定出来,就会引发质疑的目光。这个问题的主要原因就在于后者在形式上与刑事立法相同,也是一种具有普遍适用性的行为标准。此时如果其所规定的内容又是超越刑事立法本身内容的,那么这种规定必将架空刑事立法。因为往往规范解释比刑法本身更为明确,更具有操作性。

因此,规范解释与刑事立法在表现形式上的同一性就决定了规范解释必须有一定的限度,不能超过刑事立法作创设性的解释。在我国,规范性刑法解释作为立法与司法之间的中介与纽带,其限度具有非常重要的意义。只有围绕立法进行规范解释,使立法通过牵制规范解释来牵制具体的司法活动,才能制约司法权,保证刑法规范的正当适用。

不得不承认的是,尽管在抽象的理论层面,扩大解释与类推解释存在诸多区分标准,然而回落到具体疑难问题上,"即便我们认为解释的限度应当由罪刑法定原则加以约束,但是针对具体的解释结论在大部分场合根本不可能达成是否越界的一致意见。"[①]在专属权力主导之下的刑法规范解释,在没有有效的外界约束性制度条件下,又何以指望解释主体能够自觉奉行上述观念进行自我监督?现阶段,在法制完善且刑法规范解释已稳稳扎根于中国刑事司法解释实践的状况下,如何抑制其副产品"创设性刑法规范解释"的产生?整合刑法规范解释具体种类之功能,完善并强化刑法规范解释之约束性机制,方为根本。

整合刑法规范解释具体种类之功能,须从刑法规范解释体制着手。具体而言,刑法立法解释今后应定位于"裁断解释"功能,而将其他功能

---

① 林维:《刑法解释的权力分析》,中国人民公安大学出版社2006年版,第453页。

或委之刑事立法,或委之刑法规范性司法解释,从而结束目前刑事立法解释的尴尬境地。而对于刑法规范性司法解释,则应从实体性约束机制与程序性约束机制两大方面予以规制。实体性约束机制是从刑法规范解释的形式与内容着手,淡化其规范化特性,维护其内容守法之品性。例如,笔者赞成,刑法规范解释内容方面"不能给刑法用语与条文下定义,只能采取列举性规定"①。程序性约束机制则从解释的立项、起草、审查、协调、公布直至备案整个流程着手,保持信息畅通,保证立法机关、社会主体的信息知悉,充分发挥其监督制约作用,建立并完善刑法规范解释的撤销机制及创设性刑法规范解释的救济机制。

三、当然解释适用之疑问——我国刑法中的当然解释及其限度

所有的解释学都是对文本加以正确理解的技术,一切法律解释都必须基于文本规范。当然解释是在刑法规范没有"明确"规定的情况下,以事理之当然与逻辑之当然的统一为解释依据的刑法解释方法。当然解释所追求的个案实质正义与罪刑法定原则暗含的形式正义价值内核之间存在着必然的紧张关系。但当然解释与类推解释不同,其依然是在罪刑法定原则的制约下进行的刑法解释,案件事实在刑法规范中存在"落脚点"是当然解释成立的关键,其以待解释事项能够包含在刑法规范的语义之内为限。刑法解释学在当下中国刑法学的发展中正在蓬勃发展,围绕刑法解释的方法也层出不穷,其中"当然解释"的方法历来备受推崇。《唐律疏议·名例律》表述为:"诸断罪而无正条者,其应出罪者,则举重以明轻,其应入罪者,则举轻以明重。"而我国当前刑法中,特别是在教义刑法学解释中,似乎有泛化之嫌疑。当然解释与类推解释的关系,与罪刑法定的关系如何把握,成为当前一个问题。当然解释不能想当然,否则,就有破坏罪刑法定主义的危险。

---

① 张明楷:《刑法分则的解释原理》,中国人民大学出版社2011年版,第6页。

（一）当然解释的概念及其展开

对于当然解释，不同学者对其概念的阐释略有不同。有学者认为，当然解释本身为刑法解释提供一种理由，其"是以刑法没有明文规定为前提的，亦即，在所面临的案件缺乏可以适用的法条时，通过参照各种事项，从既有的法条获得指征，对案件适用既有法条的一种解释"[1]。还有的学者认为，当然解释是指刑法条文表面虽未明确规定，但实际上已包含于法条的意义之中，依照当然解释的道理解释法条意义的方法。[2]而我国台湾有的学者则将当然解释界定为，"刑法法规虽未明文规定，但根据法规的宗旨，其行为事实比法律所规定的更有适用的理由，而直接适用该法律规定的解释方法。"[3]上述三位学者对于当然解释的界定表面上看起来差异并不大，然而仔细推敲，三者之间还是略有不同的。而概念之间细微的差别往往蕴含着对事物本质认识的不同，这种不同会随着概念外延的展开而逐渐放大，所以寻找、比较和分析这些差异是我们借鉴和发展他人学说的必由之路。同时，笔者认为，上述概念界定的细微差异也正好映射了当下理论界认识和运用当然解释的主要分歧所在。

第一，关于当然解释的性质。第一位学者将当然解释视为刑法解释的理由，而后二位学者则认为当然解释是一种解释方法。"解释理由"与"解释方法"之间的差异犹如"应然"与"实然"之间的差别。解释理由只是说明某一法条"应当"适用于某一案件事实，或某一案件应当按照某一法条进行定罪量刑。当然解释本身即为某一法条的适用提供一定的根据，但这一根据是否充分到得出一个确定的"实然"的解释结论则在所不问。例如，《刑法》第 263 条规定，冒充军警人员抢劫是抢劫罪的加重犯。依据上述观点，则真的军警人员抢劫由于侵害的法益更

---

[1] 张明楷：《刑法学中的当然解释》，载《现代法学》2012 年第 4 期。
[2] 参见陈兴良：《本体刑法学》，商务印书馆 2001 年版，第 35 页。
[3] 杨仁寿：《法学方法论》，中国政法大学出版社 1999 年版，第 120 页。

加严重,其"当然""应当"适用抢劫罪加重犯的法律规定,直接在抢劫罪加重犯的法定刑幅度内量刑。然而,这种基于一定"理由"的法条的"应当"适用,是否符合刑法的其他规定则不是当然解释所能包含的内容,而需要在当然解释之外进一步考察。相比之下,后两位学者的观点则更加务"实",他们将当然解释视为与扩大解释、缩小解释、目的解释等刑法解释方法处于同一位阶的刑法解释方法。运用当然解释所得到是"实然"的解释结论,而非一种处于中间状态,尚需进一步考察解释可行性的"应然"的解释理由。面对当下教义刑法学中当然解释运用不断随意和泛化的趋势,笔者认为,在"应然"的维度言说事实与规范的对接对于司法实践中刑法规范的准确解释和适用并无多大裨益,将解释的视角重新拉回到实然的层面或许会使讨论更具现实意义。毕竟刑法解释更多的是一种实践活动,是"在适用刑法时,作为认识主体的法官与作为认识客体的刑法文本与法律事实进行交流与对话的活动"[①]。刑法教义学中的刑法解释也应当是时刻围绕刑事司法实践展开的,而不应是漫无边际的、想当然的。法律是一种行为规范和裁判规范,无论是规范行为者还是规范裁判者,对法律文本最终只能有一个被"公认"为正确、合理的理解和解释,否则就无法规范行为,也就无法裁判。[②] 当然解释与扩大解释、缩小解释、目的解释一样,也是刑法规范的一种解释方法,其有自己的适用前提和解释依据,并且同样指向一个明确的解释结论,即法律适用。

第二,关于当然解释的适用前提。第二位学者认为,当然解释是在刑法规范对于待解释的事项没有"明示"规定的情况下适用,而第一位和第三位学者则认为当然解释适用的前提是刑法没有"明文规定"。众所周知,刑法规范的明确性是罪刑法定原则的派生原则。刑事古典学派认为,作为近现代刑法之根基的罪刑法定主义的锋芒所指正是封建

[①] 吴丙新:《罪刑法定与刑法解释的冲突》,载《法学论坛》2001年第5期。
[②] 参见齐文远、周详:《论刑法解释的基本原则》,载《中国法学》2004年第2期。

法律的不明确性和含混性,其基本要求便是刑法规范必须"意思确切,文字清晰,不容稍有混淆"①。然而,刑事实证学派将绝对的、形式意义的罪刑法定从概念的天国重新拉回到充满矛盾的现实世界。刑法的明确性也得到了重新的认识,我们逐渐发现,刑法条文的某些文字的文义并不是非常清楚明确、毫无争议的,因为文字的含义一般并不是一个具体的点,而是一个意义域。② 一方面,文字所传达的意义有时本身就不唯一。对此,有学者甚至认为"文字的意义是读者的创造,在一定程度上是由我们赋予文字的,而不是文字或词语的自然产物"③,面对同样的法律文本,不同的法规适用者可能出现不同的解读。另一方面,成文刑法的概括性和抽象性决定了规范的明确性是相对的。在成文刑法中,某一法条可能是一类犯罪行为犯罪构成的高度概括。在我国刑法中,在这种框定犯罪构成的法条中,既有对该类犯罪行为罪质的界定,也有罪量限度的要求。对罪质的界定暂且不论,仅是罪量限度的要求即不可能做到绝对的明确。正如有学者所言,不论学者们对于该类犯罪构成中的定量因素研究得多么深入、彻底,也不论立法机关或司法机关将这些定量因素规定得多么细致、具体,具有可操作性,但根据模糊论可知,人们不可能将这些定量因素限定为一个个确定的"点",而只能是一段相对确定的数量"区间"。④ 考虑到刑法规范以上两个方面的特点,笔者认为,刑法条文没有"明示"或"明确"规定尚且可以认为某事项在刑法条文中没有被确切而明白地加以显示,处于一种隐而不显的状态。抑或如陈兴良教授认为的那样,法律明文规定不仅指法律的字面规定,并且指法律的逻辑包括。也就是说,法律规定包括两种情况:一是显形

---

① 甘雨沛、何鹏:《外国刑法学》(上),北京大学出版社1984年版,第216页。
② 参见周光权:《罪刑法定原则的司法适用》,载《江汉学刊》1999年第6期。
③ 苏力:《解释的难题:对几种法律文本解释方法的追问》,载《中国社会科学》1997年第4期。
④ 参见杨书文:《刑法规范的模糊性与明确性及其整合机制》,载《中国法学》2001年第3期。

规定;二是隐形规定。① 在罪刑法定原则逐渐由绝对走向相对的今天,在法律没有"明确"规定的情况,将某一法条适用于待解释事项尚且可以认为打了罪刑法定原则的一个"擦边球"。然而,法律没有"明文"规定,则直接与"法无明文规定不为罪,法无明文规定不处罚"的罪刑法定原则相抵触。笔者认为,无论是当然解释还是其他的法律解释方法都是对法律条文含义的阐明,其解释对象即为法律条文本身,解释从开始到最后得出结论,都以法律规范的存在为前提,很难想象在"法律没有明文规定"的情况下,当然解释解释"何物"。所以,当然解释的适用前提理应是"法律没有明确规定",亦即当然解释仍然应当在符合罪刑法定原则的大前提下展开,而非是对该原则的突破。

第三,关于当然解释的依据。学界对于当然解释的依据同样存在不同的认识,陈兴良教授认为,当然解释之当然,是事理上的当然与逻辑上的当然的统一,两者缺一不可。事理上的当然是基于合理性的推论,而逻辑上的当然是指解释之概念与被解释之事项间存在种属关系或者递进关系。仅有事理上的当然,而无逻辑上的当然,在刑法中不得作当然解释。② 而张明楷教授则认为,由于当然解释只是提供一种解释的理由,而非指向之中确定的解释结论,所以刑法中仅依据事理上的当然即可作出当然解释。③ 还有学者认为当然解释的当然依据是法律规范宗旨的预测可能性,其具体判断标准是事物属性及人的理性;④另有学者认为,当然解释是依据刑法规范的目的、事物属性和形式逻辑所作的合理解释。⑤ 纵观当下各位学者的观点,可以发现,学界认为的可以作为当然解释的依据主要有以下三种:其一为形式逻辑;其二为事物属性;其三为法规宗旨。首先,形式逻辑应当是当然解释的依据。有学者

---

① 参见陈兴良:《罪刑法定的司法适用》,载《华东政法学院学报》1998年第1期。
② 参见陈兴良:《本体刑法学》,商务印书馆2001年版,第35页。
③ 参见张明楷:《刑法学中的当然解释》,载《现代法学》2012年第4期。
④ 参见欧阳竹筠、杨方泉:《刑法当然解释略论》,载《河北法学》2005年第5期。
⑤ 参见金泽刚:《罪刑法定原则适用的基本问题》,载《华东政法学院学报》2002年第6期。

对此不以为然,并且进一步指出,概念之间的递进关系并不存在,而概念之间的种属关系则属于文理解释的范畴。①

对于概念之间的逻辑关系,笔者认为只有当概念间存在包含关系时才可适用当然解释。例如,《刑法》第219条侵犯商业秘密罪规定,有下列侵犯商业秘密行为之一的,处……"(一)以盗窃、利诱、胁迫或者其他不正当手段获取权利人商业秘密的……"那么抢劫权利人商业秘密的行为,虽然不属于利用盗窃、利诱、胁迫手段获取权利人商业秘密的行为,但其比以盗窃、利诱、胁迫的方式获取权利人商业秘密的行为性质更加恶劣,所以其"当然"可以包含在该条"其他不正当手段"的概念之中,这即是该法条"当然"适用于此行为的依据之一。而这并非是运用"刑法用语的文义及其通常适用方式阐释刑法意义"②的文理解释。并且将形式逻辑之当然作为当然解释的依据,更为重要的意义在于限制当然解释的适用范围,防止当然解释的随意和泛化,使当然解释同样具备严格解释的品格。与民事法律解释的自由化运动不同,刑法解释更倾向于严格解释。刑法解释是一项决定他人命运的实践活动,解释范围的随意扩张会直接侵害他人合法的人身和财产权益。在罪刑法定原则的制约下,任何刑法解释方法都具有严格解释的品格,即"苟律无明文,即不得深文罗织,以无为有,以轻为重,不然,类推论断,好恶随心,欲加之罪何患无辞,故类推解释殊非刑法所许"③。其次,事物属性也同样是当然解释的依据。这一点为学界多数学者认同,正是待解释事项与法条类型化的犯罪行为之间存在某些属性上的一致性或相似性,④才为当然解释保留了适用的空间。最后,规范目的并非当然解释的适用前提。规范目的,或者立法目的是目的解释适用的依据或方向。

---

① 参见欧阳竹筠、杨方泉:《刑法当然解释略论》,载《河北法学》2005年第5期。
② 张明楷:《刑法学》,法律出版社2010年版,第37页。
③ 韩忠谟:《刑法原理》,中国政法大学出版社2002年版,第48页。
④ 如前文驾车在闹市横冲直撞的行为与防火、爆炸、投毒的行为在"危害公共安全"的属性上存在一致性。

即使在目的解释内部,规范目的的判断标准仍然是模糊的,在解释的过程中难免会融入解释者个人的价值判断,然而这样的价值判断在严格解释的语境内应当越少越好。所以笔者认为,规范目的并非当然解释的依据,当然解释倘若以规范目的为风向标,其也难免会流于形式,从而汇入目的解释的范畴。综上,就当然解释的依据而言,笔者认为,"当然解释之'当然'应当是形式逻辑之当然与事理之当然的统一"的观点更具合理性。事理上的当然只能提供一种解释的理由,唯有同时存在逻辑上的当然时,方可对法条进行当然解释。形式逻辑之当然与事理之当然对当然解释的适用构成了形式与实质、法理与事理的双重限制。从而有效地限制了当然解释的适用范围,保障当然解释符合罪刑法定原则的要求。

(二)当然解释与罪刑法定

1997年《刑法》修订,在我国刑法中正式确立了罪刑法定原则。时至今日,"法无明文规定不为罪,法无明文规定不处罚"已成为我国刑法学理论研究和司法实践的共识。作为刑法的一项基本原则,罪刑法定原则是启蒙思想家在与恣意和残暴的封建刑法的斗争中诞生的,其与生俱来即带有对国家刑罚权的戒备和限制,以及深切的人权关怀。刑法的基本原则统领整个刑法规范,体现刑事法律的基本精神,具有指导和制约全部刑事立法和刑事司法的意义。刑法的适用主要是通过刑法的解释来实现的,通过刑法解释,我们将抽象的刑法规定适用到具体案件当中,从而完成从观念到现实,从一般到个别的转变。[①] 故而刑法的基本原则除了是立法的原则、司法适用的原则外,也是刑法解释的基本原则。包括当然解释在内的所有法律解释方法都应当符合罪刑法定原则的基本要求。这是当然解释合法性的底线,也是当然解释扩张适用法律规范的限度。然而,我们不得不面对的一个事实是,任何对法规的

[①] 参见吴丙新:《罪刑法定与刑法解释的冲突》,载《法学论坛》2001年第5期。

解释都与罪刑法定原则存在内在的紧张关系,对于当然解释,很多情况下,更是游走在罪刑法定原则这根红线的边缘。

1. 罪刑法定原则的价值内核

从1215年英国《大宪章》初见雏形,到1801年在近代刑法学之父费尔巴哈《刑法教科书》一书中出现完整表述,再到1810年《法国刑法典》中正式确立为刑法原则,罪刑法定完成了从法律理念到法律原则,从程序原则到实体原则的转变。由于其反对封建刑法的恣意和擅断,带有深切人权关怀,该原则确立之后迅速赢得了世界人民的认同,成为各国刑事法律的一项基本原则,并一度被绝对化地遵从。最初在1791年《法国刑法典》中,按照启蒙思想家的设想,各种犯罪都规定了绝对确定的犯罪构成和法定刑,法官对刑事案件没有自由裁量、酌情科刑的权力,也就是说,"当一部法典业已厘定,就应当逐字遵守,法官唯一的使命就是判定公民的行为是否符合成文法律"①。然而这种理想化的绝对罪刑法定在实际运行中却四处碰壁。正如有学者总结的那样,一种"范式""视域""立场"越是固执和封闭,就会越感到相反的事实的反抗力量的强大,其理解的片面性、理解的不充分性暴露得就越大,所以最终会有反向的"范式""视域""立场"诞生并与之对抗。② 这种理想化的绝对罪刑法定无法经受住"法有限、情无穷"的现实考验,毕竟再完备的法典也不可能将现实社会中犯罪的每一种情况均囊括其中。人们逐渐发现,法官不加解释地适用法条在司法实践中是不可能完成的任务。至此,罪刑法定原则不得不面对被"柔化"的现实,罪刑法定原则从绝对走向相对。进而,刑法规范为法官的自由裁量留下了空间,法官可以根据案件的具体情况,在法定量刑幅度内裁判应当适用的刑罚。

然而,无论是绝对的罪刑法定还是相对的罪刑法定,其价值内核均是趋向保障人权、限制国家刑罚权的。罪刑法定原则将国家的刑罚权

---

① 〔意〕贝卡利亚:《犯罪与刑罚》,黄风译,中国大百科全书出版社1993年版,第11—12页。
② 参见齐文远、周详:《论刑法解释的基本原则》,载《中国法学》2004年第2期。

"框"在有限的范围内,在此"框"之外即是国民的自由。这个"框"以刑法规范的形式存在,在此"框"之内的刑罚裁量才是公正,在此"框"之外没有刑罚。由此可见罪刑法定原则所追求的是形式正义,即一般的、抽象的正义。

2. 当然解释与罪刑法定原则的价值冲突及表现

当然解释是在法律规范"没有明确规定"的情况下,在待解释事项当然包含在规范的法意之内时,根据当然的道理适用法律规范的情形。在当然解释中,为了寻求个案的实质正义,解释者的价值判断成为法条适用的关键。当一般的、抽象的形式正义遇到个别的、具体的实质正义的时候,取舍之间的价值冲突也就在所难免。在多数情况下,我们努力在"框"的范围内实现当然解释意图追求的实质正义,但现实中并没有真切的"框"加以参考,有时"框内"与"框外"难以分辨,有时为了个案的公正,解释者也会追寻"当然的道理"在"框"之外去实现所谓的实质正义。这样的当然解释在当今的规范教义学解释中表现尤为突出,并且有进一步泛化的趋势。

例如,《刑法》第329条规定,抢夺、窃取国家所有的档案的,处五年以下有期徒刑。那么抢劫国有档案的行为应如何处理?有学者认为,"抢劫行为已经在符合抢夺、窃取要求的前提下超出了抢夺、窃取的要求,既然如此,当然可以将抢劫国有档案的行为认定为抢夺、窃取国有档案罪"①。又如,《刑法》第262条规定,拐骗不满14周岁的未成年人,脱离家庭或者监护人的,处五年以下有期徒刑或者拘役。那么,对于抢劫或者抢夺不满14周岁的未成年人应当如何处理?有学者认为,拐骗儿童罪中的"拐"也不应限于和平的方式,而是应该包含暴力、胁迫等非和平方式,暴力抢夺儿童行为属于拐骗行为。②再如前文提及的有学者

---

① 张明楷:《刑法学中的当然解释》,载《现代法学》2012年第4期。
② 参见周清水:《以收养为目的采用暴力手段抢走他人婴儿行为应如何定性》,载《中国检察官》2010年第5期。

认为真的军警人员抢劫直接适用《刑法》第263条抢劫罪"冒充军警人员抢劫"的加重情节处罚。① 类似的当然解释还有很多,这里将"抢劫"解释为"抢夺、窃取",将"抢劫、抢夺"解释为"拐骗",将"真的军警人员抢劫"解释为"冒充军警人员抢劫",姑且不论这些解释在事理上是否存在"当然的道理",仅从解释的形式规格上,即这些解释是否符合罪刑法定原则方面考量,恐怕就不无疑问。罪刑法定的"法定"包括两方面内容:一方面,只有法律将某一种行为明文规定为犯罪的,才能对这种行为定罪判刑,而且必须依照法律的规定定罪判刑;另一方面,凡是法律对某一种行为没有规定为犯罪的,对这种行为就不能定罪判刑。② 而刑法分则规范是犯罪构成的表述,犯罪构成是类型化的犯罪行为。以侵犯财产犯罪为例,根据行为人取得财产方式的不同,分为盗窃罪、抢夺罪、抢劫罪、侵占罪等罪名,每一种罪名都是一类财产性犯罪,我们不能将抢劫财产类行为解释为盗窃,一方面,两行为类型间存在质的差异,而非前者在充足后者条件的基础上,超出后者的行为要求;另一方面,将抢劫类犯罪解释为盗窃,会破坏犯罪构成对行为类型的定型,使刑法的适用出现混乱。并且即使文字的语义是一个范围,而不是一点,也没有理由将"真的军警人员抢劫"解释为"冒充军警人员抢劫"。这样的当然解释显然不在罪刑法定的"框"之内。

综上,当然解释应当符合罪刑法定原则的要求,但是当然解释所追求的个案实质正义与罪刑法定原则暗含的形式正义价值内核之间存在着必然的紧张关系。当然解释要恪守在罪刑法定原则的"框"内,在"框"之外,无论存在多么合理的当然性,也不可以解释之名,行罪行擅断之实。

3. 当然解释与类推解释的关系

所谓类推解释,是指对于法律无明文规定的事实,援引相类似的条

---

① 参见张明楷:《刑法学》,法律出版社2010年版,第717页。
② 参见胡康生、李福成主编:《中华人民共和国刑法释义》,法律出版社1997年版,第5页。

文而作出的超出该条原意范围的类比阐明。一般认为,类推解释具有以下三个基本特征:第一,解释的事实必须是法律无明文规定的事项;第二,类推解释的实质是以类似性为中介而导出的自一般向个别的推论解释;第三,解释的结果超出法律条文规定的原义范围。① 在我国1979年《刑法》中有类推制度的相关规定。1997年《刑法》修订,类推制度以及类推解释由于与罪刑法定原则相抵触,使刑法的稳定性和人权保障成为问题,而被禁止适用。不过也有学者认为,当前我国刑法解释中依然存在类推解释的适用空间,这种类推解释以法条中存在某种抽象的、笼统的概括式的规定为前提,如"其他方法"。对此笔者并不认同,"其他方法"是成文刑法立法技术的表现,是一种兜底性的规定。如《刑法》第114条、第115条中"以其他危险方法",即为立法者在列举了"放火""爆炸""决水""投放危险物质"四种危害公共安全的行为后,对于其他与上述四种行为相当的危害公共安全的行为的概括规定。当某一行为与这四种行为相当时,可以认为该行为是"其他危险方法",此时法律解释方法为文理解释;当某一行为的客观危害性和主观恶性比上述四行为方式更甚时,依据逻辑上存在的包含关系以及事理上存在的"当然道理",其同样是"其他危险方法",此时运用的法律解释方法即为当然解释。无论如何对于"其他危险方法"的解释都与类推解释无关。虽然有些情况下,当然解释与类推解释的界限难以廓清,因为二者解释的结果都是对刑法条文中未直接显明的事项加以处罚,但二者的解释路径还是存在本质区别的。

首先,二者的适用前提不尽相同。正如前文所述,类推解释是对刑法没有明文规定的事项,援引相类似的条文加以适用。也就是说,待解释事项原本不能为法条的含义所包容,仅是依据二者之间存在的类似性而加以适用。而在当然解释中,待解释事项虽未在法条中"明确规

---

① 参见薛瑞麟:《论刑法中的类推解释》,载《中国法学》1995年第3期。

定",但根据逻辑上与事理上存在的当然性,可以认为该事项已为法条的含义所包容。前者的法律适用"于法无据",而后者则是"依法适用"。例如前文提及的真的军警人员抢劫的情况。由于"冒充军警人员抢劫"的刑法规范无法包容"真的军警人员抢劫"的情形,所以后者适用前者的刑罚规定,显然是"于法无据"的类推解释,而非当然解释。

其次,二者的推理方法也不尽相同。当然解释的推理过程为三段论式的演绎推理,其大前提就是刑法规定,小前提是待解释事项,也就是案件的事实,而结论是确定的刑罚裁量。在该演绎推理的过程中,作为小前提的案件事实与作为大前提的刑法规定之间有包含关系,从而直接得到结论。而类推解释运用的是类比推理,首先寻找案件事实,也就是待解释事项与法律规定之间的相似性,然后以此相似性为依据,推断出案件事实的处断也应当依据该类似法律规定的结论。

最后,二者与罪刑法定原则的关系不同。虽然当然解释存在违反罪刑法定原则的风险,但是可以通过对解释限度的控制使其在罪刑法定原则的范围内进行。然而,类推解释的结果是在"法无明文"的情况下进行的法律适用,其适用前提决定了该结果不可能为罪刑法定原则所包容。类推解释与罪刑法定原则具有"不可两立"的特点。

(三) 当然解释的限度

作为一种法律解释方法,当然解释有其内在的合理性,这种合理性体现在演绎推理的过程中,表现为逻辑之当然与事理之当然的统一。此外,当然解释还要接受罪刑法定原则的检验,以不违反罪刑法定原则为其解释的限度。异言之,无论当然解释的依据多么充分,演绎推理多么缜密,当这一当然解释违反罪刑法定原则时,解释结论就不能成立。当然解释是在"法律没有明确规定"的情况下进行的法律适用,作为其合理性重要来源的解释依据是逻辑之当然与事理之当然的统一。对于这一解释依据,当前在教义解释学研究中,各学者的认识并不统一,还存在过度依仗事理上之当然,而忽视逻辑当然的情形。尤其在"举轻以明重"的入罪环节,当某一行为的社会危害性比法条明文规定之行为的社会危害性更大时,强烈的善恶观会促使解释者认为对该行为适用相应的刑罚似乎更加"理所应当"。然而,"社会危害性更强"仅为当然解释提供了事理方面的合理性,对于逻辑的当然性的判断,还需我们以中立的目光不断往返于事实与规范之间,去寻求事实之于规范的落脚点。而后一过程才是决定当然解释能否成立的关键。在这里应当强调的是,根据有利于被告人的原则,在认定某一行为不构成犯罪或者应当受到更轻处罚的"举重以明轻"的出罪解释中,对于逻辑当然性的要求可以适当弱化,这种"弱化"符合罪刑法定原则有利于被告人的价值取向,是罪刑法定原则的题中之义。但在入罪"举轻以明重"的当然解释中,必须把握事理之当然与逻辑之当然的统一,强调待解释事项包含在法条规范含义之中,也即在法律规范之中存在待解释事项的"落脚点"。笔者梳理当前理论研究中的相关问题,以待解释事项在刑法规范中有无落脚点,落脚点是否明确为考察对象,将教义解释学中的当然解释分为以下三种情形:

第一种情形,待解释事项在刑法规范中有明确的落脚点。如《刑法》第219条侵犯商业秘密罪规定,"有下列侵犯商业秘密行为之一的,处……(一)以盗窃、利诱、胁迫或者其他不正当手段获取权利人商业秘密……",那么抢劫权利人商业秘密的行为,由于其比以盗窃、胁迫的方式获取权利人商业秘密的行为性质更加恶劣,在事理上当然应当受到刑罚处罚;并且侵犯商业秘密罪的法条规定中存在"其他不正当手段获取权利人商业秘密"的兜底性规定,而"抢劫权利人商业秘密"的行为属于"其他不正当手段",该行为在此法条中存在落脚点,故而将抢劫权利人商业秘密的行为以侵犯商业秘密罪定罪处罚也存在逻辑上的当然。再如,《刑法》第358条第3款协助组织他人卖淫罪规定,"为组织卖淫的人招募、运送人员或者有其他协助组织他人卖淫行为的,处……",由于存在"或者有其他协助组织他人卖淫行为"的规定,比招募、运送人员性质更为恶劣的行为,如充当打手的行为同样在该条中存在确定的"落脚点",即逻辑的包容性。所以根据当然解释,为组织卖淫的人充当打手的行为同样可以成立协助组织卖淫罪。相比之下,此种情形的当然解释的合理性与合法性较为明确,是最理想状态的当然解释。

第二种情形,待解释事项在刑法规范中有落脚点,但落脚点不明确。如对于已满14周岁不满16周岁的未成年人抢劫枪支的行为应如何定性的问题。根据我国《刑法》第17条第2款的规定,已满14周岁不满16周岁的未成年人抢劫普通财物的行为应当负刑事责任,以抢劫罪定罪处罚。对于抢劫枪支的行为,由于其行为性质更加恶劣,社会危害性更大,相对负刑事责任年龄的人也理应对此承担刑事责任。并且枪支同样可以解释为抢劫罪犯罪对象的"公私财物",相对负刑事责任年龄的人抢劫枪支的行为在抢劫罪中存在"落脚点",由此解释的结论似乎理所当然地指向了抢劫罪。然而笔者认为这样的当然解释依然是片面的,根据2003年4月18日最高人民检察院研究室《关于相对负刑事责任年龄的人承担刑事责任范围有关问题的答复》中的相关规定,"相对负刑事责任年龄的人实施了刑法第十七条第二款规定的行为,应当追究刑事责任的,其罪名应当根据所触犯的刑法分则具体条文认定。"该答复强调了"行为"与"罪名"之间的区别。《刑法》第17条第2款规定的是相对负刑事责任年龄的人应当负刑事责任的行为,而非罪名。所以,相对负刑事责任年龄人实施了抢劫枪支的行为,理应受到刑罚处罚,并且该行为的落脚点是《刑法》第127条第2款抢劫枪支罪而非第263条抢劫罪。

同样的情况还发生在行为人盗伐林木,为窝藏赃物、抗拒抓捕或者毁灭罪证而当场使用暴力或者以暴力相威胁能否直接转化为抢劫罪的问题上。我国《刑法》第269条规定,"犯盗窃、诈骗、抢夺罪,为窝藏赃物、抗拒抓捕或者毁灭罪证而当场使用暴力或者以暴力相威胁的,依照本法第二百六十三条的规定定罪处罚。"盗伐林木的行为比盗窃普通财物的行为社会危害性更大，在盗伐林木过程中为窝藏赃物、抗拒抓捕或者毁灭罪证而当场使用暴力或者以暴力相威胁理应转化为抢劫，事理上的当然性无可非议。然而在逻辑当然性的判断上，即落脚点归于何处的问题上，有学者认为"我国刑法第269条规定的'犯盗窃、诈骗、抢夺罪'，自然只限于侵犯财产罪一章所规定的普通盗窃、诈骗、抢夺罪，因为其他特殊类型的盗窃、诈骗、抢夺既然刑法规定了单独的罪名和法定刑，就有别于普通盗窃、诈骗、抢夺的犯罪，在刑法没有明文规定的条件下，认为实施这类犯罪也有可能转化为抢劫罪，这同样是违反罪刑法定主义的。"[1]对此观点笔者不敢苟同。根据上述相对负刑事责任年龄人承担刑事责任的司法解释的精神，《刑法》第269条"犯盗窃、诈骗、抢夺"的刑法规定，应当是指实施盗窃行为、诈骗行为、抢夺行为，而非指犯第264条的盗窃罪、第266条的诈骗罪、第267条的抢夺罪。2006年最高人民法院《关于审理抢劫、抢夺刑事案件适用法律若干问题的司法解释》也间接说明了笔者这样理解的合理性。该解释规定了五种情形，在此五种情形下，行为人实施盗窃、诈骗、抢夺行为，虽未达到"数额较大"，但如果为窝藏赃物、抗拒抓捕或者毁灭罪证而当场使用暴力或者以暴力相威胁应当转化为抢劫罪。由此可知，在仅实施了盗窃、抢夺、诈骗行为，未构成盗窃罪、抢夺罪、诈骗罪的情形下，为窝藏赃物、抗拒抓捕或者毁灭罪证而当场使用暴力或者以暴力相威胁同样可以转化为抢劫。所以，《刑法》第269条的规定同样对盗窃林木，为窝藏赃物、抗拒抓捕或者毁灭罪证而当场使用暴力或者以暴力相威胁转化为抢劫罪提供了当然解释的逻辑"落脚点"。

第三种情形，待解释事项在刑法规范中没有落脚点。这种情形下当然解释仅具有事理之当然，而没有逻辑之当然，所以不能成立。如上

---

[1] 刘明祥：《财产犯罪比较研究》，中国政法大学出版社2001年版，第147页。

文提及的抢劫国有档案的行为,其虽然比抢夺、窃取国有档案的行为性质更为恶劣,但《刑法》第329条抢夺、窃取国有档案罪中并没有抢劫国有档案行为的落脚点,该行为并不包含在此条刑法规范的含义之中,所以依据罪刑法定原则,抢劫国家档案的行为不能认定为抢夺、窃取国有档案罪。再如,抢劫或者抢夺不满14周岁的未成年人的行为的确比拐骗不满14周岁的未成年人的行为社会危害性更大,但《刑法》第262条拐骗儿童罪同样没有抢劫或者抢夺不满14周岁的未成年人行为的落脚点,抢劫、抢夺不能认定为拐骗儿童罪。有学者认为,抢劫行为已经在符合抢夺、窃取要求的前提下超出了抢夺、窃取的要求,既然如此,当然可以将抢劫国有档案的行为认定为抢夺、窃取国有档案罪。[①] 笔者认为这样的解释实属牵强,不同犯罪有不同的犯罪构成,不同的犯罪构成代表了不同的行为定型。这里应当注意词语在刑法规范与日常用语中的语义区别。以"抢劫"和"盗窃"为例,在刑法规范语境中,它们属于不同种类的侵财犯罪的客观行为方式。抢劫强调侵财的同时侵犯被害人的人身权益,而盗窃强调以秘密的方式取得被害人的财产,两种行为类型意图强调的侧重点不同。两行为类型之间是质的差异,而非"超出与被超出"的量的区别。所以,不能将抢劫行为解释为抢夺抑或盗窃。否则犯罪构成将失去其行为类型的法定性,刑法规范将出现此罪与彼罪界限模糊的混乱局面。

面对高速发展的现代社会中不断出现的错综复杂的案件,以及相对静止的、抽象的成文刑法规范,在事实与规范的对接中,解释者具有更大的发挥空间。刑法解释学正以"显学"的姿态在刑法学研究中蓬勃发展。无论是身处"江湖"之远的书生学者,还是位居"庙堂"之上断案量刑的法官,都有解释法律的冲动和权利。不同的人秉承不同的价值观,站在不同的立场上,得出五花八门的解释结论。许多时候,解释者

---

① 参见张明楷:《刑法学中的当然解释》,载《现代法学》2012年第4期。

声称某一法律规范语义"模糊",人们也就轻易接受了这种声称。然而慎思之,"争议之发生并非由于法律语言本身含糊,而是由于人们对该法律应当涵盖适用的范围有争议,实际上是不同的人力图将他们赋予的含义确立为该法条或语词的含义。"①刑法解释一时间出现了争夺话语权,"婆说婆理,公说公理"的局面。这并不是理论研究的繁荣,相反却多少反映了当下理论研究中的"浮躁"。

所有的解释学都是对文本加以正确理解的技术,一切法律解释都必须基于文本规范。当然解释并不是想当然,并非简单的"举轻以明重,举重以明轻",其与类推解释存在本质的区别,当然解释必须接受罪刑法定原则的检验。当然解释所面对的案件事实必须在刑法规范中存在"落脚点",文本规范之含义依然是当然解释的依归所在。唯有遵循此限度,当然解释才可成为一种有效服务于司法实践的刑法解释方法。

四、规范解释内容之冲突

法律解释是法律适用中的核心部分,它的本质是规范解释者价值取向选择的结果。"通过事实构成与法律后果之间的关联,每个法律规范均表明在事实构成所描述的行为中什么才是合乎正义的。事实上,任何法律规范都包含着立法者的价值判断,因此,法律适用意味着在具体的案件中如何实现立法者的价值判断。"②在刑法解释中,单纯依据形式上三段论逻辑方式去完成法律解释是不可能实现的,不管以何种方式,价值判断与利益衡量已经融入全部的刑法解释过程中。当某一种价值偏好通过立法活动转化为刑法规范时,在司法层面严格适用该刑法规范便是遵循了该价值偏好。此外,刑事法律规范本身的价值偏好是一个不断变化的过程,司法者自身的价值偏好、思想认同等富有个性

---

① 苏力:《解释的难题:对几种法律文本解释方法的追问》,载《中国社会科学》1997年第4期。
② 〔德〕伯恩·魏德士:《法理学》,丁小春、吴越译,法律出版社2003年版,第64页。

化的理解同样是法律解释遵循的价值判断。因此,规范解释内容的冲突很大程度上是刑法利益主体之间诉求的妥协与斗争的具体化体现。

第一,刑法规范背后的价值往往具有多种解读的可能性,采用何种价值立场进行解读往往是解释者所不得不面对的问题。例如,在奸淫幼女型强奸罪与嫖宿幼女罪的关系上,从价值判断上嫖宿幼女行为与奸淫幼女的行为在性质及社会危害性方面便存在不同,对于幼女的保护程度与保护立场也存在不同。表面上来看,对刑事法律规范进行解释仅涉及刑法规范文本本身的问题,但事实上,规范解释的意义建构不仅取决于文本本身,还取决于读者的偏好及阅读的环境。规范解释的意义通常也不是被简单地赋予的,而是大量的制度性实践中构建起来的,从这个角度上来看,对于刑法规范解释内容的充分理解,既要从刑法规范本身出发领会刑事立法者的思想,还要从读者的角度客观面对刑法规范的适用将可能对司法者及被告人的利益影响。

第二,刑法规范不是一成不变的法律规范体系,而是生动的客观存在,并处于不断的变化之中。自从制定刑法典后所不断进行的刑法修正案便说明了这点。在成文法国家中,法律的稳定性是法律秩序价值得以实现的前提与基础,但是法律的稳定性并不是法律的固定性与不可修改性,法律规则要素的变化及不同解释方法的运用能够使得法律在稳定性与法的适应性之间维持着动态的平衡。"制定法的意义之所以会发生变化,是因为制定法是整个法律秩序的组成部分,其参与整个法律秩序之中并处于不断的变革,新修订的法律将其意义影响至之前的法律规定。"①例如,《刑法修正案(八)》中危险驾驶罪的设立,其法律意义不仅是新增一个罪名,还使得原有的交通肇事罪产生了变化,对整个危害公共安全犯罪均产生重要的影响。一方面,交通肇事罪分为不以危险驾驶为前提的交通肇事罪与作为危险驾驶罪加重结果犯的交通

---

① 〔德〕卡尔·恩吉施:《法律思维导论》,郑永流译,法律出版社2004年版,第109页。

肇事罪;另一方面,交通肇事后逃逸,将成立危险驾驶罪与交通肇事罪法定刑升格的竞合。① 由此可见,刑法规范的内容的变化将可能导致刑法体系的变动,其背后涉及的是不同利益主体之间权利与义务的变更。除了直接修正刑法,刑法规范内容也因规范的刑法解释颁布而产生变动,这种内容的变动在实然层面同样给整个刑法体系带来重要的影响。

第三,即便刑法规范背后立法者所欲体现的价值目的是相对确定的,但现实社会的不断变化却是不以人的意志转移,刑法适用在具体的案件情形中时对其注入新的价值诉求已成为现实。生活总是不断地冲刷法律文本的地表,并裹挟着法律文本一起前行。因此,法律解释者应立足于现实法律情境,从而解释法律以适应当下的需求。"当规范颁布后,立法者所持的价值观及所调整的事实结构就会发生变化,对于具体的法律规范而言,其最初追求的规范目的将死去。因此,当规范所调整的事实构成或者整个法律评价体系价值发生变化时,就应检验历史的规范目的是否仍具有意义。"②例如,自1997年《刑法》中规定了遗弃罪,该罪名的条文规范本身没有发生任何变化,但随着社会的不断发展,解释者对于其却作出不同的解释结论,关键在于应将该罪放在"妨害婚姻家庭罪"之中,还是归入"侵犯公民人身权利、民主权利罪"之中,这不仅涉及该罪名在刑法体系中的位置,还涉及该罪名所欲保护法益的变化。在安全问题不断凸显的现代社会,各种不安定因素危害社会的稳定,传统的规范价值判断已经无法满足现代社会对于该罪名的现实需求,基于人们对生命、人身权利保障的强烈愿望,因而有必要将遗弃罪的适用范围予以扩大,以更为全面保障诸如不具有亲属关系之间的抚养关系。

第四,即便刑法规范背后的价值能满足当代社会的正义需求,但并

---

① 参见张明楷:《危险驾驶罪及其与其他相关犯罪的关系》,载《人民法院报》2011年5月11日第6版。
② 〔德〕伯恩·魏德士:《法理学》,丁小春、吴越译,法律出版社2003年版,第322页。

不是任何一个具体个案通过该价值判断便能实现个案的合理性结论。"人们之所以不断地对刑法进行解释,是因为鲜活的正义需要从鲜活的社会生活中发掘,制定法所包含的正义不仅隐藏在法律文字里面,也隐藏在具体的生活事实当中。"①例如,已满 14 周岁的男子经被害人同意与未满 14 周岁的女子发生性关系,按照现行刑法规定应当定强奸罪。因为幼女被推定为不具备性承诺的能力,基于对幼女性权益的特殊保护,不管行为人是否客观上违背幼女的意志,均将其发生性关系的行为定为强奸罪。这是基于对幼女性法益特殊保护的利益需求,但这并不意味着每一个与幼女发生性关系的个案中这种正义均具有普遍的合理性,当行为人也是未成年人,基于恋爱等原因偶尔与幼女发生性关系,并未造成严重后果的情形,认定构成强奸罪恐怕不是一个合理的刑法解释。

由此可知,刑法规范内容之间的冲突并不在于条文本身字面含义的冲突或歧义,实质上是不同的规范解释所可能产生不同的解释结论,这种解释结论必然带来利益分配上的不同。因此,"任何一种解释结论的正义性,都是特定时空、特定生活背景下产生的,变化的生活事实需要新的解释结论。"②任何规范背后的价值均不可能固定化,若将某种确定不变的价值贯穿于生活事实中,刑法的生命将不存在,活着的人将生活在死去人的统治之下。法律文本总是不受时间限制地传递一种客观的规范内容,但是赋予刑法规范以符合时代精神和现实需求的价值选择,可以保持规范的生命力,这种生命力的维持是刑法体系开放性所必需的,也是司法个案正义实现的前提。

---

① 张明楷:《罪刑法定与刑法解释》,北京大学出版社 2009 年版,第 91 页。
② 张明楷:《刑法分则的解释原理(上)》(第 2 版),中国人民大学出版社 2011 年版,第 11 页。

第三节 刑法规范解释外部因素的促进与阻碍

一、刑事政策的贯彻落实之于刑法规范解释立场选择

罪刑法定原则蕴含明确性要求，使得刑法不具备民法体系中诚实信用原则所构建的弹性机制，但刑法体系本身具有一定的弹性机制，即在刑法解释过程中，通过填充刑法本体之外的价值内容来实现。对于相对开放的刑法体系，刑法中某些规范，如概括性规范、规范的构成要件规范及描述的构成要件规范等，均需要援引刑法体系外的价值判断来完成刑法解释过程。但如何援引刑法体系外的价值判断及其范围却是一个具体而无法回避的问题。例如，规范的责任概念表明的仅是具备有责性的行为需要进行刑法谴责，但并没有回答其可谴责性的前提性价值基础。因此，在刑法解释中引入刑法体系外的价值判断有其必需性与合理性，但是必须回答的问题是这些价值判断的具体内容是什么。从侧面来看，笔者认为以下三个方面不能成为刑法解释的价值内容。

首先，规范解释者不能以自身的价值偏好来代替刑法解释的价值内容。"当法官在解释宪法时，他们是在为整个法律共同体说话，而不仅是为他们自己，在进行相关解释时，必须充分认识到应在一种非常真实客观的意义上进行共同体解释。"[1]尽管刑法规范性的语言表述使其意义具有相对的独立性，但是刑法规范本身并没有自己的独立意志，它只是传递解释者意志的媒介。

其次，规范解释者也不能将抽象的民意用来填充刑法解释的价值

---

[1] 赵晓力：《美国宪法的原旨解释》，载赵晓力主编：《宪法与公民（思想与社会）》（第4辑），上海人民出版社2004年版，第386页。

内容。在司法个案中体现的司法民意不同于立法者所代表的人民意志,也不是一般意义上民众的法情感。在具体司法个案中,不能以抽象的民意作为价值取向的唯一标准,选择性地吸收解释者认可的司法民意,否则司法独立性将不再存在。民意作为一种意识形态,是抽象的、情绪化、变化的,是可以被操纵和利用的。特别是经媒体和网络的扩音器放大了的民意事实上已经被扭曲,是被包装、修饰后的民意。事实上,民意本身的抽象性和复杂性使其很难被具体体现,民意的真实性及公正性标准,是难以被把握的。①

最后,即便主流的价值判断被认可,其也无法承担法律解释中的价值内容。在多元化价值社会中,主流的价值观很难被代表和体现,主流的价值取向内容和普通民众的法情感同样不可捉摸,均不具有操作性。无论是主流的价值取向,还是民众法情感观念性均是依赖于解释者自身偏好的选择和编辑的结果,但任何解释者都不会承认其所表达的主流价值感或一般民众法情感中夹杂着自身的价值偏好。

那么,法律解释者应以什么样的价值内容来体现其价值判断呢?

法律解释事实上是无法脱离解释者个人价值偏好的,"理解的主体也共同进入认识之中,在法律规范中只有一种相对主观性的真理,而没有客观的真理。"②关键在于,"在个人价值、理念与刑法解释之间必须有一个中介,在各种价值和理念之中进行选择判断,这个中介就是刑事政策,法官的个人信仰只能屈从于政策选择。"③在刑法解释中,解释者应当以刑事政策所代表的价值来体现其价值判断的内容。

刑事政策的价值取向带有一种主导倾向,其是政治意志与社会需求的推动力之一。将其作为刑法解释中的价值内容,具有相对确定性

---

① 参见张开骏:《基于法治原则的民意正当性拷问与刑事理性策略》,载陈兴良主编:《刑事法评论》(第26卷),北京大学出版社2010年版,第137页。
② 欧阳本祺:《论刑法解释的刑事政策化》,载陈兴良主编:《刑事法评论》(第26卷),北京大学出版社2010年版,第118页。
③ 同上。

和可操作性,能够尽可能地将不同解释者因个人价值偏好不同而导致的差异性降至最小,从而确保了刑法解释结论的相对统一性。在现代社会中,刑事政策成为刑法体系中弹性机制的重要调节器,促使刑法通过不断的较为稳定与统一的解释更新和完善自身。由于刑事政策内容本身代表的是具有时代性的价值取向,因此,刑法解释在认识层面上更多的是价值判断与选择而非真理关系。"刑法条文不会有固定不变的含义,对于成文刑法的解释不可能具有固定性的解释结论,任何解释结论的合理性都是相对的。"①

在众多的刑法解释方法中,目的解释是占主导地位的,目的解释为文义解释、体系解释与历史解释提供了方向。刑事政策在相对开放的刑法体系中的价值便是通过目的解释实现的。因此,作为一种解释方法,目的解释更像一种解释方向与解释目标。刑事政策不仅影响着刑法体系整体目的价值的构建,还影响着具体刑法规范目的的理解与适用。刑法规范目的的解释将对司法实践中的个案产生重要影响,对于刑法规范整体目的的不同理解将影响着罪刑法定原则中"罪"的界定。在风险社会的背景下,以社会安全为导向的刑事政策将使得刑法所保护的价值从保障人权向保护社会方向逐渐转变。刑法规范整体目的上的转变对刑法解释的方向产生了重要的影响,同时,刑事政策通过对具体的刑法规范的导向性作用从而影响着具体个案的司法裁决。如《刑法》第301条规定的聚众淫乱罪和引诱未成年人聚众淫乱罪。一般认为,聚众淫乱罪的构成,要求淫乱行为具有公然性,然而,公然性是否同样适用于引诱未成年人聚众淫乱罪?这便取决于对于该刑法规范的目的所进行的具体理解,如果考虑到刑事政策因素的影响,将该规范目的理解为保护未成年人身心健康,那便不要求具有公然性的要件,当解释论者以刑法理论应当将引诱未成年人聚众淫乱罪补正解释为对个人法

---

① 张明楷:《罪刑法定与刑法解释》,北京大学出版社2010年版,第2页。

益的侵害为由,则提出本罪不需要具备公然性。① 但其并没有回答为何引诱未成年人聚众淫乱罪侵害的法益是个人法益,而聚众淫乱罪侵害的法益是社会法益。

具体到司法个案来说,刑事政策对于刑法解释者的前理解具有重要的影响,这种前理解是一种潜在的价值判断,它影响着解释者对于行为人的行为是否符合相关构成要件及是否具备处罚必要性的判断。从表面看,刑法解释者这种违背三段论形式逻辑而具备的司法前见是解释者价值偏好的个人选择,但是实质上,三段论形式逻辑的倒置并不违背罪刑法定原则,而是一种符合自然属性的心理现象。② 考夫曼认为,"相对于裁判字义,故而法官在案件中具备自身的前见和理解,但是法官的这些判断和理解,并不应受到责难,因为所有的解释都是从一个先前的理解开始,只是我们必须把这种前见和理解带入法律论证之中,而且随时准备进行相应的修正。"③通过刑法教义将这种前见进行适当的修正,具备前见的解释结论便具备了其合理性,也不会违反罪刑法定原则。因为该解释结论已经在罪刑法定原则和刑事政策之间达成了共识,将刑事政策融入刑法解释之中,寻求的是解释结论与罪刑法定原则的相一致,这样的解释结论是需要综合运用各种刑法解释方法才能实现的。刑法解释者必须从刑法教义学分析中得出结论,该结论从价值判断角度来看同时应符合刑事政策的妥当性要求。

随着当代刑法理论的发展,刑法解释已不能被认为只是对既有原则或概念进行单纯的逻辑演绎,外在的社会需求是在任何时代都存在的,它构成了刑法理论创新与重构的原动力,从而完善刑法规范体系及使其与社会发展相协调。"在构成刑法体系时,不可能不使用刑事政策

---

① 参见张明楷:《罪刑法定与刑法解释》,北京大学出版社2009年版,第137页。
② 参见张明楷:《实质解释论再提倡》,载《中国法学》2010年第4期。
③ 〔德〕亚图·考夫曼:《法律哲学》,刘幸义等译,台湾五南图书出版有限公司2000年版,第58页。

的目标设定,否则将会在方法上犯严重的错误。"①刑事政策致力于对社会需求的价值目标进行明确设定,从而解决司法实践中具体的问题,正是基于刑事政策这个途径,使得刑法规范与抽象的社会需求之间形成了良性互动,从而避免了刑法体系价值定位的模糊。最好的社会政策也是最好的刑事政策,"刑事政策不仅包括对已经确定为犯罪的行为应配置何种刑事制裁方法才能维护最低限度的社会秩序的处罚选择问题,还涉及将什么样行为纳入刑事政策调整范畴的定罪问题。"②通过基本的形势政策与具体的刑事政策的关系的梳理,有利于刑法规范解释者在刑事司法过程中秉持正确的价值理念,使之既符合刑法教义学要求,同时也与当下刑事政策理念相一致。笔者认为,通过对宽严相济刑事政策与"严打"政策、宽严相济刑事政策与死刑政策之间的关系进行对比性研究,可以更为全面地理解形事政策对于刑法适用,特别是刑法规范解释形成中的重要影响。

1. 宽严相济刑事政策与"严打"政策。"严打"基本内涵是对于严重危害社会治安的犯罪行为从重从快进行惩处。"严打"是具体的刑事政策,其与宽严相济刑事政策关系体现在:一方面,"严打"是宽严相济中的"严"的具体体现,其属于宽严相济刑事政策的范畴之内,而不是处于对立状态。"贯彻宽严相济刑事政策,一方面,必须坚持严打的方针不动摇,对于严重的犯罪实行严厉打击,在稳准狠上和及时性上全面体现这一方针"③。另一方面,宽严相济刑事政策中对"宽"与"严打"刑事政策同样适用,对于行为人具备自首、立功等从轻情节,应当依据法律予以从宽处理。在"严打"政策下,刑法规范解释者面对严重危害社会治安的犯罪行为将采取更为宽大的解释路径,使该类犯罪得到快速的

---

① 〔德〕许迺曼:《刑法体系与刑事政策》,载许玉秀、陈志辉合编:《不移不惑献身法与正义:许迺曼教授六轶寿辰》,新学林出版股份有限公司2006年版,第38页。
② 黎宏:《论"刑法的刑事政策化"思想及其实现》,载《清华大学学报(哲学社会科学版)》2004年第5期。
③ 马克昌:《论宽严相济刑事政策定位》,载《中国法学》2007年第4期。

处理,这取决于"严打"政策所承载的目的对刑法规范解释的外在压力。

2. 宽严相济刑事政策与死刑政策。当前我国的死刑政策是"保留死刑,但严格控制死刑",换言之,"少杀、慎杀"。该政策仅涉及死刑的适用问题,因此是具体的刑事政策。对于死刑的保留,正体现出宽严相济中"严"的一面,但限制死刑的适用,却体现了宽严相济中"宽"的一面。对于应当判处死刑的情形,同时具有法定从宽情节或不必判处死刑立即执行的,应当判处死刑缓期两年执行。当前,我国死刑政策决定了在出台相应的规范刑法解释过程中必须注重罪名的死刑的严格控制,例如,《刑法修正案(八)》已经将大量的经济类犯罪的死刑废除,这是规范解释者面对我国当前死刑政策下的客观选择。在宽严相济基本刑事政策下,"严打"政策与死刑政策均应体现"轻轻重重"的理念,具体到刑法规范解释过程中,针对严重危害社会治安的行为应当从严处理,对于轻微犯罪行为则应从宽处理。如依据最高人民检察院《关于在检察工作中贯彻宽严相济刑事司法政策的若干意见》,严的对象主要是黑社会性质组织犯罪、恐怖犯罪、毒品犯罪以及杀人、爆炸、抢劫、强奸、绑架、投放危险物质等严重危害社会的刑事犯罪,严重破坏金融秩序、侵犯知识产权、制售严重危害人身安全和人体健康的伪劣商品等严重危害社会治安的刑事犯罪;宽的对象主要是未成年人、在校学生、老年人、初犯、偶犯或者孕妇等。刑法规范解释者在制定司法解释时应当给予基本刑事政策与具体刑事政策的现实意义与理论价值,在应对社会冲突、防止社会对立、实现刑事法治社会过程中,应当将宽严相济刑事政策与现有刑法规范、刑法原则进行协调,将其全面引入刑法解释过程中,使得刑事政策在为刑法解释提供价值导向同时实现自身的法制化。

二、公众参与的理念之于刑法规范解释价值基准建构

近年来,司法裁判结果与社会公众预期的偏差现象越来越明显,已经在一定程度上造成我国司法公信力的下降,进而造成社会公众对刑

事司法的不尊重日益明显。其根本原意,不在于社会公众对于刑事立法不完备的指责,而是公众基于正义观对于案件结果的期待与司法机关所进行刑法解释适用于个案之中的矛盾。"立法者预先设想的法律命运,并不取决于自身,而在于司法者对于法典的适用。"①刑法的适用过程即是刑法的解释过程,在刑法解释中,最为关键的问题是基于解释立场的不同,面对同一行为如何解释刑法规范的问题,如何通过价值基准来调和这种可能产生的差异。一方面,任何的法律解释都存在一种价值导向;另一方面,法律解释问题本质上不是一个解释问题,而是一个价值判断问题。司法的目的很大程度上不是弄清楚法律规范的文字内涵,而在于产生什么样的司法判决比较合理,社会可以接受。② 如何消解刑法解释价值冲突路径是刑法学界不得不面对的难题。

在刑法解释立场与规则上的冲突,是解释者追求形式正义与实质正义立场的分歧所造成的。单纯地追求刑法的安定性不能从实质上保障人权,也不能实现法益保护的目的。仅仅追求刑法的妥当性而忽视刑法的安定性,将导致刑法保障机能的偏失,有丧失刑法实质正义的危险。因此,在刑法解释中,"解释者应在形式合理性与实质合理性之间谋求最大的共同价值,在稳定与变动、原则与具体、整体与部分矛盾因素之间寻求一个合理的平衡点。"③如何调和刑法解释立场与解释规则上的冲突,笔者认为有必要在刑法规范解释中建立基于基本情理的公众认同的价值基准。刑法解释主体是一个不断进行互动与对话的解释共同体,刑法解释的过程则是持不同解释立场代表不同利益需求的解释主体对刑法规范的解读。这种解读注定是一场利益平衡的过程,一般来说司法人员更能注重刑法的安定性价值的实现,而社会公众更注

---

① 陈金钊:《法典的意义世界初论》,载《河南大学学报》1994 年第 6 期。
② 参见苏力:《解释的难题:对几种法律文本解释方法的追问》,载《中国社会科学》1997 年第 4 期。
③ 桑本谦:《法律解释的困境》,载《法学研究》2004 年第 5 期。

重刑法妥当性价值的实现。当不同解释主体对解释结论产生冲突时，如何确定价值衡量的标准便是一个具体的问题。

在社会学意义上，"认同"是人们在特定的社会生活和联系中确立自己的身份，并自发地以此组织自己行为的一种社会认知活动。① 刑法中的认同是指对刑法规范的认同。公众的法律认同是指公众基于自身理性及司法实践中法律评判活动的感知，对于法律运行过程中，司法结论与公众预期的心理相一致，从而产生对法律的尊重与认可的一种心理过程。公众的法律认同包括公众对立法的认同与公众对司法的认同。立法的认同关键在于立法本身是否表达了民众意志，司法的认同最为直接的便是裁判结果是否符合公众的预期，司法的认同并不是要求司法以公众预期为导向，而是要求司法的前提是依法裁判。刑事立法的公众认同主要强调刑事立法本身是良法。刑事司法的公众认同主要是指公众对于司法判决的认同和服从。如果刑事判决无法获得公众最低限度的认可，则会激化司法权威与公众期待之间的矛盾。当前造成我国刑法解释公众认同感缺失的原因主要在于个案中的司法结果严重偏离社会常情与常识。"法律被一套复杂的行业语言所垄断，虽然民众不断穿梭各种法律关系之中，却觉得法律离他们越来越远，越来越失去可亲性和可触及性。"②要使社会民众对法官的司法裁判产生认同和服从，则须使得法官思维与民众思维不能距离太远，应形成法律解释共同体的基本共识，这是刑事判决认同的基础和前提。认定刑法规范的理解合理与否，更多应以社会公众的常理性认识为标准。这种常理性认识是一种是非善恶的价值判断问题，是维系社会基本价值准则和个体意义的载体。在某种意义上来看，刑法解释方法是一种情理解释，解释者须吸纳基本的情理价值作出的判决才具有说服力。在司法实践中，严格遵守法律与获得社会公众认同并不是天然的矛盾，两者之间的

---

① 参见王成兵：《当代认同危机的人类解读》，中国社会科学出版社2004年版，第9—16页。
② 舒国滢：《在法律的边缘》，中国法制出版社2000年版，第96页。

融合体现了司法人员在恪守司法规则的前提下将规则背后的基本正义观进行协调,从而维护司法公信力与社会认可的双重利益。刑法规范解释下公众参与理念的坚持有利于刑法解释价值基准的形成。

伽达默尔认为,"理解"的全过程便是一个不同的视域相互运动、交流和融合的过程,即"视域融合"。面对相同的文本,不同的人由于所处的境遇不同,视域就会有差异,基于不同的视域也就产生不同的理解,要达到相互之间的理解,就应该不断地调整自身的视域,在开放自己的视域时也不断地进入他人的视域,实现不同视域之间的融合。① 通过对话和协商,法官才能不断地掌握社会公众对于刑法结论认同和接受的情况,从而不断地调整目标,消解不同利益主体之间的差异性理解。事实上,在我国当前的司法实践中,已经具有一定的对话、协商机制,如听证会、专家论证会、人民陪审制度及定罪量刑意见书等等不同形式的对话与协商实践,但结果并没有消解社会公众对于刑事裁决的抵触情绪。究其原因在于,这样的对话协商机制并没有完全和真实地反映公众的价值诉求。公众参与理念没有统一明确的界定,有学者认为,"所谓参与,就在于让人们有权利参与那些影响他们生活的决策过程,对于公共机构而言,参与是让民众的意见能得到真实的反应,并最终在公开透明的程序中得以体现。但作为一种制度化的公众参与民主制度,应是指公共权力在作出立法、制定公共政策或进行公共事务治理时,由公共权力机构通过开放的渠道听取利害相关人的信息和诉求,并通过反馈和互动使得公众直接或者间接参与公共治理过程。"②

在现代民主制度的设计中,立法者的意志代表了民众的意志,其背后精神是公众基本情理。即"只有常识、常理、常情的法,才可能体现人

---

① 参见洪汉鼎:《理解的真理——解读伽达默尔〈真理与方法〉》,山东人民出版社 2001 年版,第 215 页。
② 蔡定剑:《中国公众参与的问题与前景》,载《民主与科学》2010 年第 5 期。

民的意志,才可能是代表人民利益的法。"①现代法治社会中法律的本质属性决定了公众应参与立法的过程,人们所谓法的恶是由于司法者在作出司法裁判时出现了民众基本是非善恶观念的激烈冲突。造成这种冲突在于法律的适用即法律的解释。公众参与理念中的"对话协商机制"不充分导致多元利益解释主体之间很难达成基本的解释目标。在刑法解释中,实现公众参与的方式可分为制度化与非制度化两种,非制度化方式主要是指,以网络、媒体、报纸等公共媒介方式对刑法解释进行沟通。在信息时代的社会中,非制度化的对话参与机制是不可或缺的,但是其协商的效力却是相对的,只能作为一种补充机制而存在。司法困境的现实告诉我们,提高公众认同、增强司法公信力主要依赖于建立公众参与理念下的制度化公众认同机制。具体而言,应主要建立和完善如下的对话协商机制:

1. 建立恢复性司法机制。在传统的刑事司法制度中,犯罪被认为是对国家与社会利益的侵犯,在对犯罪嫌疑人的追诉机制中更多是站在国家权力的立场,对于被告人的权利基本处于排他性质。该种追诉的观念越来越受到人们诟病,很多人主张建立恢复性司法机制。恢复性司法是指与犯罪行为具备利害关系的各方主体共同参与犯罪处理的一种司法模式。主要在于促进对犯罪行为具有利害关系的各方均能够有效地参与到刑事诉讼的程序过程中,通过对话协商机制直接或者间接地影响刑事诉讼程序的进行。恢复性司法机制符合社会公众参与刑事诉讼的诉求,在司法工作人员、被害人及其他社会机构进行充分对话协商中达成具备常情常理常识的裁判结论,从而实现刑法解释的基本公众认同。世界各国的恢复性司法制度经验主要有刑事和解、刑事调解、诉辩交易等司法形式。在我国当前的恢复性司法机制中也有刑事和解与刑事调节机制等,由于恢复性司法机制理念没有被正式确立,因

---

① 陈忠林:《"恶法"非法——对传统法学理论的反思》,载《社会科学家》2009 年第 2 期。

此造成当前存在着司法公信力不足的现状。

2. 完善人民陪审员制度。人民陪审员制度是我国最具特色的对话协商机制之一,具备联系社会公众与司法人员对话的直接功能。但是,在长期的司法实践中,人民陪审员的遴选制度越来越与一般民众的基本认知远离,人民陪审员的社会背景及知识程度越来越具备与司法人员等同的专业化、精英化,这也越来越制约着公众参与性司法机能的发挥。"陪审团之评议案情、使得法理与情理得以兼顾,且集多数人的智慧与经验,本于良知而为公正之评议,较之法官囿于法律成见,可以减少偏失无端的裁判。"① 人民陪审员制度本身优越性的发挥在于扩大人民陪审员的遴选范围,使其能够真正有效发挥社会公众的参与司法理念,杜绝陪而不审的现状,促使陪审人员对于事实认定、法律适用、刑罚确定等各个司法环节均能发挥其作用,真正构建公众参与、对话协商的司法平台,从而实现刑法多元解释主体对基本情理的司法认同。

3. 完善判决说理制度。司法审判是否具备正当性,能否被当事人及社会公众认同,不仅仅要求审判程序上遵循程序正义,还要求判决书能说明冲突解释冲突,其集中体现在判决书的说理部分。判决书的说理是指法官对判决的依据进行合乎逻辑的说明与解释,判决书的说理过程是法官思维过程的体现,它承载着法官对于法律的解释以及顾及的所有利益相关因素,从而进行综合选择的过程。社会公众最为直观地阅读判决书的说理部分能认真地倾听法官的心声,通过法官的独白能够一定程度上形成社会公众的单方对话。判决书的说理综合了多方解释利益主体的价值需求,通过不同利益诉求之间的对话与协商,最终形成展示在公众面前的判决书。判决书说理的程度直接关系到社会公众参与司法协商的程度,也决定了公众对于司法判决的认同程度。随着司法改革的不断推进,裁判文书不仅应全部公开上网,同时应不断提

---

① 蒋耀祖:《中美司法制度比较》,台北商务印书馆 1976 年版,第 389 页。

高裁判文书的制作水平,特别是裁判文书中的说理部分的重点阐释,这对于建立司法公众认同机制具有重要意义。

三、以人为本的价值需求之于刑法规范解释原则坚守

规则主义又称"法条主义",是指严格遵守法律的确定性原则,排除法官在司法适用中的自由裁量权适用,强调法官依据法律文本规则进行裁判的一种理念。亚里士多德认为,法律的任何方面均应受到尊重,保持其无上的权威,执政人员与公民团体只能在法律规则所不及的个别事例上有所抉择,两者都不该侵犯法律。① 从法律沿革来看,规则主义的盛行是成文法不断发展的结果。古罗马时期的《查士丁尼法典》的编纂消除了罗马法体系的灵活性与适应性,并逐步演变成严格的规则主义。19世纪大陆法系的法典编纂运动使得严格规则主义到达巅峰。然而,严格的规则主义下的刑法解释具有的前提便是规则的完整性与全面性,这是成文法国家的不懈追求。作为成文法国家,我国也选择了法典化的道路,我国的法典化道路不仅保留了严格规则主义,并在对大陆法系国家法律观念移植过程中强化了规则主义的地位。② 1997年《刑法》取消类推制度,确立了罪刑法定原则,使得规则主义在刑法体系中的地位得以确立。有学者认为,1997年《刑法》中罪刑法定原则取代类推制度,社会危害性概念将被逐出注释刑法学领域,在司法领域,对于犯罪构成的认定,社会危害性标准应让位于刑事违法性的标准。当形式合理性与实质合理性的冲突使得一般正义与个别正义无法兼顾时,应维护一般正义。③ 坚持规则主义的刑法解释理念对维护形式法治、建立法律权威具有重要的意义。但是严格地奉行规则主义至上,则司法更像是机械地进行自动售货机式的服务,从而使习惯法解释失去

---

① 参见〔古希腊〕亚里士多德:《政治学》,吴寿彭译,商务印书馆1981年版,第171页。
② 参见谢维雁:《严格规则主义及其对中国宪政之影响》,载《社会科学研究》2001年第1期。
③ 参见陈兴良:《社会危害性理论》,载《法学研究》2000年第1期。

人性关怀。总的来说,笔者认为,规则主义的刑法解释观具有以下的局限:

首先,过分地依赖法律确定性的设定。规则主义的刑法解释强调以法律理性为基础,以法律确定性为预设前提。法律确定性认为在现有的法律规则体系下法律推理的大前提是周延的,可以为具体的刑事个案提供确定的结论。按照规则主义的观点,刑法解释对于行为是否构成犯罪、构成何罪及适用何种刑罚均有明确性的规定,"当一部法典业已确定,就应当逐字遵守,法官的使命便是依据法典判定公民的行为是否符合法律规定。"① 坚持规则主义的学者认为,法律规范具有确定的内容,是一个完整无缺的规则体系,每一项规则便是一个一般性的命题。对于法律规范只有形式逻辑上的推演,并将它们适用于具体的个案,便能产生正确的判决。② 波斯纳认为,对于法律而言,正当性的限度是其推理的部分即可接受性,而不是追求逻辑的精确和道义的精准,它仅仅意味着对话者在特定的环境下交流而得的共识。③ 在司法实践中,规则主义下的刑法解释过分地依赖规则的明确性,从而导致解释刑法的机械性。

其次,局限于文字含义的形式化解释。解释文本的意义需要两种方式:一是语法解释;二是心理解释。前者侧重形式上理解文本的含义,后者侧重从作者创作过程来理解文本含义。规则主义下的刑法解释被认为是严格罪刑法定原则下的刑法规范字面含义理解。然而法律规范用语的模糊性和多义性,使得法律规范本身可以作多重理解,在刑法解释中,对于规范性构成要件要素的解释便是如此。对于刑法规范用语的解释边界问题历来存在很大分歧,有学者主张文义射程说,即对

---

① 〔意〕贝卡利亚:《论犯罪与刑罚》,黄风译,中国大百科全书出版社1993年版,第13页。
② 参见陈弘毅:《当代西方法律解释学初探》,载梁治平主编:《法律解释问题》,法律出版社1998年版,第11页。
③ 参见严春友:《人:西方思想家的阐释》,中国社会科学出版社2005年版,第264页。

于刑法规范含义理解不能超出该用语的最大涵摄范围;有学者主张进行扩张解释和限缩解释,并不进行类推解释,但在具体解释中扩张解释与类推解释之间的界限并不清晰。因此,在刑法解释体系中,文义解释作为一种重要的解释方法,并不能消除文义本身的分歧,因而很难单独完成刑法解释合理性的任务。

再次,过于强调刑法规范的立法原意。规则主义下的刑法解释强调严格遵守立法者制定的法律,法律规则及其意义是立法者所赋予的。探求立法者的原意成为解释法律的正当性前提,遵循立法者的原意才被认为真正实施了法律内涵。事实上就立法原意的存在与否历来便有争论,富勒认为,"我们不断追问立法者的意图,虽然我们知道并不存在,有时候我们会说到立法机构的意图,虽然我们知道支持法案通过的人往往持有不同的意见,一部法律的起草者是一群人,他们并不是协同一致的行动,而且对于准确的目的也没有共同的理解。"[1]即便是承认立法原意的存在,也很难确定立法原意的内容。依据哲学解释学的原理,由于文本的间隔化特征,使得客观存在的法律规范所蕴含的意图和思想不能完全恢复或重构立法者的原意。因此,我们理解文本,并不是去发觉文本呆滞的内容,而是从我们自身的理解出发,去解释文本可能的含义。

最后,忽视权利保障的现实条件。从刑法的保护机能来看,规则主义下的刑法解释存在以下的问题:其一,强调刑法解释应当严格遵守刑法规则而忽视刑法规则的正当性前提即提升人的幸福感。其二,在权利体系中,最高层为人权,刑法中具有保障人权的理念,却没有保障人权的规则,规则主义刑法解释的视野往往看不到刑法规则背后的人权保障理念。其三,规则主义下的刑法解释,注重抽象和形式意义上的权

---

[1] 〔美〕富勒:《法律的道德性》,郑戈译,商务印书馆2005年版,第99页。

利保障,但对司法个案中具体而实质的权利不能进行很好的保护,可能导致非合理性的裁判结论。贝卡里亚认为,"道德的政治如果不以不可磨灭的人类情感为基础的话,就别想建立任何持久的优势。任何背离这种感情的法律,总要遇到一股阻力,并最终被其战胜。"①刑法的解释必须尊重人的基本情感,在规则主义下的刑法解释往往更加注重严格适用刑法规定,而忽视了刑事判决的结果对于公众基本法情感的影响。当刑法解释与适用完全忽视民众的法情感与法期待时,刑法的伦理基础将逐渐崩塌,最终会失去民众对于司法的信赖与支持。

  规则主义在刑法中的诸多局限,根本原因在于忽视人本因素对于刑法规范解释价值的填充作用。在西方国家,人本主义思潮理论众多,各有重点,但也有一些共同的价值点:(1) 强调人的自主性和能动性,认为人在其与世界的关系中居于主导地位;(2) 注重人的全面发展,主张人是目的而非手段,强调人性的回归。坚持人本主义的刑法解释论具有重要意义。首先,人本主义确定了刑法解释的目的和方向。一般认为,人本主义倡导"以人为本"的基本价值观,而这种价值观也适用于刑法解释。人本主义精神便是主体精神,其核心是将人作为评价一切的标准,把人看作是价值的中心。人本主义刑法解释观包含:(1) 人是刑法解释的价值主体,即刑法的制定与解释均是为了实现人的幸福感,如普罗泰拉说,"人是万物的尺度,是存在者存在的尺度,也是不存在者存在的尺度。"②(2) 人是评价的主体,评价刑法解释结论是否公正与合理。作为一种规则形式,刑法最基本的目的是保证人类的生存权,对于危害人类生存基础的行为,通过国家刑罚予以惩罚。通过剥夺最小利益来实现对人类整体利益最大化进行保护才符合刑法的人本主义精

---

① 〔意〕贝卡利亚:《论犯罪与刑罚》,黄风译,中国大百科全书出版社1993年版,第13页。
② 北京大学哲学系外国哲学史教研室编译:《西方哲学原著选读》(上卷),商务印书馆1981年版,第54页。

神。耶塞克认为,"刑罚绝不能轻易适用于凡无公正之处,只能适用于维护社会利益必不可省之处。"①因此,刑法解释应以人的基本需求和社会基本和谐为目标。

其次,人本主义确立人权在刑法规范解释中的地位。罪刑法定原则被认为是体现刑法人权保障功能的重要原则,事实上,刑罚最基本的功能便是适用严厉的制裁措施惩罚犯罪人,刑罚所剥夺的是人的基本权利——生命权、自由权和财产权。如何协调刑法保障人权和剥夺人权的矛盾?《世界人权宣言》第29条规定:"(1)人人对社会均负有义务,因为只有在社会中他的个性才能得到自由和充分的发展。(2)人人在行使他的权利和自由时,只受到法律所确定的限制,确定此种限制的唯一目的在于保证旁人的权利和自由给予应有的承认和尊重,并在一个民主的社会中适应道德、公共秩序和普遍福利的正当需要。"因此,人本主义在刑法规范解释中具有重要的地位。

再次,人本主义解决刑法中的知识来源问题。从19世纪批判黑格尔思辨的理性思维以来,现代刑法学形成两种不同的范式:一种是科学主义范式,即采用知识论的标准,从理性的角度去衡量社会利益学;另一种是人本主义范式,即采用意义的标准,从生存意义上去衡量社会利益。人本主义范式的刑法解释获得赞同。首先从知识基础而言,对犯罪与刑罚的认识既依赖于解释者自身的经验,又受制于刑法理论的发展,因而其认识具有历史性和条件性。从知识目标而言,对犯罪与刑罚的认识既存在主观的建构,又有对作为研究对象材料的客观描述,无论是主观建构还是客观描述,都力求以一种更清晰的方式再现社会现实意义。在知识特征上,犯罪和刑罚的理论均追求普遍的知识,也追求个性的知识,但更倾向于追求普遍的知识。因此,从认识论上,以人为本

---

① 〔德〕汉斯·海因里希·耶赛克、托马斯·魏根特:《德国刑法教科书(总论)》,徐久生译,中国法制出版社2001年版,第194页。

的刑法解释观强调对人自身价值与存在意义的理解和认同,需要基于人性主体框架而不是客体框架,大体一致地认识并解释犯罪与刑罚问题。以人为本的架构内,对人生的意义和价值的理解构成了知识的重要来源,对犯罪与刑罚的认识是对人生价值和意义理解的结果。在当前我国的社会结构与意识形态下,只有坚持以人为本的框架,多元利益主体的需求才能从人的基本理念出发在公平与理性中得到平衡,刑法解释合法性与化解社会矛盾才能得到统一。人本主义强调对人生的意义理解,在此基础上构建的犯罪与刑罚的知识不再是完全客观的知识,而是利益共同体达成的基本认同,这对刑法知识的公共性和稳定性具有重要意义。这种公共性支撑着多元利益主体之间的不同价值取向。总而言之,科学主义范式以知识论为核心,为刑法解释者提供了科学性的理性思维知识。人本主义范式以人的意义为核心,为刑法解释者提供了价值目标方向。将两种范式相结合,明确刑法解释目标,从而正确解释刑法。

最后,刑法解释应当坚持人文关怀价值。马斯洛将人的需求分为五个层次,即生理需求、安全需求、社交需求、尊重需求和自我实现需求。行为人实施某种犯罪行为在于满足特定的需求。人的具体需求是迥异的,社会无法满足所有人的个别化需求。当行为人无法通过社会所能容忍的方式满足自己的需求时,便会进一步采取社会所不能容忍的方式满足自己的需求,当其违反刑法时,便要受到国家刑罚权的制裁。从某种意义上讲,每一种犯罪都有其可原谅的动机。特别在某些特殊的情形,行为人为了满足其特定需要而违反刑法,但其行为却能够为社会所理解或宽容,出于人性的关怀,可对行为人从宽处罚,这是刑法学理论中的期待可能性所阐述的内涵。刑法解释应当注重公众情感,刑罚是国家所适用化解社会整体与公民个体利益冲突的工具,它往往涉及对公民个人权利的限制或剥夺。在司法实践中,对于具体个案如何适用刑罚既满足了社会整体利益与秩序的保护，又能最低限度降低犯罪人的利益剥夺，才是最佳的刑罚适用。如果不合理地解释刑法，与民众基本的法正义感相违背，将造成民众心理的不安全感和焦虑。但坚持人本主义的刑法解释观可以有效地协调社会利益与个人利益之间的冲突。

第三章

刑法适用解释下的利益平衡需求

第一节 刑法适用解释的利益博弈

一、司法能动主义与司法克制主义争议

20世纪,随着社会的快速发展,成文法典无法跟上不断变化的社会需求,大陆法系国家开始讨论能动司法问题,如果法官仅仅依据传统的法律逻辑机械地运用法律规则进行裁判,将可能导致明显不合时宜的裁判结果而显得不公正。司法被赋予新的社会职能,大陆法系自由主义法学、利益法学对历史法学、概念法学进行反思,将司法从自动售货机式的裁判过程中解放出来,"法官解释法律"及"司法在某种程度上具有能动发展法律功能"的理念逐渐为人们所接受。① 当前,在学术层面上对能动司法的研究呈现出两个特点:一是从西方司法能动主义到我国的能动司法,均会从"马伯里诉麦迪逊案"谈起,在用语上,也将能动

---

① 参见〔美〕E.博登海默:《法理学:法律哲学与法律方法》,邓正来译,中国政法大学出版社2004年版,第563页。

司法与司法能动主义相混淆。二是论者往往根据其对西方司法能动主义的认识和理解对中国的能动司法进行评价,并截取西方司法能动主义的某一特征,类比到中国的能动司法,从而得出相关结论。① 这种情况使得讨论的问题往往不在一个层面上,这不仅无法进行有意义的实质性讨论,也使得能动司法的研究变得模糊。因此,对于中国语境下的能动司法与西方司法能动主义之间关系进行厘清,从而进一步开展对中国的能动司法的研究显得非常必要。

首先,司法能动主义内涵的多义性。在进行法律问题研究时,卡多佐曾言,"一条古老的法学格言说,危险潜伏在其定义中。"② 在西方法学语境中,司法能动主义是一个具有多种含义的概念,并且也是一个使用上较为混乱的概念。③ 根据使用的语境,大致可将其含义分为三种:一是违宪审查语境下的司法能动主义。主要在"马伯里诉麦迪逊案"的判决结果中体现,认为司法对于立法与行政行为具有合宪性实质审查的价值判断力,尽管此后司法能动主义不断发展变化,直至今天,司法能动主义在很多场合仍被特指违宪审查的司法态度,很多反对司法能动主义的人在很大程度上是反对其违宪审查的司法立场的。二是现实主义语境下的司法能动主义。在此意义上的司法能动主义具有四个特征:(1)将社会目标的实现作为司法所追求的目的,认为司法的一切活动均以社会目标实现为出发点。(2)法律规范和司法先例不再是司法裁判的唯一依据,而应充分在价值、利益、规则之间进行衡量与妥协。(3)在具体的司法方式上,灵活地运用各种方法而不是机械地局限于某种形式。(4)法官在进行司法裁判时,更主动地开展司法活动,拥有更多的自由裁量空间。三是混合语境下的司法能动主义。西方法律辞

---

① 参见顾培东:《能动司法若干问题研究》,载《中国法学》2010 年第 4 期。
② 〔美〕本杰明·N. 卡多佐:《演讲录:法律与文学》,董炯、彭冰译,中国法制出版社 2005 年版,第 22 页。
③ 参见罗东川、丁广宇:《我国能动司法的理论与实践述评》,载《法律适用》2010 年第 2—3 期。

典中司法能动主义的定义通常包含违宪审查和实用主义两个方面内涵,只是在不同语境下侧重点不同。在《美国法律辞典》的定义中,司法能动主义侧重于违宪审查内涵,主张法院优先适用自己的政策而不是立法机关或行政机关的政策。在《布莱克法律辞典》的定义中,对司法能动主义则侧重于实用主义,司法机关对于法律解释的结果更加倾向于回应当下的社会现实和社会发展的趋势,而不拘泥于成文法或先例所可能产生的不合理结论。① 结合西方司法能动主义的多种含义,中国语境下的能动司法主要在实用主义方面发生重合,基于不同的司法制度,这种重合也是存在限度的。因此,并不能将西方司法能动主义与中国的能动司法相混淆,而应在中国语境下充分把握能动司法的内涵。

其次,能动司法的对应:司法克制主义还是法条主义?关于能动司法的另一个视角便是,能动司法所对应的司法意识形态是司法克制主义还是法条主义。在西方文献中,一般认为司法克制是司法能动主义的对应。与司法能动主义相类似,司法克制的内涵并不确定,《韦伯斯特法律辞典》中司法克制的定义,"是指案件应按照尽可能狭窄的依据进行裁判,而无需考虑不必要的问题,尤其是政治性或社会性争执的学说。"《奥兰法律辞典》认为司法克制"与司法能动主义相对立,排斥法官个人的意见,严格依据先例进行裁判并得出结论。"能动司法与司法克制在一定意义上是相对应的,但并不是完全对应。能动司法所强调的是司法本身的积极主动态度,在司法实践中既可以表现为积极作为,也可表现为自主性不作为。司法克制所突出的是司法本身的保守形式,在司法实践中主要表现为自主性不作为。基于司法本身特点,在司法过程中,除对某些特定的事项,法官没有进一步克制的必要。法院或法官在司法活动中所秉持的中立、被动的特性不应被认为是"司法克制"。

---

① 参见顾培东:《能动司法若干问题研究》,载《中国法学》2010年第4期。

能动司法应对的是法条主义,能动司法在法技术层面主要克服法条主义的缺陷。法条主义主张,法律的社会价值已经通过立法包含在法条规范中,法官严格依据法律规范裁判,便能保障法律的社会价值实现。法条主义要求法官恪守法律规范的确定性并据此评价司法行为的合法性,同时把司法活动确定为封闭、自洽的逻辑推理过程,"理想的法条主义决定是一个三段论的产品"①。此外,法条主义不关注司法过程中社会需求的正当性,排斥对法条进行实质性的审视,拒绝考虑具体司法活动中的特殊情景的差异性。法条主义的主张与能动主义的观点相对立,在西方哲学史上,崇尚能动主义的实用主义法学与坚持法条主义的规范法学是近现代法哲学史两个重要的对立阵营。波斯纳曾言,在过去的几十年中,法条主义"饱受实用主义的批判,法律经济学家的摧残",因此,"法条主义的王国已经衰落,它仅限于普通案件,如今允许法官做的事情很多"②。在我国的司法中,能动司法在法律基础领域所要解决的是如何克服法条主义的局限。笔者认为,在中国语境下能动司法对刑法适用解释的影响应注意以下两点:

1. 追求社会目标的实现作为司法的基本导向。当代司法能动主义源自于"法官不得以任何理由拒绝裁判",法官无法回避对案件进行审理,同时,应充分行使司法权将抽象的法律规则具体化,特别注重维护社会公平、保障人的尊严,为各种社会不公提供司法救济。③ 立法者智慧的有限性被越来越多地意识到,这在一定程度上默许了司法权的职能发展。一方面,立法机关对于社会治理的全能性职责已经无力承担;另一方面,官僚主义、家长式的行政国家导致了严重的社会问题。对于这些问题的矫正需要司法机关主动介入其中进行平衡。注重司法行为

---

① 〔美〕波斯纳:《法官如何思考》,苏力译,法律出版社2009年版,第38页。
② 同上书,第1页。
③ 参见〔美〕克里斯托弗·沃尔夫:《司法能动主义——自由的保障还是安全的威胁》,黄金荣译,中国政法大学出版社2004年版,第3页。

的社会效果,将具体化的司法行为与司法活动放入社会目标的实现的背景中予以考虑。能动司法所体现的便是这样一种理性的思维模式。在这种思维和理念的指引下,具体的司法技术与方法便具有价值色彩。能动司法不应被认为是特殊情景下的司法活动的权宜之计,也不是特殊案件情况下的个别化处理。作为一种司法理念,能动司法贯穿于司法机关的所有司法活动。所谓"法官造法",其实质是法官对法律进行解释,而非充当立法者角色。基于司法程序的消极性与法官的中立性,法官是无法成为立法者的。此外,法官受制于信息不足、裁判效力的局限性,"法官造法"本身具有先天性不足,因此不能夸大司法能动性的功能,不能随意扩大"法官造法"的范围。①

2. 以多元社会规则、社会价值作为司法的考量依据。能动的司法并不纵容法官创制新的法律规范或超越法律规范,但也不是将形式法律规范作为唯一的司法准则,而是强调多元社会规则、社会价值的综合考量作为司法的依据。这是由我国社会规则体系复杂性所决定的,我国社会规则体系主要由法律规范、政治力量及社会力量三大体系构成。当社会生活现实受制于这种复杂的规则体系时,司法本身无法回避,司法是社会生活的延续,社会生活所依据的规则必将成为司法的考量。我国正处于社会转型期,各种对抗与冲突呈现复杂状态,这背后蕴含着政治、法律、道德等不同价值需求,因此司法对于多种价值需求的判断与衡量便显得尤为重要。两大法系经历了从极端司法克制到一定程度承认司法能动主义的发展过程,大陆法系国家基于三权分立原则,为了防止司法权的泛滥,严格限制法官的裁判权,严禁法官以法律解释为名篡改立法者的意图,从而侵犯立法权。注释法学派、历史法学派、潘德克顿法学派及概念法学派均是该时代的产物。休谟认为,真正指导人们行动的不是规则、必然性的东西,而是人们的习惯。这种习惯存在于

---

① 参见〔意〕莫诺·卡佩莱蒂:《比较法视野中的司法程序》,徐昕、王奕译,清华大学出版社2005年版,第47页。

人们对自然的看法中,也存在于人们对于道德和法律的看法中。法律概念是建立在一种本能之上,建立在一种主观的、多方面受幻想支配的道德感上,法律并没有绝对的效力。因此,陪审员只按照自己心理感受,按照自己的习惯进行相应的判断,正是如此,波斯纳说,"判案要靠直觉"①。尽管认为法官在一定程度上,"不得不依据自己的意志对法律进行解释,而不是依据立法者的意思运用法律",更有甚者,认为"法官在行使立法权",司法权是无法取代或者超越立法权的,司法能动是在司法克制规范下的自由裁量,换言之,法官是基于司法克制原则的司法能动。两者并不矛盾,而是法官在进行自由裁量时应受何种限制,沃尔夫认为,司法能动主义者强调法官要"实现正义",应减少对司法的限制;司法克制主义者强调民主国家对于司法的应有限制。不能据此认为,奉行司法能动主义的法官是在立法,而奉行司法克制的法官仅仅在解释宪法,两者的侧重点不同,但不存在根本立场上的对立,这是一个程度差别问题而非不同性质问题。② 边沁认为,当认为"尽管法官名义上是在宣示现行法律,但事实上可能却是在创制法律"时,这里存在一个预设的前提:法官解释法律与创制法律之间并没有性质上分野,只是一个创制程度的问题,以及法官造法模式、限度和接受程度的问题。③

二、保护社会与保障人权刑法价值选择

刑法机能,是指刑法在司法适用过程中体现出来的功能和作用。过去有学者提出过刑法机能,但实质上考察的更多的是刑罚的机能,即刑罚的教育功能或报应功能,刑法作为社会控制的手段,其本身的目的及作用关注的并不多。不能充分把握刑法本体在司法适用过程中所体

---

① 陈小文:《程序正义的哲学基础》,载《比较法研究》2003 年第 1 期。
② 参见[美]克里斯托弗·沃尔夫:《司法能动主义——自由的保障还是安全的威胁》,黄金荣译,中国政法大学出版社 2004 年版,第 2 页。
③ 参见[意]莫诺·卡佩莱蒂:《比较法视野中的司法程序》,徐昕、王奕译,清华大学出版社 2005 年版,第 4 页。

现的具体功能,便很难掌握刑法的目的与任务。刑法的机能是多方面的,如果侧重某一方面的机能,将导致对整个刑法体系及刑法解释学产生不同的理解。

首先,刑法保障机能的实现。刑法最主要的机能是保障机能,它追求的是罪刑法定原则所体现的刑法安定性。西方有学者主张,刑事法律所要规制的不是罪犯,而是国家。也即,尽管整个刑事法律体系均是针对犯罪及刑罚的规定,事实上它的对象却是国家。[①] 将对社会进行控制的主体作为规制的目标成为近现代刑法最主要的机能,其目的便是对人之为人的最基本权利即人权的格外重视。刑法便是要以预先明确的成文方式对关于犯罪与刑罚的规定进行合理的规定,来限制刑罚权的发动,防止国家任意地发动刑罚程序对人权可能造成的侵害。由于权力本身具有天然的扩张倾向,完全有必要将刑法的保障机能作为绝对的原理来看待。[②] 依据罪刑法定原则可以派生出排除习惯法、禁止事后法、禁止类推解释、禁止绝对不确定刑期作为派生原则,在形式上维护刑法的保障机能,同时,依据刑法明确性原则及刑罚的适当性派生原则,在实质上维护刑法的保障机能。

其次,刑法保护机能的实现。刑法的保护机能,是指通过对违反刑法的行为科处刑罚,对已然的犯罪行为进行处罚,对未然的犯罪行为进行警示,从而发挥刑法所要保护的利益或价值的机能。从实践刑法的保护机能角度来看,最为理想的方式是将所有一切的利益、价值均纳入刑法的保护范围内,这样的结果是将许多本来处于道德领域的伦理行为也纳入了刑法的规制范围,从而混淆了法律与道德之间的界限,也违反了刑法作为保护法益的手段处于补充性的地位。因此在刑法的保护机能的具体范围上,需要依据保护机能自身的特征与目的,对保障机能

---

① 参见李海东:《刑法原理入门(犯罪论原理)》,法律出版社1998年版,第3—4页。
② 参见黎宏:《刑法的机能和我国刑法的任务》,载《现代法学》2003年第4期。

与保护机能之间的关系进行综合考量。

一般认为,刑法所要保护的是法益,因此有必要就法益的实质内涵进行研究。法益,是指值得通过刑法加以保护的生活利益。鉴于法益是关乎共同生活的利益,因此需要将与共同生活无关的道德、伦理及政治等价值在法益中予以剔除。就法益的类型,有个人法益、社会法益及国家法益之分,并且个人法益处于优先地位。保障机能与保护机能之间的关系主要通过妥当性原则加以调节,刑罚法规内容的妥当性,意味着刑罚的处罚必须是具备明确性与充分的依据。刑法的保护机能也为刑罚的必要性提供了依据,此外,刑法的保护机能并不能单独发挥作用,必须受到罪刑法定原则的制约,即使存在法益侵害的客观情形,但"法无明文规定不为罪、法无明文规定不处罚"。刑法的保护机能须在刑法的保障机能范围内才能发挥作用。

刑法将保护法益作为其目的,故在此意义上来说,有利于被告人不应成为刑法立法原则,并且任何刑法解释均应以实现刑法目的为前提。既然刑法以保护法益为其目的,在刑法规范适用存在疑问时,罪疑唯轻将不再成为刑法解释的唯一选择,出于对法益的保护,对某一刑法规范进行扩大解释,即便如此对于被告人不利,也是被允许的。如果在刑法适用存在疑问的情况下,一概作出有利于被告人的解释,这在刑法理论与实践中无疑是不可思议的。从司法实践层面来看,就刑法规范适用的法庭辩论中,辩护律师所持的解释无疑是有利于被告人的,如果一味地采信辩护律师对于相关刑法规范的理解,无疑是荒谬而不切实际的。从刑法理论层面来看,刑法条文存在适用上的疑问,决定了解释结论的不确定性和无价值性,也即刑法解释结论既可以有利于被告人,也可能对被告人不利,这是刑法解释本质所决定的。如果所有存在疑问的犯罪行为均援引"法无明文规定不为罪",那么刑法解释在理论上便没有存在的意义。

有学者认为,"在刑法领域确定罪刑法定原则后,我们的刑法观念应发生改变:从强调社会保护机能向注重人权保障机能转变。"①认为罪刑法定主义确立了人权保障观念,使得刑法的权利保障机能现实化,在惩罚犯罪行为时,刑法中的权利观念应该优先,刑法应注重保护被告人的基本人权,防止无辜的人受到国家刑罚机器的侵害。学者们基本认为,如果重视社会保护机能,则人权保障机能将减弱;反之,如果强调人权保障机能,则社会保护机能将弱化。

上述理论看似清楚,但仍有值得商榷的地方。

首先,刑法的最终目的是维护社会秩序,保障公民权利也是为了维护社会秩序之稳定,两者在目的上是一致的。"处于二律背反关系的并不是维持社会秩序和保障人权,而是保护法益与保障人权,如果注重人权保障的话,将导致犯罪的增多,故不能有效保护法益。对于保障人权与保护法益,重此轻彼均会导致国民对于社会秩序的稳定的信赖,故而可能导致社会秩序的混乱。因此,只有协调两者,使其平衡,刑法才能充分发挥其社会秩序维护功能。"②其次,公正的刑罚是维护社会秩序与保护公众利益所必不可少的条件。作为调整社会关系的重要手段,刑法首先应考虑的是社会保护与社会防卫,即通过刑罚维护国家的存续和稳定的社会秩序,不然,刑法将失去其合法性与必要性基础。慎用刑法作为一种追求,并不意味着最大限度地限制刑罚适用,便是最大限度地保护人民的利益。因此,重要的不是慎用刑罚,而是全面了解刑罚的限度,实质性判断具体行为的可罚性。最后,民主主义是罪刑法定原则重要的思想来源。它是刑法效力的合法性基础。刑法以保护法益为目的,正义所关注的不仅是被告人,还包括被害人。刑法是最低限度的道德要求。

刑法解释应当最大限度内实现"刑法规范内的处罚正义",即在刑法规范文字的可能范畴内,寻求保障人权与保护法益之间的平衡,从而

---

① 陈兴良:《刑法适用总论》(上卷),法律出版社1999年版,第17页。
② 〔日〕大谷实:《刑法讲义总论》,黎宏译,中国人民大学出版社2008年版,第8页。

实现刑罚的正义。因此，当某一处罚既实现了实质正义性要求，又没有超出某一规范内涵在国民的可能预测范围，那么该刑法解释便是妥当的。例如，《刑法》第213条规定，假冒注册商标罪是指未经注册商标所有人许可，在同一商品上使用与其注册商标相同的商标，情节严重的行为。根据司法解释，"相同"的商标是指与被假冒的注册商标完全相同，或者与被假冒的注册商标视觉上基本没有差别，足以对公众产生误导的商标。该司法解释既能有效地实现对相关行为的处罚，同时也符合国民对于相同商标所具备的认识，因此，这是一个妥当的司法解释。"存疑有利于被告人"不能成为刑法解释的判断，并不意味着刑法解释应朝向不利于被告人进行解释。因为刑法目的是保护法益，这里的法益既包括可能遭受行为人侵害的法益，又包括可能遭受国家刑罚权侵害的法益。当解释者面对存在适用疑问的司法解释时，应客观、全面衡量处罚的必要性。

三、罪刑法定原则与社会公众认同缝隙

首先，当前的刑法理论认为，司法者只要运用法律逻辑与法律解释技术即可获得相应确定的公正判决。在司法实践中，对有些案件存在重大分歧，不论是主观解释论者与客观解释论者，抑或是形式解释论者与实质解释论者，所得出的解释结论会因缺乏说服力而受到社会公众的质疑。刑法解释理论为司法实践提供的解释结论缺乏社会接受力，然而刑法的适用又是一个无法回避的现实，于是便存在司法机关为了寻求法律逻辑与现实需求的平衡而作出选择性判决或变更适用罪名与刑罚，但这具有背离刑法基本原则与精神的危险。

其次，当前的司法实践中，刑法解释具有一个相对完整的逻辑体系对刑法规范进行适用，将公众认同因素排除在该逻辑体系外。在刑法规范中预设了某种正义内涵，在具体个案中，按照一定的刑法解释规则与法律逻辑便可以将隐含在刑法规范中抽象的正义予以现实化。这种

刑法价值实现机制限制了司法人员主观能动性空间,排除公众在刑法适用中的利益诉求。"人类的绝大多数行为都是非理性的,是被情感而非逻辑所引导"①。刑法解释作为人类重要的司法行为,既包含法律逻辑与规则等理性因素,也包含司法者情感、价值取向等非理性因素。不同的解释者面对相同的解释对象,基于不同的解释理念和解释立场,将得出不同的解释结论,因此刑法解释并不是纯粹客观的司法行为。在价值多元化的今天,理性主义为基础的刑法解释,无法将公众认同的利益诉求排除在外,而得出合乎实质正义的解释结论。但如何防止司法人员利用公众认同刑法利益诉求进行任意解释,从而产生背离刑法基本原则与精神的结果,则需要深入研究。

刑法的解释目标应依据罪刑法定原则的意旨及其制约下的刑法文本的应有内涵综合而定,与此同时,应注重该刑法规范适用下的法律语境。罪刑法定原则最初的提出,是为了追求刑法形式的合理性,实现限制国家刑罚权,从而保障公民人权,因此主张成文法主义、禁止溯及既往、禁止类推、禁止刑罚的不确定。随着法治社会的不断推进,传统严格规则主义下的罪刑法定原则也越来越凸现其不足,罪刑法定原则也发展到了相对罪刑法定主义,有利于被告人的类推及扩大解释逐渐被认可,有利于被告人的溯及既往也逐渐被接受。现代罪刑法定主义没有改变保障人权,限制刑罚权的价值诉求,刑法对于法益的保护与人权保障机能的双重利益在不断博弈中获得平衡,从而实现社会的整体正义。

依据罪刑法定原则,一方面,"法无明文规定不为罪",只有当行为符合刑法明文规定相应规范的构成要件,即具备构成要件符合性时,才可能被认定为犯罪,罪刑法定原则将不符合构成要件的行为排除在刑法规制范围之外,具备法外禁止入罪机能。另一方面,从"法无明文规

---

① 袁林:《公众认同与刑法解释范式的择向》,载《法学》2011年第5期。

定不为罪"并不能推出,"法有明文规定即为罪"。当某一行为在形式上符合构成要件该当性的规定时,仍然需要从实质的角度考察行为的违法性与可罚性,追究行为人刑事责任须满足形式合理性与实质合理性的双重要求,这是罪刑法定原则法内出罪正当化的解释机能。①

现代罪刑法定原则具有形式合理性与实质合理性双重价值利益诉求,司法人员在进行刑法解释时,一方面,应当尊重立法者通过刑法规范文本所表达的原意,刑法解释的结论必须在刑法形式规范的基本内涵之中,这是形式合理性的最低要求;另一方面,在罪刑法定原则所追求的刑法可预测性与法的安定性前提下,基于实质合理性的需求,对个别案件所适用的刑法条文进行实质的刑法解释。这里的个别案件主要涉及两种情况:(1)依据刑法规范文本进行直意解释,所得出的结论是显著荒谬的,允许超越刑法规范的直意依据客观的需要进行适当的扩张解释,但不能超越刑法规范所可能涵盖的语义范畴。这种扩张解释所得的结论并不一定有利于被告人,也可能产生对被告人不利的后果。(2)当某一行为在形式上符合刑法相应规范的构成要件,但缺乏实质的可罚性,允许超越习惯法规范的立法原意,根据实质合理性的需要,在刑法解释目标的指引下,在刑法规范客观内涵的基础上作出阻却刑事责任的去罪化解释。如果司法者固守所谓的立法原意,形式化地适用刑法文本,将可能得出与社会情状、基本正义观相违背的结论。

笔者认为,罪刑法定原则并不天然地与社会公众认同之间存在矛盾,社会公众认同作为一个弹性机制是可以进行引导与调节的,同时罪刑法定原则重要的价值便是实现公民人权的保障,"认同"在一定程度上便体现了公民对于善良刑法的认可,这也是罪刑法定原则所追求的。从心理学角度来说,认同是个体基于一种理性与感性的理解与分析,对

---

① 参见梁根林:《事实上的非犯罪化与期待可能性——对安乐死出罪处理的路径及其法理解读》,载《中外法学》2003年第3期。

某一事物在内心深处形成潜在的认可,接受以至尊重、服从。① 从社会学角度看,认同是人们在一定的社会生活中产生的自我归属感,在社会联系中确定自己的身份,自觉遵守一定的组织规范的社会认知活动。②认同是将社会生活中的人们组织在一起的重要凝聚力。通过认同,人们构建自身社会上的主体性,并获得一种归属感,从而维护整个社会体系的稳定与良性发展。③刑法解释的公众认同主要是指公众对于刑法解释结论在心理上的认可与接受,主要包括两方面的内容:一是刑法解释的通识化,即运用一般人的常识经验和通俗的语言,对于刑法规范的内涵进行感性的描述与说明,使人们在共通的认知基础上,理解、接受并遵守。④ 二是刑法解释的合理性,要求刑法解释应基于正义性要求,依据真实的事实材料作出合乎刑法规范目的的法律推理,并使得其在大体上能获得社会的认可与接受。⑤

刑法解释的公众认同所体现的是社会公众对于司法活动及其结论的接受,是对司法的尊重与服从,这可以建立公众对司法的信任,对自身权利形成归属感。有学者认为,"司法机关与社会民众之间的关系,主要体现在民众对司法裁决的认可,如果司法裁决经常性地背离公众对于法律的通识理解与预期,将可能产生两种负面效应:要么社会民众不信任法律,要么社会民众恐惧法律。无论哪一种结果,都不利于培养公众的司法认同感与归属感。"⑥刑法解释缺乏公众认同,最直接的原因是司法裁判的结论偏离了公众基于朴素的法感情所得出的价值判断。这不仅破坏了司法的公信力,同时也不利于司法裁决的执行。刑法解释作为重要的司法活动,其追求的正义价值不应只是刑法法条表面上

---

① 参见齐聚锋、叶仲耀:《刑法认同漫谈》,载《当代法学》2001年第11期。
② 参见王成兵:《当代认同危机的人学解读》,中国社会科学出版社2004年版,第9—16页。
③ 参见谢新竹:《论判决的公众认同》,载《法律适用》2007年第1期。
④ 参见王钧:《刑法解释的常识化》,载《法学研究》2006年第6期。
⑤ 参见俞小海:《刑法解释的公众认同》,载《现代法学》2010年第3期。
⑥ 游伟:《司法裁决与公众民意之互动》,载《人民法院报》2009年3月16日第5版。

的正义,更应以一种实质的方式为社会民众所接受或认可。因此,刑法解释过程中,在遵循刑法基本逻辑的前提下,必须要将公众的基本价值判断、文化认同等因素考虑在内,从而在刑法规则主义与刑法公众认同之间寻求平衡,并最终实现罪刑法定原则下公众对于刑法判决的认可。

第二节 刑法适用解释的价值判断

一、弥补法律文本自身缺陷的利益需求

通过自由法学与概念法学的大辩论,法律存在着漏洞已经成为世界各国判例与学说公认的事实。拉伦茨认为,法律漏洞主要包括两种:一是法律对于其调整范围内特定的案件类型缺少适当的规则;二是针对特定的案件,依据法律可能的字义,似乎已经包含了可供选择使用的规则,然而,依据该规则的意义与目的,却并不适合该特定案件。第一种漏洞称为"开放的漏洞",第二种漏洞称为"隐藏的漏洞"。如果就特定类型的案件,法律欠缺可供使用的规则,而事实上依照其目的本应包含该规则的情形时,即有开放的漏洞存在;与此相反,如果就特定类型的案件,法律虽然具有可供选择的规则予以适用,但在评价上却没有考虑到该类事件本身的特质,因此,依据该规则的意义和目的,将其适用于特定的事件并不适宜,于是便存在隐藏的漏洞。[①] 换言之,法律事实上已经就某一事件设置了适用规则,但该规则并不能合理地适用于本案,法律本来应该将这种案件类型从拟制调整的类型中去除。之所以称其为"隐藏的漏洞",是从表面上看欠缺某一法律规则可资适用,但实质上却是仅需对该法律规则进行相应的限制。

拉伦茨认为,理解法律漏洞需要特别注意区分法律"有意识的沉

---

① 参见〔德〕卡尔·拉伦茨:《法学方法论》,陈爱娥译,商务印书馆2003年版,第254页。

默"与"无意识的沉默"。对于立法者有意识选择的沉默,并不能成为法律的漏洞,司法者也不能进行自作主张进行"弥补"。例如,《刑法》第17条规定,已满14周岁不满16周岁的人,犯故意杀人、故意伤害致人重伤或者死亡、强奸、抢劫、贩卖毒品、放火、爆炸、投毒的,应当负刑事责任。因此对于已满14周岁不满16周岁的人实施绑架行为不能认定其构成绑架罪,即便绑架行为具有客观意义上相当的社会危害性。因为这是立法者有意的沉默,司法者对于这种沉默不能通过解释刑法而使得其处罚范围扩大。相应的,只有在立法者由于主客观原因存在疏忽未能预见到应预见的犯罪类型或者由于社会情势的变更,导致原本法律调整该规范范围发生改变从而导致法律规则适用上的欠缺,才属于真正意义上的法律漏洞,这是成文刑法不可避免的本身缺点所导致的。此时,为了维护个案的公平,司法者在适用相应规则时候,在规则允许的范围内进行扩张性或缩小性的解释,使之能合理地运用于该特定的案件。例如,《刑法》第363条第2款规定的为他人提供书号出版淫秽书刊罪与出版淫秽物品牟利罪,只规定了为他人提供书号,出版淫秽书刊的行为类型,行为人因为过失为他人提供出版号,出版淫秽录像带等音像制品的行为并没有予以规定。但可以认为这是立法者存在漏洞,司法者对于为他人提供书号出版淫秽录像带的行为,应通过合理的扩张解释将其纳入该规则的适用之中。

对于隐藏性法律漏洞,即法律应当就某种行为类型进行恰当的规定但由于主客观等原因没有规定的情形,可以通过类推解释与目的性扩张或限缩的解释方法来弥补。类推解释是指对于法律没有规定的事项,比附援引与其性质最为类似的规定进行理解适用的方法。目的性扩张或者限缩解释适用于将现有的法律规则进行扩张或者限缩,使其能够对现实中某种类型行为予以合理地适用。类推解释与目的性扩张或限缩解释的相同之处在于,两者均是将现有的法律规则通过某种形式的转变,使其适用于本不能适用的某种类型化行为。两者的不同之处在于类推解释超越了法律的可预测性,违反了罪刑法定原则,因而在刑法解释中是不被允许的。目的性扩张或限缩解释由于是对现有法律规则依据法律目的在法律条文允许的范围内进行适当的扩张或限缩,使得由于立法者疏忽而未能包含却应包含的行为类型得以通过刑法解释将其包含在其中。这种解释并没有超出刑法的可预测性,也不违反罪刑法定原则,因而,在刑法解释中是被允许适用的。例如,将"淫秽书刊"扩张解释为"包括电子音像形式的淫秽物品"、将"抢劫金融机构"扩张解释为"包含抢劫运钞车"。不可否认,类推解释与目的性扩张与限缩解释在客观上的区分是模糊的,但这并不意味着两者之间没有区分的可能性。司法者在应对具体案件事实时,须保持谨慎而客观的态度,慎重地适用不同的解释方法,防止违反罪刑法定原则。

  对于开放性法律漏洞,即法律本身没有对于该类型化行为进行规定,也没有相类似的规则可供类推适用。在这种情况下,法律的漏洞是在立法者立法能力局限性与社会发展不可知性共同作用下产生的。这是成文刑法所不可避免的自身不足,司法者对此无能为力,不能通过所谓的解释对相应的行为入罪,只能寄希望于立法者能尽快地通过刑法修正案形式进行弥补。从这个角度来看,刑法解释者的对象只能是现有的刑法规则,也即在遵循解释原则前提下,运用合理的解释方法有目的性地进行适用。即使面对具有严重社会危害性的行为,只要其没有被类型化为犯罪行为规定在刑法中,便不可以通过刑法解释将其入罪。

  "法律不是被嘲笑的对象",但必须承认成文刑法本身存在着不足这个客观事实。美国著名法学家伯尔曼在《法律与宗教》一书中写道,"裁判者只有适用法律的职务,却没有批评法律的权力,裁判者只能说出法律是怎样怎样,而不能主张法律应该怎样怎样,所以,立法良恶不需要裁判者进行评价。"因此,在法律确实存在漏洞时,对于可以弥补的漏洞,也即隐性的法律漏洞,司法者应认真思考如何通过刑法解释进行弥补。这是刑法适用解释中法官能动性的价值体现之处。无疑在当前的法律解释体制中,法官不是立法者,但也不是裁判的自动售货机。这是立法者预留给司法者的法律空间,该法律空间的大小取决于立法本身,是一种客观化的现实需求。司法者在进行刑法解释时,需要告诫自己以一个法律人的身份对于纷繁复杂的案件事实进行谨慎的解释,充分配合刑法规范解释乃至刑事立法,使得刑法的生命力从纸上走向活生生的现实生活。司法者正是基于刑法文本的不可避免的"漏洞"而被自然地赋予对刑法的解释权,并将自身对于刑法规范的价值认同与利益选择贯穿于整个刑法解释过程,最终形成具有明确结论的判决。

二、缓和社会发展与刑法保守之间的张力

刑法的谦抑性,从字面含义来看,可作谦和、抑制之意。德国学者耶林认为,"刑罚如两刃之剑,用之不得其当,则国家与个人两受其害。"[1]因此,刑法谦抑性可谓是对刑罚的两重性的一种保障。刑法具有保护机能与惩罚机能,当过于强调刑法的保护机能时,刑罚可能变得随意与宽松,刑法所要保护的法益将得不到充分的保护;当过于强调刑法的惩罚机能时,刑法将成为统治者的暴力工具,以国家强制力的形式肆意地侵犯公民的权利。刑法的谦抑性正是切合了保护机能与惩罚机能的平衡需求,使得刑法既能充分地保护法益又不成为暴力的工具。有学者认为,刑法谦抑性的思想基础是:一是对公民基本权利的尊重与保护;二是对刑法功能有限性的认识。[2] 由此可见,刑法谦抑性主要是从保障人权的角度提出的。关于刑法谦抑性,学者之间存在不同的认识,有学者认为,"刑法谦抑性,是指立法者应当力求以最小的支出,即尽量少用刑罚,而用其他的刑罚替代措施,从而获得最大的社会效益,即有效地预防和控制犯罪。"[3]也有学者认为,"刑法的谦抑性是指刑法应当

---

[1] 转引自林山田:《刑罚学》,台湾商务印书馆1975年版,第427页。
[2] 参见张智辉:《刑法理性论》,北京大学出版社2006年版,第94页。
[3] 陈兴良:《刑法的价值构造》,中国人民大学出版社2006年版,第292页。

依据一定的规则来控制刑罚处罚的范围和处罚的程度,即凡是能够使用其他法律措施便可抑制某种违法行为,并能保护合法权益,就不要将其认定为犯罪,凡是能够使用较轻的制裁措施达到抑制犯罪行为,并能保护合法权益,就不要规定使用较重的制裁措施。"① 比较以上学者的观点可知,就刑法谦抑性的基本论点是相同的,主要体现在刑法的紧缩性、补充性、非犯罪化上,同时在刑罚程度上也体现了轻刑化的观点。事实上,刑法谦抑性有其独特的法理基础。

首先,犯罪的不可避免性。菲力认为,"每一个社会都有其应有的犯罪,这些犯罪的产生是由于自然及社会条件引起的,其质和量是与一个社会集体的发展相适应的。"② 这是犯罪现象的社会学观点。犯罪作为一种反抗社会秩序最为明显、极端的方式,是"孤立的个人与统治阶级的斗争"。犯罪除了源于行为人自身的恶性,还受到所处社会环境的深刻影响。每一个社会均存在犯罪现象,从根本上消除犯罪是无法做到的。既然如此,期望通过刑法对犯罪进行彻底的控制是不现实的,诚然,我们承认刑法在维护社会秩序、打击犯罪方面具有无可替代的地位,但苛求刑法成为万能的社会控制手段背离了刑法的功能定位。

其次,犯罪原因的多元性。犯罪孕育在复杂社会土壤之中,其发生是基于个人、社会、自然等多重因素的共同作用。刑法只能单一地针对已然发生的犯罪行为进行事后的惩罚,但不能过分地期待刑罚的一般预防功能。犯罪作为一种社会现象,其产生的原因是多元的。因此,对于犯罪的防治也应该是从社会学、心理学、伦理学、法学等多个领域协同考量。刑法规制犯罪行为是一种单一性的预防手段,以国家强制力为后盾,刑法往往具有暴力性、直接性、普遍性,而不能针对具体的犯罪原因产生差别化的制裁手段。

---

① 张明楷:《论刑法的谦抑性》,载《中南政法学院学报》1995 年第 4 期。
② 〔意〕菲力:《实证犯罪学派》,第 43 页。转引自马克昌:《近代西方刑法学说史略》,中国检察出版社 1996 年版,第 170 页。

最后，刑法的暴力性。刑法作为最为严厉的制裁措施，以剥夺行为人的生命、自由、财产等基本权益为内容。刑法本身作为一种暴力性剥夺工具，不因其具备国家认可性而否认其暴力性。若刑法被滥用，其对公民权利的危害是摧毁性与不可抗拒的。当刑法的适用超越了其自身的限度将产生恶果，"如果人们都知道为了适应保护社会的需要，无罪者很可能受到逮捕和惩罚的痛苦，社会上可能出现普遍的恐怖状态，相对于通过这些方法获得社会安全与社会利益来说，是一件更为不幸的事情。"①此外，刑罚还具备不可逆转性，即便被纠正错误的刑法裁决，其已经造成的对公民的损害是无法恢复的。正是基于刑法的暴力性与负面性，故必须保证刑法的实施是补充性的，是基于其他救济方式无法实施的可能性，且对刑法的适用程度需要进行限制。

刑法的谦抑性的实现离不开刑法解释，刑法适用解释将非犯罪化与轻刑化等价值理念贯穿于每一个判决之中，这是刑法保守主义的重要体现。非犯罪化是指将目前作为犯罪处理的行为不再认定为犯罪，停止对其适用刑罚，取而代之的是适用罚款等行政处罚措施加以处罚的情况。② 人们意识到刑罚本身也是一种恶，所以，在能够通过其他的方式调整社会关系时，尽量回避刑罚的适用。这作为非犯罪化的思想基础，将目前由刑法调整的社会关系通过其他调控方法进行替换，防止刑罚恶的滥用。

在中国司法实践中，非犯罪化具有重要的指导意义，具体表现在两个方面：一是立法层面的非犯罪化。通过刑事立法将某些行为不再规定为刑法调整，而用其他方式，如行政手段进行调整。将某些行政违法行为合法化，随着社会开放程度与经济发展速度不断提升，社会对某些行为或现象的意识观念也不断发生变化，这也必将引起立法上的改变。例如，在计划经济时期，投机倒把罪、流氓罪等具有特定社会背景的犯

---

① 〔英〕H. C. A. 哈特：《惩罚与责任》，王勇等译，华夏出版社1989年版，第72页。
② 参见陈兴良主编：《刑事法评论》（第21卷），北京大学出版社2007年版，第504页。

罪被认定为犯罪,但随着社会的不断发展,道德与法治的观念逐步变化,刑法取消投机倒把罪与流氓罪,这有效地推动了非犯罪化的进程。同时,将某些犯罪行为行政违法化,通过行政的手段有效地处理了相关的问题,大量节省了我国的刑事司法资源。二是司法层面上的非犯罪化。将司法实践中,某些情节轻微,没有造成严重后果的行为不再作为刑法的调整对象。对于行为性质较轻、轻微过错及关于习俗、宗教方面的某些较轻行为不再认定为犯罪。主要是在追诉阶段通过不予立案和不起诉决定等措施不将该行为作为犯罪处理。同时,在刑事审判过程中,通过法官的刑法解释将相关行为排除在犯罪构成要件符合性阶段。行为的犯罪化与非犯罪化之间并不是矛盾的,而是相互制约、互相完善的关系。有限的犯罪化也符合刑法谦抑性的基本要求。有限的非犯罪化更能体现刑法对于自身恶的警惕。最重要的是在罪与非罪的平衡上,从行为本身出发,以社会利益保护为导向,合理地配置刑罚资源。

刑法谦抑性下的轻刑化是指:在刑事立法层面,如果通过规定较轻的刑罚便可达到刑罚目的,便无须规定较重的刑罚;在刑事司法层面,如果通过适用较轻的刑罚便可制裁已经确定的犯罪,便无须适用较重的刑罚。在中国司法实践中,轻刑化须注意两点:一是轻刑化已然成为世界刑法发展的趋势,但很多开展轻刑化的国家并不是针对所有刑法罪名,而是选择性地针对部分罪名。因此,我国的轻刑化必须是从我国司法实际情况出发。二是轻刑化不等于去刑化,轻刑化是针对刑罚过重而提出来的概念,"无条件地宽恕所有的犯罪人,只能说明城市的公民被犯罪所压迫"①。根据案件的具体情况,即便在轻刑化的刑法趋势下,对于某些案件处以重刑也是必需的。轻刑化在刑法适用解释中具有同非犯罪化同等重要的作用。社会的不断发展变化,必然导致新型违法犯罪行为的出现,然而这些都是刑法犯罪圈扩张的表现,刑法本质

---

① 杨燮蛟:《在人性观视野下对刑法谦抑性的诠释》,载《政法论坛》2010年第3期。

上是保守的、谦抑的。刑法作为一种重要的社会调控手段,关注的是刑罚的必要性为刑法适用的底线,需要处理的是缓解社会的发展与刑法保守之间的矛盾,事实上,这种矛盾在刑法的谦抑性下并不会激化,这是因为刑法作为最严厉的制裁手段具有保障性地位,将犯罪行为违法化,使得行政法规能快速高效地调节本不具备想象中严重社会危害性的行为,从而将有限的刑罚资源运用在必要的行为惩罚上,然而这不得不借助于刑法适用解释的合理运用。

三、法官适用法律职责的内在价值需求

解释目的是一个和解释主体相关联的关系范畴,静止的刑法规范很难说有自身的意志,法律的意志或者规范的意志是一种拟人的表达方式,"这种拟人化只是用来掩盖立法者的原意被现实演化后的事实,但这种掩盖无济于事,立法原意与解释者意志之间的紧张关系仍然存在。"①"法律的意志"要么来自于立法者,要么来自于解释者,基于罪刑法定原则的要求,刑法解释者应服从于立法者的价值判断,不然便是侵犯立法权,这是权力分立下的逻辑结果。严格按照"解释"的含义,法律解释只能从法律规范中得出立法规范确定的价值判断。

每一个案件中行为人行为的认定都离不开刑事法律的适用。法官对于刑事法律的理解过程直接影响着判决的形成,这将涉及行为人行为的罪与非罪,此罪与彼罪,直接影响到行为人利益的剥夺与否。例如组织男性之间的卖淫行为是否构成组织卖淫罪,抢劫债权凭证的行为是否构成抢劫罪,持假枪进行抢劫是否构成抢劫罪的加重情节等。事实上刑事法律的规定是类型化的概括规定,加之法律条文必须通过文字表达,难免造成立法原义传递之间的流失,但法官面对具体的行为却不能拒绝判定,因此,如何将刑事法律规定与司法实践中的案件事实进

---

① 〔德〕卡尔·拉伦茨:《法学方法论》,陈爱娥译,商务印书馆 2004 年版,第 199 页。

行对应,需要法官进行客观而公正的刑法解释,通过法官对于法律的解读将其体现在刑事判决之中。但如果法官在进行刑法解释时没有相对统一的原则进行指导,没有稳定的规则进行约束,而是仅仅依据法官自身差别各异的社会经验与价值判断进行评价,将会导致司法裁判的混乱,从而危及司法的统一性与公信力。

法官在司法裁判的过程中不能仅依靠自然理性,还需要经过专业化的法律训练,形成法律人人格。法官在刑法解释中用法律职业者的思维方式来思考案件事实,法官的这种思考方式体现的自由裁量权应受到解释原则的限制。这些解释原则是刑法实施的基本性界限,不容许任何人逾越。首先,法官在进行刑法解释时应遵守罪刑法定原则,以法律条文中明确性含义为出发点解释法律,而不能超越法律条文的含义范围进行任意的扩大或者限缩适用。限制法官对刑法条文进行随意性理解,既要防止法官超越刑法文本进行法官造法,又要防止法官对法律条文进行曲解。刑法解释的结论应具备刑法条文的对应性和符合条文的目的性。法官在刑法解释中遵循了罪刑法定原则将不会产生造法现象。对于行为社会危害性严重而刑事立法没有可兹适用的条文,只能通过刑法修订对该法律漏洞进行弥补,而不能通过法官的解释使之入罪,即司法者不能越俎代庖。假使法官过分地弥补了司法个案中的不公,将可能产生对公民权利的更大破坏,从价值判断角度来看,公民的权利更需要刑法来保障。其次,法官在刑法解释过程中还应遵守客观性原则。事实上,法官解释的客观性是存在的,它与法官进行价值性判断并不排斥。刑事立法应尽可能地明确规定所调整的行为类型,这是罪刑法定原则的要求,也是法律可预测性的要求。法官对于刑事法律规范的解释直接影响到行为人最重大利益的剥夺,因此,法官在进行刑法解释时应尽量保持客观性解释,避免个人主观因素的发挥,使得刑事立法得到尽可能的统一施行。但这并不否认刑事法律的局限性为法官留下个人意志发挥的空间,这便是法官的自由裁量权空间。法有限而情无穷,法官面对固定的刑事法律规范与不断变化的行为之间的矛盾,需要更为理性的法律态度进行利益衡量,法官既不能机械地实施法律,又不能超越司法权限。这注定了刑事法官在法律解释的利益平衡空间是狭小的。法官的刑法解释过程应遵守客观性原则,防止对法律的扭曲,谨慎地运用价值规则进行判断。最后,法官在进行刑法解释时应坚持解释结论的合理性,即解释结论应当符合社会普遍价值取向。事实上,解释结论的合理性正是刑事立法理性的客观表现,是人类理性的结晶。如何将凝结在法律文本中的人类理性释放出来,需要法官的合理性解释。这种合理性需要运用相关自然科学与社会科学知识,如语言学、逻辑学、哲学等均促使理性地阐释刑法典成为可能。刑法解释结论的合理性既应符合刑事法律规范领域的价值取向,也应符合人类现有文明的理性逻辑规律。法官在进行刑法解释过程中坚持合理性原则有利于判决说理得到社会公众的认同,树立司法权威。但坚持刑法解释的合理性是在符合解释规律的基础上,结合具体司法个案作出的符合时代价值取向的解释结论。

法官刑法解释原则为法律解释设定了价值取向,如何将这种价值在司法个案中具体实现则需要运用具体的刑法解释方法。尽管刑法学者就法律解释方法的位阶关系作了深入的研究,但并没有一种固定化的位阶关系能够适用于所有的刑法解释个案中。究其原因,除了各种法律解释背后所蕴含的不同的利益诉求,还取决于解释者所持的刑法解释立场。即便如此,刑法解释方法之间还是存在一定的规律,而非取决于解释者个人喜好。首先,罪刑法定原则与法治原则决定了文义解释的基础性地位,其他所有的解释方法均不能违背文义解释所体现的最大文义范畴。这取决于成文法的文字表达性,法治国家的法律预先为民众所知悉,公民可以通过公布的成文法律规范指引自己的行为并预测自己实施行为将可能带来的不利后果。成文法内涵的表达以语言为媒介,尊重法律语言便是尊重立法。其次,法官在进行刑法解释时,需要探求刑法规范的目的。刑法规范以文字形式展示在读者面前,并不是一堆文字符号的堆砌,它是具有规范目的的,即以保护特定法益为其目的。不可否认,所有的成文法都是立法者主观化的意志表达,立法原意的客观性与可探知性并不存在矛盾。刑法作为一种行为规范,具有保护社会秩序的目的。这种目的集中体现在司法实践中每一个刑法条文所要维护的具体社会关系上。因此,法官在文义解释的基础上,应尽可能地探求所适用刑法规范背后的目的价值。最后,刑法解释结论应遵循体系解释的要求,保持整个刑法体系的完整性与统一性。刑法的统一性表现在每一个刑法条文之间的协调统一与有机联系。体系解释要求刑法解释应充分考虑刑法条文在整个刑法体系中的地位,注重其与相关刑法条文之间的协调性,避免刑法解释结论断章取义。

总而言之,法官在进行刑法解释过程中,适用各种解释方法的位阶关系是,以文义解释为前提性基础,同时探求刑法条文的目的,在文义解释下出现多种可能解释结论时,以目的解释进行筛选。体系解释则作为解释结论的印证,将所得的解释结论置于整个刑法体系中,考察其协调性,将具有矛盾性的解释结论进一步筛除。最终得出的刑法解释结论将为法官最优采取。

第三节 刑法适用解释的利益需求

一、罪刑法定原则的内在追求

我国刑法学界在讨论罪刑法定原则时,更多是从形而上的角度来阐述其合理性,但忽视了形而上之"体"向形而下之"用"的转变。最主要的原因是传统意义上的罪刑法定原则与刑事司法实践在价值定位上的不同。孤立地研究罪刑法定原则或刑事司法实践,均会导致两者之间的矛盾加剧,从而动摇罪刑法定原则并破坏司法公信力。而将其置于法哲学价值目标下进行互动研究,能够使罪刑法定原则与刑事司法实践,特别是法官所进行的刑法解释兼具合法性与说理性。

近现代罪刑法定原则内涵通常认为是"法无明文规定不为罪,法无明文规定不处罚",在具体内容方面一般认为包含四个方面:(1)排斥习惯法;(2)禁止事后法;(3)禁止类推;(4)禁止绝对不定期刑。罪刑法定原则内容是我们探讨其内在价值追求的基础。罪刑法定原则是反对封建统治的产物,其首要价值便是限制司法权滥用和保障人权。换言之,注重刑法的安全价值和保障机能,这也是刑法适用的基本要求,在于维护刑法的稳定性和权威性。事实上,罪刑法定原则最初作为刑事程序法上的原则提出,而与刑事实体法并没有联系。但随着罪刑法定原则在近现代刑法中的不断发展,其价值不仅体现在程序法上,还体现在实体法上。总而言之,罪刑法定原则的内在价值,从形而上角度来看,通过对司法权的限制从而实现刑法的安全价值;从形而下角度来看,通过对公民行为进行明确指引从而体现刑法的保障价值。前者的价值基础是西方三权分立学说和民主主义;后者的价值基础是费尔巴哈提出的心理强制说和人权尊重主义。

罪刑法定原则的内在追求是以形式公正的方式实现刑法的安全价值,刑法解释的追求则是如何在罪刑法定原则内实现实质公正价值。作为基本原则的观念与作为具体问题的现实之间不可避免会产生冲突,这种冲突不仅是现实层面的冲突,还是观念层面上的冲突。现实层面的冲突,主要是指从司法实践角度来看刑法解释适用与罪刑法定价值间的冲突。罪刑法定原则所强调的是形式上的公正,追求的是刑法的安全价值,严格限制司法权的适用,防止司法擅断。罪刑法定原则成为世界刑法普遍性原则,很重要原因是其蕴含人权保障的观念。我国刑法长期受到"人治"思想的影响。罪刑法定原则作为法治的重要标志,对于我国的刑事法治建设具有特别的意义,作为一种理想的价值理念,其又不得不受到司法现状的严峻挑战。

依据罪刑法定原则的基本要求,刑法条文所组成的词汇及句子必须具备确定性含义,否则将无法真实体现立法者所要表达的意思。事实上,要求刑法语言的无疑义性是无法企及的。面对相同刑法文本,立法者、司法者、国民所持的理解是不尽相同的。全体国民在法观念上的大体一致是立法者同国民进行意思沟通的前提,现代刑事法治理念无法按照罪刑法定原则以单方面的意志来阐释刑法,真正实现罪刑法定原则,必须建立在国民对于刑法的深刻理解并在此基础上建立对于刑法的尊重直至信仰。从实然角度来看,立法者、司法者、国民在法观念上是存在实际差异的。这些差异导致司法者在进行刑法解释时将自己的价值观念带入司法过程,也导致了国民对于司法裁决的不信任从而产生对刑法权威的不信任。事实上,法官的行为既是一种个人行为,同时也是一种职业行为。他连接了国民与立法者之间的鸿沟,这种职业行为需要受到一定限制:法律共同体观念、刑法文本的尊重、国民法观念的尊重。法官作为刑法解释者应受到上述三种限制,才可能最大限度地减少罪刑法定原则内在追求与刑事司法实践之间的冲突。

从观念性冲突来看,刑法的两大机能是人权保障和保护社会,是刑法安全价值与公正价值的体现。古典意义上的罪刑法定原则是深受中世纪刑罚扩张与滥用危及公民自由与人权之苦作出的选择,因此,从其基本属性来看,罪刑法定原则倾向于保障人权,维护社会正义与社会安全。从这个角度来看,罪刑法定原则具有价值选择的偏好,而非各种利益衡量的结果。我们无法否认罪刑法定原则在价值选择上的偏一所具有的理论意义,但这并不意味着刑事古典学派与刑事实证学派之间的冲突是无法调和的。

刑法解释在价值选择上应偏向于公正价值,从而实现刑法的社会保护机能。因此,在司法实践中,法官面对的不仅是立法者的告诫,还面临着国民的刑法期待。因为法律不仅关乎立法者意志的表达,还关乎全体国民的重大利益。刑法不应是国家统治的暴力工具,而是公正的推手。在刑法的安全价值与公平价值之间,立法者与司法者均需要进行平衡。但事实上,罪刑法定原则与刑法解释在内在价值追求上的差异是很难调和的。一般认为,在实现完全法治之前,刑法解释的价值追求应让位于罪刑法定原则的价值追求。只有当我们达到法治的最高形态,"已经制定的法律获得普遍的服从,而大家所服从的法律又是良好的法律",此时刑法的安全价值追求应让步于公正价值追求。

调和罪刑法定原则与刑法解释在价值追求上的差异关键在于法官能成为真正意义上的法律人,即对法律充满着虔诚的信仰,对于法律的精神具备深刻领会的人。但这注定是一个漫长的过程。有学者认为,"我国的刑法解释应立足于当前刑事立法与司法的实践,应坚持罪刑法定原则,维护刑事法律的权威,并充分发挥刑事司法解释的功能。刑法解释不能拘泥于立法原义,在法律规范允许的范围内,通过刑法解释弥补刑事立法的不足。"①笔者认为这里的"立法原义"应当指法律的基本精神,本质上是一种价值目的,这种基本精神须与刑法的价值目的相一致。这种法律基本精神的领会与阐述在于法律人,具体到当前的刑事司法实践,法官在进行刑法解释时,应遵循罪刑法定原则,运用刑法总则与刑法分则相结合的方式,面对具体刑法条文运用可能导致不公正结果时,运用刑法解释使其偏向"良法"方向。这是实现罪刑法定原则内在追求的必然选择,也是刑事法治发展的司法体现。

二、刑法文本内涵的弹性范围

近代的刑法研究将罪刑法定原则推至崇高的地位,很重要的一点便是罪刑法定原则与现代人权保障理念相契合,刑法条文的明确性作为该原则的重要内容而一直被要求恪守。刑法规范的明确性要求所有关于犯罪的描述必须明确甚至具体,能够准确无误地区分罪与非罪、此

---

① 陈兴良:《刑法的人性基础》,中国方正出版社1999年版,第536页。

罪与彼罪及重罪与轻罪之间的界限,这样才能充分发挥刑法规范的指引作用,保证公民对行为所引起法律后果的可预测性,更为重要的是这将有力地防止司法权行使的过度与泛化。然而语言在传达意志时具备的模糊性、可变性与间接性的特点无一例外地体现在法律语言中。即使法律语言被立法者刻意地雕琢和精选使其尽可能的明确、清晰,但这仍无法将法律语言束缚在确定的范围,刑法条文的弹性与刑法明确性这对实然与应然的关系变得异常的清晰。立法者的杰作无法使刑法条文变得如预想的明确,司法者则接过接力棒,试图完成立法者的遗愿,于是,刑法解释学开始大行其道。文义解释作为刑法解释方法中基础性的解释方法,直接将刑法条文作为解释的对象,形式化客观地进行阐释,并作为刑法规范适用的前提。由于文义解释是直接针对刑法规范所载明的词语、语句的内涵进行的,因此能很好地解释刑法条文内涵的弹性范围,并给予合理的界定。

文义解释的对象是刑法条文,是具体犯罪构成要件中文字及文字之间的逻辑所作的解释,"用字与用语的文字意义而作的解释"[①]。其目的在于揭示刑法条文所载内涵的弹性范畴,并探究其实践意义,它仅仅将目光来回在刑法条文中徘徊,将刑法条文之外的所有东西抛在脑后,这未免显得机械性,但却最为真实。文义解释依据语言的特性又可再细分为字面解释与语法解释。字面解释仅从词义学上就条文所用关键词语进行阐释,如抢劫罪中"户"、盗窃罪中"入室"等等。语法解释则是就刑法条文中,分句之间、词语之间,甚至标点之间所表现的语法逻辑关系进行分析,试图构建整个句子之间的联系。例如《刑法》第133条规定了交通肇事罪,即违反交通运输管理法规,因而发生重大事故、致人重伤、死亡或者使公私财产遭受重大损失的。其中"因而"所承载的是前半句与后半句之间的因果关系,这种引起与被引起的关系构

[①] 时延安:《论刑法规范的文义解释》,载《法学家》2002年第6期。

建了交通肇事罪的逻辑结构。语法解释只涉及具体刑法条文内部结构的微观解析,对于刑法具体条文之间及该条文在整个刑法体系中的宏观逻辑关系却并不涉足,这属于体系解释的范畴。字面解释与语法解释相互配合与渗透,共同阐释刑法条文的弹性内涵。

有学者对于文义解释的合理性提出了质疑,认为词语缺乏对应性,否认所谓的语言的核心与边缘理论,不存在绝对意义上的"精密词语"和"不精密语言"。[1] 该理论的基础是维特根斯坦的语言哲学,从而否定了文义解释成为一种解释方法。事实上,语言内涵是相对确定的,语言所对应的实体也是相对稳定的,并不是要强调这种对应性,但语言作为主客观世界交流的重要媒介,其具有相对确定性、稳定性是不可否认的,否则世界的交流将无法进行。伽达默尔的哲学诠释学认为,作品的意义不是独立存在的,而是存在于解释或者与作品的对话中。该观点在法律解释中的体现便是否定立法原意的存在,并认为法律的内涵是可以随着社会发展而变化的。客观解释论认为,法律解释应针对法律文本本身,强调法律适用时,应以法律条文所体现适用时的客观意思为准。因此,客观解释论也否认立法原意的存在。从客观解释论角度来看,文义解释应在法律条文的词语之间探求法律条文的客观意思,换言之,法律条文的意思以解释者所能理解的意思为标准。就空白罪状所可能涉及的词语,也应按照相关法律法规所确定的一般内容理解。文义解释所追求的客观表现的意思应被一般公众所认可的词语意思构成,至少不能超出公众的认知范畴。不可否认,公众对于词语的意思的认知范围是一个主观化的抽象概念,不同的人,具备不同的知识背景、社会经历、性格特点等,对于同样的词语将可能产生不同的理解。但这并不能否认词语的相对确定性与稳定性,这是由词语组成语言的基本特征决定的。语言之所以成为交流、沟通的方式,很重要的一点是语言

---

[1] 参见朱苏力:《解释的难题:对几种法律文本解释方法的追问》,载梁治平编:《法律解释问题》,法律出版社1998年版,第39页。

在人们的意识中具备对应性的相同认知。这种一般性的对应认知的确立是交流的基础与前提。在绝大多数情况下,人们就法律词语的内涵能达到一种默契,只有个别情况下某些边缘性词语不容易形成一般性的认知。如《刑法》第116条规定了破坏交通工具罪,其中就"汽车"内涵的理解,人们具有一般性的共同认识。因此,将拖拉机认定为"汽车"属于合理的解释,并没有超出人们一般性词语的认知范畴。

在刑事司法实践中,法官在认定具体的犯罪事实与刑法具体条文对应性关系时,首先需要明确的是该刑法条文所展示出来的具体意义,每个法律条文均具有这样一个被理解的过程。一般认为,法律条文的抽象程度与解释的宽度成正比,因为刑法条文越抽象,意味着其所包含的规范性的构成要件要素越复杂,其词语的范畴便越难以把握。当法官对某具体刑法条文进行解释时,可分为两步:首先通过阅读整个刑法条文,把握每一个关键词语的内涵,形成该刑法条文所规范的犯罪类型的范围;其次,将待确定的案件事实中各要素与该条文中词语内涵进行对应性评价,看其是否符合前一步所解构犯罪类型的基本要求。例如,《刑法》第263条规定了抢劫罪,"入户抢劫"属于加重处罚情节。根据最高人民法院《关于审理抢劫案件具体应用法律若干问题的解释》,"户"在这里是指住所,其特征表现为供他人家庭生活和与外界相对隔离两个方面,前者是功能性特征,后者是场所特征。从文意解释的第一步来看,该解释界定了入户抢劫中"户"所表述的范畴,第二步,我们将集体宿舍、旅店宾馆进行对应性的理解,看其是否在功能性与场所性两个方面和第一步描述的"户"具有类型性的符合。

文义解释中对词语的界限必须界定在法律条文所用词语的可承载范围内,超过该界限则属于扩大解释。在罪刑法定原则下,扩大解释是被允许的,不过,扩大解释与类推之间存在本质差别,"在法的意思之外进行的解释将不是解释活动,而是类推。可被理解为创制新的法律,而这在刑法领域是禁止的,如果这种类推是不利于被告人",法律条文的意思只能从法条中探求,条文中的词语是解释的要素,"可能的词义"将被认为是最宽的解释界限。① 只有在这一范围内所作出的解释才是正当合理的,从这个意义上来说,扩张解释并不存在,因为对词义的可能范围最宽界限的解释属于词语的弹性范畴。例如,最高人民法院《关于审理非法出版物刑事案件具体应用法律若干问题的解释》第9条规定,将"出版淫秽书刊、音像制品"认定为为他人提供出版淫秽书刊罪,事实上这已经超出"书刊"这一词语的可能范围,不再是扩大解释,因此其解释合法性是缺乏根据的。法律词语的弹性范畴表现在其对具体事物、事件、现象的涵摄程度,这需要进行逻辑推断,只有完全能包涵于法律词语的弹性范围内,才能对之进行刑法评价。例如,非法收购盗伐林木罪中"树皮"能否包含于"林木"之弹性范畴,盗窃、侮辱尸体罪中"骨灰"能否包含于"尸体"之弹性范畴,这都是严格文义解释需要谨慎对待的。不可否认,对于法律条文内容弹性范畴的理解是文义解释的重要内容,解释者在进行刑法适用时,首先直观面对的便是由词语组成的法律条文,对于法律条文的理解应该是一个客观化的过程。由于语言的对话性特征,解释者作为一个读者面对法律语言时,无法排除自身的价值偏好,这是法律条文词语弹性特征所客观决定的。但解释者通过文义解释所得到的解释结论必须能够符合刑法解释的目的,并能在刑法体系中保持协调和统一。这样的法律词语的弹性范畴才是合理的。

三、法官保守主义的价值立场

在刑事司法适用中法官解释反映的是刑法文本与司法事实之间的沟通关系,作为一种司法适用活动本身,法官解释应包含解释主体、解释内容及解释目的三个方面的内容:

---

① 参见时延安:《论刑法规范的文义解释》,载《法学家》2006年第2期。

其一,刑法适用解释的主体,即谁行使刑法解释权的问题。法官解释是一个将抽象刑法文本适用于具体案件并获得相应裁判结论的过程,在这种抽象规范具体化过程中,法官作为能动的主体主导着这一过程。在具体刑法适用过程中,法官具有双重人格,他既是刑法规范的适用者、案件的裁判者,这是法律所赋予的职责,也是一个具备不同社会经历、价值取向、利益偏好的人。从应然的角度来说,刑法适用解释中的法官被理想化成法律人,他是一个既具备丰富法律知识、充满理性和正义,又忠实于法律的个体。但从实然角度来看,法官是一个受感情、阅历、性格、喜好等众多因素所影响的现实中的个体。

其二,刑法适用解释的内容。刑法适用的内容决定了行为人的行为是否符合相应的刑法规范,是否具备刑罚可罚性等重要因素。这将决定行为人的行为是否为刑法所谴责及行为人的权利。刑法适用解释过程,需要将刑法典、单行刑法及刑法解释等抽象刑事法律规范与具体而又纷繁复杂的案件事实进行类型化的对应,从而作出符合性与否的判断。因此,在刑法适用解释过程中,关键性的因素便是刑法规范与案件事实。法官的目光需要不断地游离于刑法规范与案件事实之间,进行严谨而确定的对应。

其三,刑法适用解释的目的。一般认为,刑法适用解释的目的便是弄清楚写在纸上的刑法规范是什么意思,即弄明白刑法规范的具体含义。事实上,人们在认识并试图理解刑法规范时是带有一定目的的,是基于一定明确方向的支配下的具有现实意义的重要活动,解释并不是为了解释而解释。对于法官而言,刑法适用解释的目的便是用其来解决社会纠纷。换言之,面对具体的案件事实,法官需要进行甄别、分析其社会危害性,同时选择具体的刑法规范进行适用。显然,这个过程中法官解释便是一个刑法规范具体化的过程。

事实上,贝卡里亚并不承认法官有权解释法律,"刑事法官根本没有解释刑法的权力,因为他们不是立法者。"①同时,人们还担心一旦法官拥有解释刑法的权力,将会违背罪刑法定原则。事实上,写在刑法典中的罪刑法定原则的生命力在于法官无数次地理解与适用刑法。因为法官在形成刑事判决的过程中,必须将抽象的刑法规范予以具体化,将纷繁复杂的案件事实类型化,并将两者进行相互对应才能真正实现罪刑法定原则的现实意义。在这一过程中,法官作为双重人格的主体不可避免的主观性地识别案件事实并对刑法规范进行理解。不可否认,法官的主观性将威胁到理想状态中的罪刑法定原则。事实上,刑法规范和案件事实必然经过法官的大脑,法官的主观能动性便时刻同时介入到刑法规范与案件事实中。但承认这种危险比因此而拒绝承认法官解释更具有合理性。事实上,人们可以通过刑法解释的原则、方法及相应的制度对法官解释进行规范,从而防止其出入人罪。法官解释是一个主观性的过程,并不等同于这是一个创造性的过程,即法官造法。法官造法是指法官在法律没有规定的情况下,依据法律精神、法律原则、司法习惯等创造新的法律规范,并将其适用于司法实践。在刑法领域,法官造法的行为无疑违背了罪与罚的确定性,明显违背罪刑法定原则。在刑法适用过程中是明确排斥法官造法的。因此,法官解释并不必然是对罪刑法定原则的违背,罪刑法定原则的实现需要法官解释,法官解释是有别于法官造法的刑法适用过程。

在当前我国的刑法解释体制中明确规定的是刑事立法解释、刑事司法解释;这些解释均是有权机关作出的有权解释。至于法官解释的权力并没有得到明文的规定。这样的解释体制常常受到学者的诟病,如刑事立法解释存在的必要性、刑事司法解释中最高人民检察院的解释主体问题等。事实上,在当前刑法解释体制中,规范性刑法解释与刑法适用解释之间需要协调配合,并在各自空间发挥各自的作用。传统

---

① 〔意〕贝卡利亚:《论犯罪与刑罚》,黄风译,中国大百科全书出版社 1993 年版,第 12—13 页。

立法观念中盛行宜粗不宜细的指导方针，不可避免地导致刑法解释中需要进行规范性的解释。同时，随着社会不断发展，案件事实的复杂性与日俱增，犯罪行为也不断变化，刑法适用过程不再是售货机式的自动过程，这时候的法官作为一个理想的法律人，充当着去伪存真、化繁为简的重要职责，其对刑法的适用过程能弥补刑法规范、刑法规范解释所漏之空间。法官适用刑法过程不仅是法官适用刑法规范的过程，也是适用刑法规范解释的过程。不可否认，即便事实上承认法官解释的合理性，也不必然地违背罪刑法定原则与当前的刑法解释体制，但是法官在刑法解释过程中应保持一种保守主义的价值立场。这种保守主义的价值立场能使法官尽量保持理性与克制。刑法条文适用与案件纠纷的解决需要的是具备法律理性的法官，而不是恣意妄为、将自己的意志凌驾于法律之上的独裁者。

第四章

超越立场之争

——刑法解释的价值判断与利益需求重构

黑格尔曾指出,学科的方法并不是外在的形式,而是内容的灵魂。① 在经历了一个逐渐认识的过程后,刑法解释学的重要性渐为刑法学者承认,关于刑法解释的探讨也丰富起来。刑法解释是从"纸面上的刑法"到"生活中的刑法"的重要一环。作为弥补成文法局限性的重要工具,刑法解释直接将社会变迁事实反馈到刑事立法,进一步促进刑事立法的完善。加上刑法的适用较之其他法律更容易引起公众的注意,一般民众往往以他们所见及读到关于刑事案例的审判情形来判断司法行政之良窳。因此为一般人尊敬及服从法律起见,必使刑法的适用威信于大众。② 刑法学作为一门规范学科,其将自然理性法所体现的实质正义制定为刑法规范从而使确定性作为编撰刑法典的终极目标,但是必须承认,比起其他学科解释学,刑法解释显得更为僵硬,有时甚至缺乏合理性。法律规范作为最低程度的道德规范,两者具有共同的基础,法

---

① 黑格尔:《小逻辑》,贺麟译,商务印书馆1980年版,第27页。
② 参见王健:《西法东进》,中国政法大学出版社2001年版,第519页。

律规范应当以道德的价值秩序为基础,法应当以国家制裁来实现作为道德基础的世界观,或保护其不受伤害。随着道德观的变迁,法律规范的内容也应当随之变化。没有完美的可以毫无争议地适用于一切事实的刑法规范,只有结合社会现实、民众道德观对案件事实进行解释才能明确其是否符合刑法规范。

第一节 刑法解释的价值判断重设

关于刑法解释在学界呈现这样一种局面:刑法解释理论构造越来越复杂,对刑法解释的研讨越来越深入,学派学说越来越对立,共识却越来越少,各种学说的差异很大,对同一个问题的分析可能会得出矛盾的结论。无论走何种解释学研究的道路,都有其要重新考虑的问题,而事实上对刑法解释理论的研究太过复杂,完全是"学问"的技巧,对立法、司法也没什么大的指导,立法者不可能按照解释的各种立场解释法律条文,法官也不可能按它那样精妙的理论来处理案件。细细思量,无论何种解释方法、解释立场,归根结底都是一种价值判断,无论是单纯从某一方法、立场解释法律条文还是在两种解释理论上衡量哪一个更合适,都是在进行生活经验式的利益衡量,以期达成共识。故在刑法解释上,解释者也要超越刑法学理论上的各种解释立场、解释方法,运用最接近于常识的价值判断。刑法解释中的价值判断,说到底是善恶的判断,而不是资源配置或社会财富的判断,无须精妙的理论来再三斟酌。"通过事实构成与法律后果之间的连接,每个法律规范都将表明:在事实构成所描述的事实行为中什么才应当是适当的、正义的……可见,任何法律规范都包含了立法者的利益评价,也就是价值判断。所以，刑法解释也就意味着在具体的案件中实现法定的价值判断。"①

罪刑法定原则作为刑法最重要的基本原则，对刑法解释具有高度的指导和制约作用，这也是刑法解释与其他法律解释的最大区别。以民法为例，公平原则、诚信原则、公序良俗原则都是民法的基本原则，这些原则具有评价功能和补充功能，可以帮助解释者补充法律漏洞，追求个案中的实质正义。而在刑法解释中，依据罪刑法定原则在法无明文规定时解释者不可放弃形式公正而追求实质正义。罪刑法定的形式公正与刑法解释的实体公正在价值选择上的偏一性使二者在刑事司法中出现了一定的冲突。

一、混乱的刑法解释立场——忽略价值判断

"法律解释的过程包含着对各种基本法律价值的分析和判断。法律解释上的争议，在深层次上往往反映了理性思考的人们在价值侧重或权衡问题上的争议。"②由于解释者的价值侧重不同，在将刑法规范适用于疑难案件时往往会得出不一样的结论。而分歧的出现并不单纯是由于解释方法的差异，更多是因为根本价值立场的对立。在刑法解释的基本立场之争中，因解释目标的定位不同可将解释分为主观说、客观说、折中说；而根据解释的限度，又可分为形式解释论与实质解释论两种立场。而在其中，为了获得最正当的刑法解释，解释者往往会尝试各种解释方法，对各种解释结论进行充分论证，根据个案情况寻觅最妥当、最符合正义理念的解释结论，如文义解释、体系解释、目的解释、当然解释等。

（一）主客观解释之争

波斯纳认为，在对待法律解释的问题上，一直就存在着传统主义的进路和实用主义的进路。前者以追寻真相或精神开掘为目的，强调文

---

① 〔德〕伯恩·魏德士：《法理学》，丁小春、吴越译，法律出版社2003年版，第64页。
② 张志铭：《法律解释操作分析》，中国政法大学出版社1998年版，第193页。

字的历史含义和字面含义,强调忠于昔日,是一种向后看的思维方式;后者则强调适应未来,把制定法看成是一种用来对付当下问题的资源,是一种向前看的思维方式。在解释论中,以探究历史上立法者的心理意愿为解释目的的是主观解释论,而以解析法律内在的意义为目标的是客观解释论。主观解释说盛行于19世纪,认为刑法解释的目标是阐明立法原意,表达立法者当时意志的解释结论才是正确的。"19世纪的司法者,其职责惟在根据法律所建立的概念,用逻辑推演,遇有疑义或法律缺漏时,亦必须探求立法者立法当时的意思,予以解释。一切均以立法者的意思为依归,因此,立法当时的会议记录,成为极端重要的文献。"① 最严格的主观解释论者一定是探求和阐明立法者立法当时的原意,贝卡利亚主张"刑事法官没有解释法律的权力,因为他们不是立法者",他严厉批评所谓的法律精神需要探寻的主张,认为"没有比这更危险的公理了。采纳这一公理等于放弃了堤坝,让位给汹涌的歧见"②。温和的主观解释论者则认为可用今日立法者的意志来取代当时的立法原意。③ 客观解释论则认为,解释的目标在于探寻刑法文本客观表现的合理意思,法律一经制定,便与立法者分离而成为一种独立的存在,立法者于立法时的意图不再具有约束力。刑法解释的任务是发现存在于刑法规范中的客观意思,因社会发展变化,故法律解释也可以在文本可能的语义范围内选择最合理的目的解释。客观解释论承认法律的漏洞和法官造法。认为法律解释并不是考古发现,而是辩证的创造,解释并不仅仅是对历史的细微之处的注解,而是将过去的意义适用于当代的问题和环境的诠释。除主观解释论与客观解释论外,还存在折中主义解释论,主张"探求法律在今日法秩序的标准意义,而只有同时考虑立

---

① 王伯琦:《近代法律思潮与中国固有文化》,清华大学出版社2005年版,第140页。
② 〔意〕贝卡利亚:《论犯罪与刑罚》,黄风译,中国大百科全书出版社2005年版,第12页。
③ 参见何秉松、杨艳霞:《论刑法解释观》,载《西南民族大学学报(人文社科版)》2006年第5期。

法时的规定意向及其具体的规范想法,如此才能确定法律在法秩序中的意义。"①"刑法解释原则上应采取主观理论,对刑法条款的理解应仍忠实地停留在立法者于立法时的标准原意;若有足够的理由证实立法当时的价值判断,显因时迁境移而与现阶段的公平正义、社会情况、时代精神等不相符合时,则应例外地采客观理论。"②"刑法解释的目标应是存在于刑法规范的客观意思,而不是立法者制定刑法规范时的主观意思或立法原意。……不过,在根据文字的客观含义只能得出荒谬的结论时,应根据相关资料探求立法原意,使解释结论明确正当、符合刑法目的。总之,刑法解释应以客观解释为主,只有当客观解释的结论荒谬时,才采取主观解释。"③

就一般意义而言,主观就是与主体的个人意志相关联的,而客观是不取决于主体个人意志的意思。事实上的主观解释试图探求客观事实,即最初的规范目的,而客观解释则是主观的法官造法。主观解释可以说是客观的,客观解释可以说是主观的。尤其是在针对刑法文本规范而言,解释者不可能抛弃一切前见(前理解)从事客观的解释,无论是主观解释、客观解释抑或折中主义解释都不能对刑法文本进行单纯地主观或客观解释。究其原因在于,主客观解释从主客二分的哲学立场出发来理解、解释和应用,认为理解、解释和应用是一种主体对客体的支配。但事实文本(包括法律)如果要正确地被理解,就应该将其视作一个服务、应用的过程,理解、解释和应用的过程中解释者与文本的关系是一种问答的过程,由于解释者的前见,更应该加强这种对话融合过程。在哲学诠释学的范式观中,文本意义存在的方式可分为两种:一是"主客体间性"(主体—客体模式),将文本视作独立于读者意识之外存在的客体,解释只是发现客体的活动;二是"主体间性"(主体—主体认

---

① 〔德〕卡尔·拉伦茨著:《法学方法论》,陈爱娥译,商务印书馆2003年版,第199页。
② 林山田:《刑法通论》(上册),台北林山田发行2002年版,第132页。
③ 张明楷:《刑法的基础观念》,中国检察出版社1995年版,第210页。

识模式),认为文本是其本身与读者通过主体间的对话形成的产物,解释是一种主体式的对话活动。① 主观解释和客观解释并未脱离"主客间性"模式,都将其解释目标视为读者意识之外的客体,法律解释即为透过现象看本质的活动。不同的是主观解释论本质表现为作者中心论②,解释是重寻历史上的"立法原意";客观解释论则侧重于当下的时代精神,读者只能在社会生活中发现法律。但在主客间性解释学中,将刑法文本仅视为思维的客体,根据逻辑三段论或涵摄模式对刑法规范进行的解释适用忽略了解释者的价值判断,而这会导致认识主体(解释者)和认识对象严格分开,拒绝将主观的东西纳入到对刑法文本的认识之中,但事实上解释者在使生活事实与规范对应时会带有自身的前见与其进行融合,这种融合式的沟通使得其认识模式已向"主体—主体"的认识模式转变。

此外,"主客间性"模式不能解释两种困境:一是刑法的流变性或者文本的开放性。由于所有的刑法概念都包含有价值判断,由于解释者或社会的价值观不是一成不变的,相应的刑法概念也会随之演变。"概念就像挂衣钩,不同的时代挂上由时代精神所设计的不同的'时装'。词语的表面含义是持久的,但潮流(概念内容)在不断变化。"③二是法律概念的"空缺结构"。大多数法律概念都具有核心含义和边缘含义,在概念核心的部分意义是清楚的,但在边缘含义的部分意义总会出现疑惑,对于后者,仅仅通过对文本的阐释并不能得出合理的解释,需要通过解释者运用自己的价值判断来补充。④

主观解释论过于强调立法者原意,但是立法原意是什么并无明确的答案。"如果立法意图被期待来表示上下立法两院的全部成员对法

---

① 参见潘德荣:《诠释学导论》,五南图书出版公司1999年版,第43页。
② "作者中心论"由施莱尔马克提出,主张读者应抛弃主观成见,通过心理移情的方法进入作者内心。
③ [德]魏德士:《法理学》,丁晓春等译,法律出版社2005年版,第77页。
④ 参见[德]卡尔·恩吉斯:《法律思维导论》,郑永流译,法律出版社2004年版,第133页。

规术语所作的一种一致解释,那么显而易见,它是一个纯属虚构的概念而已。"①另外,刑法一经制定、颁布就具有凝固的特性,但社会现实是一个流动的过程,所以刑法规定与社会现实之间存在差异或者矛盾是必然的。再加上刑法制定之初以概括、简洁、抽象的语言文字规定着各种抽象的原则和犯罪,根本无法穷尽整个社会现实复杂多变的生活情形和司法实践复杂多样的犯罪案件。哈罗德·伯尔曼的"人类的深谋远虑程度和文字论理能力不足以替一个广大社会的错综复杂情形作详尽的规定"②也正是此理。要使刑法规范正确运用,其首要原则就是对刑法条文进行认识、解读和词意解释的过程。但是为确保刑法的准确解释,要求刑法人适当根据自己对法律的研究和理解,结合自己的生活经验和学识水平,尽可能站在价值中立的立场上,对刑法的既有规定进行必要的解读和诠释。而对客观解释而言,其主张以时代精神解释刑法,表面上与刑法意义的流变性吻合,但在逻辑上难以自足。第一,刑法文本本身并无生命,其客观意思怎样认定?第二,时代精神怎样体现,是当下立法者的精神还是人民的意志?最后,某些法律概念的流变与时代精神并无关系,而是基于犯罪事实的发展。如盗窃罪中的"财物",以前仅认为其是指有形财物,但现在则包括经济利益。总体而言,"法律解释的目的固在解释客观化的法律意旨。但是法律意旨的探求仍应斟酌立法者具体的规范意思、价值判断及利益衡量,不能完全排除立法者意思于不顾。"③法律解释只能从法律规范中得出立法者通过规范确定的价值判断,解释的对象应该是那些被立法者纳入其价值判断之中的事实构成和后果规定。事实上,"任何一种解释如果试图用最终的、权

---

① 〔美〕E. 博登海默:《法理学:法律哲学与法律方法》,邓正来译,中国政法大学出版社1999年版,第516页。
② 〔美〕哈罗德·伯尔曼:《美国法律讲话》,陈若桓译,生活·读书·新知三联书店1988年版,第20页。
③ 王泽鉴:《法律思维与民法实例》,中国政法大学出版社2001年版,第219页。

威性的解释来取代基本文本的开放性,都会过早地吞噬文本的生命。"①解释者应当将文本视作与自己同等的主体,根据自己的正义观念与文本反复斟酌出文本的最大真实含义。

在"主客间性"引导的主观解释与客观解释中,对于法律概念的空缺结构只是单纯地进行填补、运输工作,经由"立法者原意"或者"法律客观精神"将文本移植到刑法的意义空白处。但是,"立法者原意"究竟怎样存在于刑法文本之中并无定论,可能一千人心中有一千个立法原意。在客观解释中,时代精神的概念也是模糊不定的,可能在同一时代背景下,社会对时代精神也有多元的价值观念,如安乐死、卖淫等。最重要的是,通过"主客间性"的解释范式,以文本自身来填补文本空白的方法,会有陷入"解释学循环"的嫌疑。"主客间性"解释学认为可以通过文本细节与整体细节的来回循环比对,消除文本整体与细节的矛盾,从而赋予文本新的意义。但是其忽略了文本本身的封闭性,未知文本的细节不能推断文本的整体意义,反之亦不行。

刑法解释就是解释者对刑法规范的理解,在这一理解过程中,解释者需要运用"事实经验意识"和"价值经验意识"。前者要求解释者结合其在生活中的事实经验理解犯罪行为,这时更多的强调是伦理上的经验意识;而后者需要解释者进行"罪刑等价"的价值判断,对犯罪行为进行区分。但要注意的是,此时的价值判断应当是在社会中占主流地位的价值观念。一部刑法规范本身只不过是一堆铅和纸的混合物,本身不具有任何意义。只有读者或者解释者阅读、理解结合其事实经验才会具有现实意义。只有当网络游戏装备在解释者的事实经验中具有财物价值,他才能将其纳入财物范畴;只有当性伦理在解释者的事实经验中变得开放,他才会考虑限制"淫秽物品"的范围。解释者往往根据其从生活世界中得知的事实经验与价值经验来把握条文的整体价值,

---

① 〔英〕韦恩·莫里森:《法理学》,李桂林等译,武汉大学出版社2003年版,第555页。

以此支配条文细节的理解。如在解释诈骗罪中的财物是否包括服务时,解释者会先依照自身的事实经验——实践中是否存在诈骗服务的情形,其次根据价值经验对诈骗罪的财物进行解释,看看将诈骗服务作为犯罪处罚是否合理。解释文本时,解释者先遭遇的是具体案件,运用事实经验先聚焦于事实方面,然后用价值经验来解释刑法规范,反复考量文本和事实经验意识的要求,于是"目光在事实与规范之间往返流转"。

在刑法解释时,解释者既要遵循罪刑法定原则,又要避免解释的不周全性,就必须要尊重刑法文本的意义界限,将文本视为对话主体,也即要求解释者跳跃"主客间性"的解释范式,采用"主体间性"的解释范式。刑法文本体现的是一种文化规则,将文本视作对话主体就自然而然地要求解释者默认、尊重此种文化规则,不会肆意超越此种规则。如刑法中的"妇女",不管怎么解释都不会将其解释为"男人",这就是文本主体性的规则要求。当遭遇解释困境时,解释者可通过与文本之间的问答推动意义的生成:解释者就像热情的孩子,总是力图将各种犯罪行为提议纳入刑法的规制圈中,而文本则作为保守的原则主义者,往往以其意义边界为底线考虑解释者提出的方案。若解释者的提议在文本的意义界限内,则解释达成;若解释提议超出文本的底线,文本和解释者往往进行"讨价还价"式的价值衡量,务使双方达成最佳解释。

(二) 形式解释与实质解释之争

值得注意的是,关于形式解释与实质解释的争论只局限于刑法学领域,其探讨的是对犯罪构成要件进行形式解释还是实质解释,并不是像某些学者认为的"法律解释论关于法律解释的目标向来有主观解释论与客观解释论、形式的解释论与实质的解释论的学说之争。主观解释论……因而亦称形式解释论。客观解释论……因而又称为实质的解释论。"① 不同于主观解释与客观解释中针对解释目标——文本的解释立场,形式解释与实质解释探讨的是在罪刑法定原则下的解释限度的争论立场。

两种立场的争论是针对刑法规定的构成要件而言的。形式解释论主张对构成要件仅作形式的解释,当形式正义与实质正义冲突时优先选择前者;实质解释论坚持对构成要件不仅要有形式的考虑,更要有实质的考虑,以犯罪本质为指导来解释刑法规定的构成要件,更侧重实质正义。总体而言,实质解释论立场是顺应中国传统文化惯性的产物,"中国法律文化传统不是以形式主义理性为特征,而是以道德、法律不分的法律伦理主义闻名于世"②,而形式解释则是企图彻底根除中国文化传统的惯性。但事实上,此种对峙立场并无真正的差别,"从实质正义的观点,一个不完善的法律应尽可能地立刻予以改善;然而正义终究也决不能忍受任何经常变更的立法,因为如此一来可能造成法律适用的不平等而导致违背正义。"③ 具体到个案中,实质解释与形式解释的争议来源于其价值观念的分歧,而并非解释立场。依据两种立场的分歧,可将犯罪行为分为以下四种类型:

	有形式规定	无形式规定
值得科处刑罚	Ⅰ	Ⅲ
不值得科处刑罚	Ⅱ	Ⅳ

无论是形式解释还是实质解释,对于上面四种犯罪行为类型,对于Ⅰ构成犯罪和Ⅳ不构成犯罪都是没有异议的,争议主要针对Ⅱ和Ⅲ这两种类型。

---

① 梁根林:《罪刑法定视域中的刑法适用解释》,载《中国法学》2004 年第 3 期。
② 赵秉志、田宏杰:《传承与超越:现代化视野中的中国刑法传统考察》,载《政法论坛》2001 年第 5 期。
③ 〔德〕阿图尔·考夫曼:《法律哲学》,刘幸义等译,法律出版社 2004 年版,第 276 页。

(1) 有形式规定但不值得科处刑罚的行为

对于此种行为类型,实质解释论者主张,对违法构成要件的解释须满足行为的违法性达到值得科处刑罚的程度,从而将字面上符合构成要件而实质上不具有可罚性的行为排除在构成要件之外。认为形式解释论者只是根据字面含义解释构成要件,导致将许多不值得科处刑罚的行为解释为符合犯罪构成的行为。① 但事实上,形式解释论者并非单单拘泥于刑法条文的字面含义,其并不反对通过处罚必要性的实质判断从而将缺乏处罚必要性的行为予以出罪。② 在对构成要件作形式解释后,对犯罪行为还要根据《刑法》第13条的"但书规定",将情节显著轻微危害不大的排除在犯罪圈的规制内。所以实际上,对于有形式规定而不值得科处刑罚的行为,形式解释者与实质解释者的结论都是将其予以出罪。只不过双方的出罪理由不同:实质解释论是先排除那些不值得科处刑罚的行为,再排除那些法无明文规定的行为;而形式解释论则是先排除那些法无明文规定的行为,再排除那些不值得科处刑罚的行为。

(2) 值得科处刑罚但无形式规定的行为

此种行为类型才是形式解释与实质解释的根本争歧——在没有所谓刑法规定的情况下,能否将具有实质上的处罚必要性的行为通过扩大解释予以入罪。形式解释论认为不可以,实质解释认为"当某种行为并不处于刑法用语的核心含义之内,但有处罚的必要性与合理性时,应在符合罪刑法定原则的前提下,对刑法用语扩大解释"③。如是否可以将真实的军警人员抢劫适用我国《刑法》第263条"冒充军警人员抢劫"从重处罚,实质解释论者认为可实质解释为"冒充军警人员抢劫"这个

---

① 参见张明楷:《刑法的基本立场》,中国法制出版社2002年版,第113页。
② 参见陈兴良:《形式解释论的再宣示》,载《中国法学》2010年第4期。
③ 张明楷:《实质解释论的再提倡》,载《中国法学》2010年第4期。

法定加重情节,认为冒充包括假冒与充当;①而形式解释论者则认为此种解释已然超越了"冒充"一词可能具有的最大含义范围,甚至已经完全背离了"冒充"一词的应有含义,主张对军警人员的抢劫只能作有利于被告人的解释,不得适用该法定加重情节。② 在宋福祥案件③的讨论中,针对夫妻间的救助义务,实质解释论者认为婚姻法中规定的扶养义务扩大解释为包括夫妻间的救助义务,且该义务程度较高,宋见妻子自杀不救的行为构成不作为的故意杀人罪;而形式解释论者认为夫妻间的扶养义务并不能扩大解释为救助义务,故宋福祥的行为无罪。④ 如对"毁坏财物"的理解,尤其是对于采用高进低出方式进行股票操作而使他人财产损失的行为,是否构成故意毁坏财物罪,实质解释论者从保护法益角度出发,认为高进低出买卖股票会导致他人遭受数额较大的财产损失,使他人财物或股票丧失了应有价值,而刑法规定故意损坏财物罪就是为了保护他人财产免遭损失,故毁坏应当解释为使他人财物价值减少或者丧失的行为;⑤而形式解释论者主张从法的可预测性出发,认为将高进低出买卖股票使他人财产受到损失的行为解释为毁坏已超出"毁坏"一词应有的界限,也不符合普通公众的语言习惯。⑥

仔细分析形式解释与实质解释的某些分歧,真正根源并不是他们的解释立场不同,而是他们在信念和价值衡量中的不同。双方都试图通过一种明确理性的方式去确定刑法规范中的"确定"语义,却忽视了解释者在解释文本中的价值判断。至少对大多数文字而言,其确定的

---

① 参见张明楷:《刑法分则的解释原理》上(第2版),中国人民大学出版社2011年版,第67页。
② 参见梁根林:《刑法适用解释规则论》,载《法学》2003年第12期。
③ 宋福祥案:宋福祥酒后回家因酒醉与妻子发生争吵,妻子怒而寻死,宋便说要死就死吧。但是在妻子寻找准备自缢的凳子时,宋喊邻居来劝妻子,但在邻居走后两人又争吵厮打,在妻子寻找自缢的绳索时,宋放任不管不问也不劝阻,妻子当晚自缢身亡。
④ 参见陈兴良主编:《刑事法评论》(第3卷),中国政法大学出版社1999年版,第264页。
⑤ 参见张明楷著:《罪刑法定与刑法解释》,北京大学出版社2009年版,第212页。
⑥ 陈兴良:"形式与实质的关系:刑法学的反思性检讨",载《法学研究》2008年第6期。

含义或通常含义并不是固定不变的,我们也不可能单单凭一种理论就推导出文字的固定边界,从而将某种行为或情况涵摄其中。以前文所述的"毁坏"为例,并没有一个明确理性的标准去判断其是否可以包括高进低出买卖股票导致他人遭受数额较大的财产损失这一情形。至于凭借语义学角度、常识性理解或目的角度来支持或反对将该情形涵摄在"毁坏"之内,这些理由或反对都只是出于不同的价值判断而来的,并没有绝对确定的答案。无论是形式解释论坚持的预测可能性还是实质解释论的法益保护原则,针对这一客观标准不同的解释主体都有不同的理解,刑法解释本质上仍是一种主体性的活动。每个解释主体的知识结构、文化背景、学习、生活经历都不相同,其对刑法的精神、价值的理解也不尽相同。所以就刑法解释而言,实质解释与形式解释的立场区分并不重要,重要的是这种解释方法的依据是否为大多数人所理解,这种解释结论能否被解释听众所接受,就这点而言,刑法解释只能是一种主体间性。正因为此,在解释中判断与自由裁量是不可避免的事情,解释结论往往与解释者的信念体系与价值观念相关,也不存在一个能够指导解释者(法官)得出确定结论的规范性理论,这意味着形式解释或实质解释主张的"非此即彼"的解释结论并不绝对,还是要依据解释主体的价值判断来确定。

  刑法规范以文字语言为表征,但是文字有自己的特性,就像涟漪的波纹一样,中心处明确大家也达成共识。而越向远处延伸,意思明确性逐渐削弱,一旦遇上另一涟漪的波纹,会有交叉碰撞现象,人们的共识也受到挑战,此时他人评判的可能性也就越大。此时解释主体的价值判断和利益衡量显得尤为重要,但此时解释者不能随便评判,需要有一个规范性的原则来约束,价值评价只有在规范评价的"堤坝"内进行才能保证刑法的稳定。在探讨某种疑难行为是否在刑法文字语言的"最大含义之内"时,应竖立一个标准尺度来维持价值判断的正当性。

二、刑法解释中的价值判断

价值是法学中的永恒主题,"一个没有决定和价值判断的法学……既不是实践的,也不是现实的。"① 每一个法律规范都决定着一种利益冲突,都建立在各种对立利益之间的相互作用之下,立法者的使命是概括地表述作为原因的利益的记号,从而进行价值定位、利益分配。事实上,在任何完整的法律规范中,立法者都要处理某个典型的生活事实过程或利益状态并对此进行法律评价。② 立法是对需要调整的生活关系和利益冲突所进行的规范性的、具有约束力的利益评价,而相应的法律解释的过程也包含着对各种基本法律价值的分析和判断。法律解释作为一项解释性的事业,必须通过参与者运用非常相同的方法去阐释,即试图用最佳的解释加之于他们所面对的实践问题。而在法律适用中,法官不是一台按照逻辑机械法则运行的法律自动售货机,而是在判决时对因纠纷而导致的利益进行权衡和平衡的调和者。因法律自身固有的空缺结构,立法时的利益分配可能并不是最为正义的,法律领域中仍然存在许多东西留待法院或法官去解释,他们根据具体情况在相互竞争的、案件之间不等的利益进行平衡。

（一）价值判断与衡量理论

作为对法的解释适用中无法回避价值判断之宿命的一种应对方法,利益衡量超越了单纯以概念和逻辑为核心的形式主义进路,将目光投向法律判断与社会现实之间的关联。通常认为,以价值判断为基础的衡量过程与结论仅仅只是判断者个人确信的表达,不像事实判断那样是以感官知觉为基础的,因而不能以观察及实验的方法加以证明,即使正确的逻辑推论也不能保证其结论在内容上的正当性。由此,怎样

---

① 〔德〕罗伯特·阿列克西:《法律论证理论》,舒国滢译,中国法制出版社2002年版,第8页。
② 参见〔德〕伯恩·魏德士:《法理学》,丁小春、吴越译,法律出版社2003年版,第63页。

衡量解释者价值判断的理论也成为解释学中的重点之一。

在奉行"概念支配"和"逻辑崇拜"的概念法学或法律形式主义的时代,法律被视为完满自足的封闭体系,司法的过程被认为是"规范+事实=判决"的三段论演绎过程,法官通过逻辑推理和概念分析即能从现存法律规范中得出正确的结论,似乎没有衡量的空间和必要。然而,抽象的法律规范和复杂多样的个案之间的矛盾使得法官往往难以直接获得适用的规范,法官将具体个案事实纳入法律规范中已隐含了价值判断,只不过这种衡量被视为理所当然的常识隐藏在法律构成的外衣下。发展到"自由法运动"①阶段,人们认识到法律适用不可能仅仅是一个"规范+事实=判决"的三段论演绎过程,这种三段论的运作并不能保证答案是唯一正确的。另外,以还原主义和规则主义为圭臬的形式逻辑,在法官遭遇法律漏洞和法律空白时,不但于事无补,甚至还会成为法学的枷锁。自由法学说解开了法律形式主义的外衣,将视线直接投向真实的司法过程,承认司法过程中需要衡量、需要价值判断。利益法学作为首个回应价值判断的衡量理论,承认仅依据逻辑推理并不总能从实定法规范中得出满意的结论,指出在司法过程中应当考虑价值判断。其上承耶林的目的法学,中接庞德的社会利益法学和日本的利益衡量理论,下启以"价值取向"为思考中心的价值法学。它以概念主义和机械法学的对立面出场,推动并完成了法学方法论上的"概念/机械法学—利益法学—价值法学"这一哥白尼式的转变。②

在目的法学理论的基础上,赫克为回应价值判断的问题,提出了利益论和利益衡量。其认为价值判断存在于两种情形:其一,在现行法律

---

① 这是个统称,指在19世纪后期至20世纪初,在欧陆国家兴起的目的法学、自由法学、利益法学等学说对概念法学的批判。
② 参见陈林林:《方法论上之盲目飞行——利益法学方法之评析》,载《浙江社会科学》2004年第5期。

的约束下,法官需遵循立法者对利益①的评价,在法律规则的框架内适用法律裁判案件;其二,在法律不完满时,法官除了要遵循法律字面上的规定,更应熟谙法律中所包含的利益,在法律规则的空白处建构新的法律规则,弥补法律规则的不足。② 具体言之,当法官无法依逻辑结构圆满地处理案件时,其须透过现行法探寻立法者对利益取舍的评价,以此为标准衡量当下案件中的相互冲突的诸利益,在尽可能不损及法的安定性的前提下,来谋求具体裁判的妥当性。从某种意义上来讲,利益法学派主张的价值判断是一种解释方法,强调立法者关于利益评价的探求,并以此为标准对当下案件中的诸冲突利益进行比较衡量。

庞德借用威廉·詹姆斯的实用哲学思想,汲取了耶林关于"人类存在的目的是利益,法律是达到目的的手段"的观点,对法律的社会功能和社会目的进行广泛的研究,提出其社会利益理论。庞德深入系统地探讨了利益的分类,将其分为社会利益、公共利益和个人利益,并指出利益在本质上都是特定社会众人的实际需要,不同的区分只是源于不同的观察角度,所以其主张当利益发生冲突时,将冲突的各种利益视为同一种类的利益或是置于相同的层面,然后加以比较。为构造此种平台,庞德提出了社会利益分类与体系,③利益可分为三大类:个人利益、公共利益和社会利益。法律的作用和任务在于承认、确定、实现和保障利益,或者说以最小限度的阻碍和消费来尽可能满足各种相互冲突的利益。个人利益是直接从个人生活本身出发,以个人生活名义所提出的主张、要求和愿望。公共利益是从政治组织社会生活的角度出发,以政治组织名义提出的主张、要求和愿望。社会利益是从社会生活角度出发,为维护社会秩序、社会的正常活动而提出的主张、要求和愿望。

---

① 利益包括个体利益、群体利益、共同体利益、公共利益和人类利益,也包括观念性利益和物质性利益,在立法者的价值判断缺失之处,这些利益处于平等竞争的地位。
② 参见孙文恺:《社会法学》,法律出版社 2005 年版,第 42 页。
③ See Patterson, Jurisprudence, Foundation Press, 1953, p.518.

其将获得衡量结论与法律价值准则的方法归结为经验、理性和权威性的观念三个方面,并认为经验的方法更适合当代社会,应在最少的阻碍和浪费的情况下给予整体利益方案以最大的效果。其在利益界定上较为精细,还初步化解了异质利益(如个人利益与社会利益)如何比较、权衡的问题。但在衡量标准上却相对失之模糊,经验、理性和权威性概念的词,或许能指示个案中的利益评判标准,却不能担保这种评价具有客观性和可预测性,显得立场较为自由、激进——法官可根据个人意志和直觉进行审判,行使广泛的自由裁量权限,而不必遵守任何既定的一般性规则。

日本的利益衡量理论,或者称为方法论意义上的利益衡量论,是日本学者加藤一郎和星野英一倡导的日本民法解释学所独有的一种法学方法论。其主张在进行法律解释或法的价值判断时,要与法条法规、法的构成、法的原则相分离,对具体的事实作出当下的利益衡量或价值判断,即主张以法律之外或超越法律的标准作为判断的标准,坚持裁判过程汇总的实质决定论。其价值判断的标准不是对法律法规中所呈现出的立法者意思的揣摩,而是对国民意识以及社会潮流的考察,这个标准不是固定不变的,但都必须指向与一般人的感觉相一致的公平、正义的判决。不过此种结论并不是最终的结论,除了根据价值判断所得出的实质理由外,其应该附有基于法规的形式理由。不过对于该附随理由的作用,加藤认为是结论妥当性的检验、结论适用范围的明确以及结论说服力的增加;而星野认为结论与法规的结合可加强解释的说服力,符合人民的期待。加藤根据法律处理相互间的平衡和思考经济,星野以明确利益状态的差异和法律的大众化为其关键,两人都认为价值判断需要一个类型化的过程:先对个案里面相互对立的诸利益进行详细精密的分析,确立一个在此种情形下应当优先保护何种利益的基准或裁判的框架,以使在以后相类似的案件中起到演绎的作用。相对于利益法学是对立法者的利益评价的探寻来补充法律漏洞的法律解释方法,日本的利益衡量论更是一个指向裁判过程的法学方法论,强调决定裁判的实质因素不是法律的构成,而是法律之外的、对案件事实诸冲突利益的比较衡量后所得出的决断。

我国台湾学者也对价值判断问题有过相关研究。杨仁寿认为,利益衡量是法官处理具体案件之一种价值判断,一种裁判的结论。在目的考量和利益冲突时,恒须为利益衡量,恒应为价值判断,初不必限于何种阐释方法始得为之,或者阐释方法已穷,始得为之。法官的价值判断应以"外行人"的立场进行,应以社会同行的观念为基础,且不能我行我素。[①] 法是公平与善的艺术,立法与司法的过程同时也是价值选择与利益衡量的过程。立法是价值与利益的冲突糅合的结果,司法的最高任务就是引导价值、平衡利益。

利益衡量是我国民事立法和司法过程中必须把握的一种方法,尤其是在解释适用民法规范的过程中,个案的利益衡量成为一种常态。"之所以必须采取在个案中之法益衡量的方法,正因为缺乏一个由所有法益及法价值构成的确定阶层秩序,由此可以像读图表一样获得结论。"[②]随着利益衡量在解释适用法规范中的经常应用,利益衡量也从个案的处理方法发展为民法解释学中的一种典型的方法论。利益衡量方法的适用前提是存在两个或两个以上的利益冲突,如果没有利益冲突,就没必要在利益之间作出选择,利益衡量就是多余的。法律漏洞存在的客观性以及法律规范的一般性和原则性,往往导致法律适用的不确定性,此时,利益主体就会寻求最有利于自己一方的解决方案,因而利益纷争的可能性增大。当存在多个利益时,并且每一种利益在法律上均有其合理性,而法律却没有规定哪个利益优先,法官在处理这些利益纠纷时就必须进行利益衡量。利益衡量论认为,法院处理案件、解释法律时,进行利益衡量是必需的,强调民法解释很大程度上依赖利益衡量

---

① 参见杨仁寿:《法学方法论》,中国政法大学出版社1999年版,第178页。
② 〔德〕卡尔·拉伦茨:《法学方法论》,陈爱娥译,商务印书馆2003年版,第279页。

的思维方法,即关于某问题如果有两种或两种以上解释的情形,解释者究竟选择哪一种解释,只能依据利益衡量决定。这种思维方法和概念法学的思维方法恰好相反:概念法学的思维方法是依据三段论方法进行推理,即以法律规定为大前提,以具体事实作为小前提,然后依三段论法推导出机械的、程式化的结论。法理学者把这种思维方式形象地称为自动售货机式的生产方式,即只要投入经过规范处理的事实,三段论的方法就会运用预先设定的法律规定,然后结论自然生产出来。利益衡量方法则截然相反,这种方法是先有结论后找法律条文根据,给结论寻找正当化或合理化的理由,它的目标是让法律条文为结论服务而不是从法律条文中引出结论。法院的最后判决依据的不是法律条文,而是利益衡量初步结论,经过解释的法律条文只是增强判决说服力的手段而已。① 换言之,法官需要做的,就是将一定的案件事实通过某种解释而"嵌入"到法律规则的既定逻辑框架之中。因此,从这个意义上说,法官的每一次判决都不可避免地掺杂个人主观因素。

随着社会的发展及在个案解决中普遍的采用,利益衡量论已经超越了其作为对立法者的利益评价的探寻来补充法律漏洞的法律解释方法的意义,发展为支配整个裁判过程的法学方法论。利益衡量论的主要内容在于强调在裁判的过程中排除法规的束缚,依据对各种利益衡量的价值判断得出裁判的结果。方法论上确认利益衡量论首先就是承认法规范及法律裁判均包含价值判断,民法方法论的课题即在于寻找使价值判断客观化的方法。在不同层次的民法冲突的解释中,价值冲突居于中间的状态,既不像规范冲突那么表面,也不如利益冲突那样复杂,只需要找到最低限度的价值共识,就可以寻找到解决价值冲突的路径。在对民法冲突解决的论证途径中,"因为确定讨论者在进入论证程序时共同的'先入之见'——最低限度的价值共识,对于民法学者讨论

---

① 参见梁上上:《利益的层次结构与利益衡量的展开——兼评加藤一郎的利益衡量论》,载《法学研究》2002 年第 1 期。

价值判断问题至为重要。离开了最低限度的价值共识,民法学者就无以达成相互理解,也更谈不上在具体的价值判断问题上达成共识。"①在基本原则层面达成的价值共识是否可能,需要通过价值判断背后所对应的利益关系来揭示。这里要强调对民事法益的协调,法益是由法所保护的、客观上可能受到侵害或者威胁的人的生活利益,法益冲突不是权利冲突,也不是非法利益冲突,是一种合法利益由于立法的不周延性和滞后性导致的冲突。因此,在实证分析的基础上对民事立法、司法中的法益冲突进行分析,才能建立解决法益冲突的利益评价标准和机制。

在讨论价值判断和利益衡量的关系时,必须确认这样一个前提,民法学者讨论价值判断问题时,即使遵循上述论证规则,也未必一定能够在具体的价值判断问题上达成共识。在进行利益衡量的时候,依据最基本的法的价值秩序,首先取决于此时涉及的一种法益较他种法益是否有明显的价值优越性,在大多数案件中,或是涉及位阶相同的权利间的冲突,或者正因涉及的权利如此歧异,因此根本无从作抽象的比较,例如个人的自由权与社会法益的冲突、新闻自由与基本人格利益的保护之间的冲突。最低限度的价值共识应是在利益平衡的基础上寻求协调解决同一类型纠纷的平台,在解决民法问题范围内首先要在最低限度的价值共识上寻求相互理解,从而相互冲突的利益关系就可以平等对话,至于能否取得新的价值共识也没有关系。但是在个案纠纷处理中进行利益衡量,却要求裁判者必须要对价值判断问题作出明确且唯一的判断,因为争议的双方可能在利益关系上已经达到不可调和的境地。司法实务中的通常做法是:当立法者或裁判者面对价值判断问题出现意见纷争时,在时限内经由讨论仍无法达成共识的,就会依照法律认可的表决程序和表决规则作出决断。这其实就是用"力量的逻辑"代替了"逻辑的力量",为民事立法和民事司法中的价值判断问题的讨论

---

① 参见王轶:《民法价值判断问题的实体性论证规则——以中国民法学的学术实践为背景》,载《中国社会科学》2004 年第 6 期。

画上句号。在解释适用民法规范进行裁判的过程中,裁判者应该按照一定的论证规则和程序进行裁判,即按照法律秩序下的妥当逻辑和方法,去论证其所坚持的价值取向的正当性和裁判结果的正确性。

(二)将价值判断引入刑法解释

价值判断的衡量方法在我国民商、行政、环境等裁判过程中已有不少实践,利益衡量在这些法律实践中业已成为高频词汇,用来指称在案件涉及多个利益冲突的场合,法院判决究竟如何作出或者应当如何作出。在民事法律的实践中,学者们对利益衡量问题进行较多的研究,确立了价值判断在诉讼过程中的地位。但也应当发现,引入价值判断不单单限于民事法律领域,也应当将其引入刑事法律领域内,至少应将其视为一种方法以确保判决结论的正当性。犯罪论体系沿着古典主义—新古典主义—目的论犯罪论体系—新古典主义和目的论相结合的道路,都是以事实判断、生活经验为起点,逐渐发展到理性主义的漫长过程。在此过程中,价值判断的成分不断加重。在刑法领域,既要以生活经验为基础制定法律和解释法律,在经验之外,还要作合理的判断。刑法条文作为生活事实甚至是犯罪的类型化,它并非是纯粹的经验事实,其从一开始就包含立法者否定的价值判断。如我国《刑法》第232条规定的"故意杀人"这一条文,先描述故意杀人这一事实,而后立法者对该事实所涉及的生活事实过程进行法律评价——"处死刑、无期徒刑或十年以上有期徒刑等"。所以法官在适用法律时,价值判断比三段论推理更关键。那种认为仅从法律条文就可以得出唯一正确结论的说法,只是一种幻想。而真正起作用的是价值判断。对于具体情形的裁判,往往是对各种细微的法益进行价值判断的结果。解释作为一种"主客间性"范式,若要解决解释主观性的难题,使解释方法变得可靠,那么解释的必须前提是不同的解释主体之间存在价值共识。如果存在价值共识,即便是法律条文本身不完整、不明确,在进行价值补充时,也仍然可以获致相同的答案。尤其在疑难案件中,法律文本没有提供明确答案时,法官需要作出价值判断,需要对相互竞争的价值作出利益衡量,因此法官拥有在数个合法的方案之间选择的权力。①

"对于各种刑法现象,应当从价值判断与规范评价的角度来加以理解;如果从日常生活评价的角度出发,很多犯罪现象是无法解释的,或者解释是无法让普通民众理解的"②。应当承认,价值判断在刑法适用中不可避免,由于刑法文本的规范性,导致刑法规范与案件事实之间缺乏明确的、单一的逻辑对应关系。案件在某种程度上与法律规定的类型相似,在某种程度上又相异于法律规定的类型,导致从法律规定出发可以推出若干结论,而且若干结论并没有明显的正误之分,这也是刑法解释适用的各类解释方法导致的,此时解释者需要进行选择取舍,这种选择的过程即是价值判断的过程。"法律的解释和立法活动,是为实现一定的社会价值及其依据该一定的社会价值所做的判断(价值判断)服务的。"③也就是说,法律本身就是个价值体系,法律的应用并不仅限于三段论式的演绎,它在更大范围内也需要法律应用者的价值评判。既然法律判断以价值判断为基础,那么法院的判决在本质上是法官的价值判断。④ 现行刑法解释中,一方面想要避免价值判断,另一方面又想通过刑法解释使法律规定与案件事实达成匹配,这是不可取的。正如刑法解释对于刑法规范是必须存在的,对于刑法解释而言,价值判断是必须的。第一,抽象的法律规定与具体事物之间不存在精确的有序排列的对应关系,价值选择是必然的。第二,立法者在规定刑法规范时有一定的价值选择,刑法解释在立足于刑法文本的基础上本身就是对立法者价值判断的遵从。第三,刑法规范的相对静止与社会生活的变化

---

① 参见梁迎修:《超越解释——对疑难案件法律解释方法功能之反思》,载《学习与探索》2007年第2期。
② 李立众:《刑法问题的规范理解》,载陈泽宪主编:《刑事法前沿》(第6卷),中国人民公安大学出版社2012年版,第253页。
③ 〔日〕川岛武宜:《现代化与法》,王志安等译,中国政法大学出版社1994年版,第243页。
④ 参见王晓、董必秀:《判决理由:哲学解释学在法律解释中的最终落脚点》,载《浙江学刊》2003年第5期。

发展导致刑法规定与案件事实之间会有错位。法治的基本要求使得法律规范不能朝令夕改，但是社会生活又是日新月异。就算刑法规范背后的价值取向曾经是确定的，为使刑法的发展符合时代精神，也需要对这样的价值取向进行重新解读。当刑法规范与案件事实发生一定的错位时，需要解释者在罪刑法定的范围内进行价值判断。生活之河不断地冲刷法律的地表，挟裹着法律一路前行，所以要求解释者立足于现实的情境，从此时此地出发来进行重新解读解释制定法，据此进行价值判断。以遗弃罪为例，传统的刑法理论认为该罪保护的法益是"被害人在家庭中受扶养的权利"或"家庭成员之间互相扶养的权利义务关系"，相应的，在解释者进行解释时总是将本罪范围限制在因婚姻家庭关系而负有扶养义务的人拒绝扶养年老、年幼、患病或其他没有独立生活能力的家庭成员内。然而，由于社会的发展变化，现在越来越多的刑法学者主张遗弃罪的主体与对象不需要是同一家庭成员，其保护的法益应转变为对他人的生命、身体的保护。出于这种立场，解释者认为在安全问题日益凸显的现代社会，传统的解读无法满足社会连带主义的需要，解释者基于对加强生命、身体安全的保护的价值的信奉，而认为有必要通过扩张遗弃罪的处罚范围来实现相应的价值，这正是价值判断上的不同促使人们对遗弃罪的法益及其构成要件作出全新的解释。

总体而言，刑法解释中的价值判断可以分为三种情况：（1）刑法规范背后的价值往往并不清晰而存在多种解读的可能性，如何对其价值进行价值判断是解释者常面对的问题。如奸淫幼女型强奸罪与嫖宿幼女罪的关系问题上，刑事立法将嫖宿幼女的行为独立定罪，从价值判断上讲究竟是认为嫖宿幼女的行为比一般的强奸幼女行为在性质上更为严重，故需要判处更重的刑罚，还是认为前者不如后者严重所以从轻处罚，便存在很大的争议。刑事立法上的价值判断的模糊不清，使得解释者在对两罪进行分析的时候得出的答案并不相同。（2）刑法不是一个固定不变的规范体系，作为其组成部分的刑法规范总是活生生的，处于持续的变动之中。但是法的稳定性是法律实现其秩序维持功能的必要前提,所以在成文法国家,法律一旦公布,便不可能频繁地进行大规模的立法修正。所以各国刑事立法常在维持刑法典结构稳定的基础上,经常性地进行补充性的立法修正。新增加或修改的立法规定,改变的往往不只是相关的条文本身,而是有着更为深远的多米诺骨牌式的效应,其会影响既有体系中的规范的内容和意义。以《刑法修正案(八)》增设的危险驾驶罪为例,危险驾驶罪作为《刑法》第133条之一,使得解释者对危险驾驶罪的主观方面产生巨大的争议。交通肇事罪作为单纯过失犯而存在,而危险驾驶罪更多地被认为是故意犯罪,但是其又有向交通肇事罪转化的可能性,使得解释者们关于危险驾驶罪的主观罪过争论不休,这当中他们的价值判断就会使他们的解释结论变得截然不同。即使刑法规范背后的价值取向曾经是确定的,为使刑法的发展符合时代精神,总是存在对这样的价值取向进行重新解读的必要性。即案件在定性上并没有困难,但是由于社会发展和其他原因,如果简单按照刑法规范来处理,会带来严重的不合理、不人道和不正义,出现"合法"与"合理"之间的矛盾。当出现这种矛盾时,一个有正义感的解释者往往会对依法得出的结论进行实质审查,避免造成恶果。解释者往往会进行价值判断和利益衡量得出另一种合理又合法的结论。(3)刑事立法中可能存在漏洞,需要解释者进行价值判断将某些犯罪行为纳入刑法规制中。法律颁布之日,就是法律开始落后之时,完美的刑法仅仅存在于立法者的理想之中,永远被追求,却永远无法企及。因为任何一部法律,都有漏洞存在。立法工作是一项艰巨复杂的工作,它要求立法者具有丰富的知识和高瞻远瞩的见识,但即使如此,立法者的认知能力终究是有限的,因为立法者毕竟也是普通的人。正如阿蒂亚所说:"制定法律的过程的确是一个十分复杂的过程,有时发生意外之事,使判决或法规产生并非期望的结果,而这些结果如果制定法律者具有远见卓识的话那也是可以预见的。一种很普通的情形是,在大多数场合运用得挺好的规则在极少见的和预料不到的情况中产生了不公正。两千年来所有的人类经验都证实,无论立法的准备工作多么小心周到,预料不到的副作用还是会发生。"①此外,法律作为一种社会规范,具有抽象性、普遍性、概括性等特征,法律语言的不周密,法律语言的模糊性、概括性与抽象性,法律部门间语言的相互矛盾,法律规范逻辑结构上的不严密等都可能导致刑法漏洞的产生。"文字虽为表达意思工具,但究系一种符号,其意义须由社会上客观的观念定之,因而著于法条之文字,果能表达立法者之主观意思否,自非立法者所能左右,然则立法者纵属万能,但因其意思须籍文字以表达之故,亦势难毕现无遗,则成文法之不能无缺漏而非万能也明矣"②。事实上,立法者有时为了增加法律语言的包容性,为了给立法解释留下空间,会故意采用模糊性的语言,因为法律语言如果过于明确和直白,其刑法漏洞反而会愈大。如《刑法》第236条将强奸罪的对象限制为妇女,导致对于男性对男性的强奸或女性对男性的强奸解释者如何解释也不能将其纳入强奸罪中。为了避免这种情况的出现,立法者有时会故意采用模糊性的语言,这种立法技术的自身特征也导致了刑法漏洞的不可避免。

事实上,刑法解释本身就意味着选择,甚至可以说解释就是选择。"法律解释并不像许多人所想象的那样,只是一个枯燥乏味的形式问题,它包含着对各种基本法律价值的分析和判断。法律解释上的争议,在深层次上往往反映了理性思考的人们在价值侧重或权衡问题上的争议"③。价值渗透到了法律解释的每一个环节,刑法解释总是被解释者的价值取向无形地支配着,使之不能过于分散。刑法解释的各种解释方法,如文义解释、扩大解释、体系解释、历史解释、目的解释等都是一

---

① 转引自李林:《法权与立法的民主化》,载高鸿钧主编:《清华法治论衡》(第一辑),清华大学出版社2000年版。
② 王泽鉴:《民法总则》,台北三民书局1979年版,第19页。
③ 张志铭:《法律解释操作分析》,中国政法大学出版社2001年版,第193页。

种选择。因为无论对解释方法掌握再熟练,也无法从根本上决定我们进行恰当的解释或合理的选择、判断。众多刑法解释方法或解释规则的存在,也恰恰说明了解释者对解释方法在不同的场合存在着选择,而不存在一个客观的、普适的、确定的标准解释方法。不同的解释方法得出的结论可能相同也可能不同,但要注意的是解释者往往并不是先验地选择刑法解释方法,而是先对解释结论进行初步的、直觉的判断,对根据各种解释方法所得出的多个结论进行选择,进而通过解释方法来论证解释结论的正当性和合理性。因此,解释是选择的结果,而所谓的解释手段或方法,事实上只是用于事后根据文本来确定,在文本的创造性补充中已经得到了什么。[1]刑法解释的各种方法都有其欠缺之处,刑法解释方法本身无助于解释结论的最终判断与选择。

① 文义解释。文义解释即指依照刑法用语的文义及通常使用方式阐释刑法规范的解释方法。文义解释在刑法规范中具有基础性的优越地位,文义解释强调解释的起点是对文本的阅读,这是任何解释所要做的不可缺少的第一步。通常认为,通过文义解释可以获得对刑法条文的正确理解的,就不应采用其他解释方法,[2]但关键在于,我们如何得知我们已经获得了这个正确理解?事实上应当承认,在个案中文义解释更多的时候是作为解释者的说服工具而使用,在试图用文义解释证明该解释是正确解释时,只是因为说这句话的解释者希望得出这个解释结论,也选择文义解释作为其解释时的价值判断,并试图说服他人也接受这一解释结论。对此,持相同价值判断的其他解释者会接受,不同价值判断的则不会接受。所以最终的结果是,文字的多义性、含糊性和刑法用语的专业性,决定了在解释刑法规范时虽然有一定的制约,但无法严格限制为仅仅只存在一个唯一的结论。从可能的复数解释中选择

---

[1] 参见〔德〕古斯塔夫·拉德布鲁赫:《法律智慧警句集》,舒国滢译,中国法制出版社2001年版,第139页。
[2] 参见陈兴良:《本体刑法学》,商务印书馆2001年版,第32页。

"正确"的解释,不仅仅是条文认识或解释方法的问题,而是解释者的选择和价值判断问题,这种解释结论并不是一成不变的,可能随着解释者的价值判断而改变。所以日本来栖三郎主张,"仅仅选择一个作为自己解释的解释者,他必定进行过主观的价值判断,裁判所判决的基础上,存在着裁判官的这种价值判断"①。

②扩大或缩小解释。扩大解释是指刑法条文字面的通常含义比刑法的真实含义小,于是扩张字面含义使其符合刑法的真实含义;缩小解释则是指刑法条文的字面含义比刑法的真实含义广,于是限制字面含义,使其符合刑法的真实含义。从其概念出发,扩大解释和缩小解释都是基于解释后果或解释结论所进行的分类,但是所谓的刑法条文字面含义的确定是一件比较困难的事情,刑法的真实含义也难以认定。刑法的真实含义从来不会自动浮现,也不是一个客观存在,而是解释者价值判断的结果,主观认定的结果。解释者并不是一开始就提及刑法的真实含义,而是在众多可能的含义中进行选择、判断,避免呆板地根据通常的字面含义而出现的不合理甚至荒唐的解释结论。但是在扩大解释或缩小解释中,真正的问题不是某一个词语本身的字面含义或真实含义,而是解释者需要、希望它具有什么含义。在解释实践中,解释者往往并不会明确其适用的解释方法,而是非解释者从自己的理解中去分析解释者所可能适用的解释方法,这样导致扩大解释或缩小解释成为一种主观的假设,欠缺一个公认的标准而成为一种人云亦云的事情。问题在于,选择扩大解释或缩小解释自始至终都是目的论的价值判断问题。

③体系解释。体系解释是指根据刑法条文在整个刑法中的地位,联系相关法条的含义,阐明其规范意义的解释方法。体系解释的隐含假设基础是,刑法规范在用语中遵循了一致性原则,相同的用语在同一

---

① 转引自段匡:《日本的民法解释学》,载梁慧星主编:《民商法论丛》(第6卷),法律出版社1997年版,第375页。

规范的不同地方应当尽可能作同样的解释,它假设理性的立法者会在立法过程中尽可能做到整个法律体系的连贯统一,解释结论的不一致或者不和谐意味着不正确。但在刑法解释中,同一用语被解释成不同含义的例子比比皆是。如刑法中的"暴力",抢劫中的暴力与强奸罪中的暴力的概念并不相同。此时问题转变为在何种情况下我们应当遵循体系解释而什么时候又可以不拘泥于体系一致性的结论呢。这里也要求解释者在解释过程中应当体系化地思考,但这样的声称本身就是一种自己的主观判断和事先假定。

④ 历史解释。所谓历史解释是根据刑法规定制定的历史背景材料以及以往同类规定的沿袭与发展的情况阐明其含义的方法。历史解释的确能够给我们提供一些有益的帮助甚至是理解的线索,但是由于社会历史的流变,对刑法的解释不可能完全地遵循立法历史资料所反映的意图。刑法一经颁布,对其所依赖以产生的环境和社会条件而言,实际上就已经意味着衰老并"死亡"。如何能够使刑法规范尽可能地在诞生—衰亡—再生这样的固有过程中尽可能延长其生命,几乎都依赖于刑法解释活动。本质上,历史解释的问题最终仍同立法原意紧密关联,立法原意渐渐成为解释者论证解释结论合法性的一个主要依据。但问题是立法原意是什么迄今为止并没有一个统一的结论。其二是历史解释往往与当初的立法历史资料相关联,但解释者难以全面获得相关的历史资料,或者获得的历史资料并不可靠。因此,与前述的解释方法一样,历史解释所得的结论对解释者是否有约束力取决于解释者的价值判断,如果与解释者的价值一致,则加以某种方式予以依赖采用。

⑤ 目的解释。目的解释是根据刑法立法的目的,阐明刑法规定含义的方法。任何法律意义上的刑法解释,或多或少都包含了目的解释。每一个解释者都从不同的立场,希望最终的法律实践采纳自己的解释观点,从而实现自己的解释目的。但问题的关键在于如何辨认刑法的目的,并且恰当区分刑法的目的与解释者的目的之间的差距。多数学

者认为刑法的目的是保护法益,但在目的解释中如何做到保护法益与自由保障的自由平衡仍是一种价值判断。

运用不同解释规则所得出的结论可能一致,也可能不一致。解释方法的运用只是手段或出发点,但解释结论若转化为案件结果,其是否合理、正确,除了运用刑法规范进行形式逻辑的检验,还包含了解释者的价值判断。每一种解释方法本身并不是一个自我选择的规范,因而其自身无法自动地指向"正确"的结论或指引我们达到"正确"的结论。表面上是解释方法导引我们获得正确的刑法解释结论,而实际上是我们自己对"何为正当、何为优先"的价值判断决定了结论的指向。在刑法解释中常倡导心怀正义对刑法进行解释,但问题在于何为正义,在一个并不涉及根本原则的具体个案中,本身就可能是一个立场问题而需要价值判断。拉德布鲁赫曾言:"是非感预先采取了结论,法律则事后为此提供理由及界限。"①是非感就是一种拥有先前理解的技术,是一种价值判断。此外,这些解释方法的缺陷也表明各种解释方法并不自然地组成一套规则体系,从而在解释方法之间存在效力位阶。在刑法解释领域,有许多学者提倡通过对刑法解释方法进行一定的层级排序,来构造一个科学合理的刑法解释学。如有学者认为各种具体的解释方法之间的关系不是并列,而是具有层次上的高低之分,如文义解释、体系解释和历史解释所处的层次就不同,文义解释处于高一层次。进而要求刑法解释应当遵循如下规则:第一,文义解释优先;第二,单一规则,即通过文义解释可使其含义明确的,无须再作论理解释;第三,论理解释优先原则,即对刑法规定的同一用语进行解释时,如果文义解释的结论与论理解释的结论相冲突时,应取论理解释的结论。② 或者认为文义解释具有绝对的优先权,体系解释是在文义解释之后,仍不能确定语词含义的情况下才可运用;目的解释则是在文义解释和体系解释还不能

---

① 转引自〔德〕考夫曼:《法律哲学》,刘幸义等译,法律出版社2004年版,第85页。
② 参见李希慧:《刑法解释论》,中国人民公安大学出版社1995年版,第132页。

确定其含义时方可运用;刑法解释规则的核心是从严解释,作有利于被告人的解释。① 但是解释方法本身并不能决定在众多解释方法中,尤其是在多种相互矛盾、冲突的解释方法中作出抉择,更无法告诉我们,为何在文义解释已作出一个确定结论时,我们仍然认为它是不明确的而求助于体系解释或论理解释,它并不能解决我们优先选择的标准,也无法分辨什么样的结论是不明确的,什么样的结论是我们不需要的。倡导刑法解释位阶的学者实际上是过度重视刑法方法而忽视了解释者自身的作用。刑法解释方法的最终确定是一个价值判断的过程,而且对于刑法解释方法的运用限度,如文字的含义、扩张或限缩的程度等因人而异,即使使用同一种解释方法解释结论都会不同,更不用说对解释结论的采纳与否是主观选择的结果。以过河作比,桥和船固然重要,但是若没有人,过河就失去了意义,即便过了河,但是人不知道其过河的目的,这种过河行为本身也就没有什么实践意义。我们的时代是一个对方法论着迷的时代,方法的确帮助人拓展了他的生活范围与认知能力,但是方法论的胜利也助长了人对方法的迷信,理解人的问题逐渐蜕变成如何理解方法的理论争议,甚至生活本身也成为方法的选择问题。② 我们应当把刑法解释方法视为找寻某种答案的路径,我们已经知道了多个结论,我们只是在众多解释结论中进行选择,或者说我们只是需要解释方法论证我们所选择的结论,从而判断和说服他人。刑法解释并不单纯的是一种逻辑的客观推演,而是一种理性的价值选择。不过这里的价值判断或利益衡量既不是一种独立的狭义解释方法,也不是一种漏洞填补方法,而是在整个法律解释中广泛运用的论证和验证方法。价值判断在刑法中主要体现在以下几方面:

第一,解释者要针对个案中待适用的刑法规范所涉及的利益进行平衡。立法者制定刑法规范本身就是利益衡量的结果,刑法解释者要

---

① 参见李国如:《罪刑法定原则视野中的刑法解释》,中国方正出版社2001年版,第201页。
② 参见殷鼎:《理解的命运》,三联书店1988年版,第131页。

作的价值判断就是要准确地发现立法者的利益衡量并在解释中转述体现出来;或者说在立法者仅仅规定了一个宏观层面的衡量,缺乏个案的针对性,在立法者利益衡量结果不清楚、不确定的情况下,解释者就必须运用正当的价值判断标准,对案件事实类型中的利益进行衡量。杨仁寿先生也曾指出:"利益衡量乃在发现立法者对各种问题或利害冲突,表现在法律秩序内,有法律秩序可观察而得之立法者的价值判断。"[1]第二,解释者需要根据案件利益作出价值判断。立法者的价值判断可能与现实并不相符甚至脱节,需要解释者在针对主要利益类型的衡量之后,结合非主要利益类型作进一步衡量。第三,针对个案中利益冲突所进行的利益平衡与考量。在利益多元化的时代,各种利益交织,从价值目标的角度来看,秩序、自由、正义是刑法要追求的价值,但是在同一法域下,法律不可能达到同时实现所有目的价值的理想境界,故价值冲突存在也是必然的。解释者在解释过程中必然要面对各种利益的选择,如何平衡这些利益、应当优先保护何种利益对此必须作出价值判断。如果这些利益存在非此即彼的冲突,则不能片面追求利益之间的协调和兼顾,而需要依据法律精神作出选择。

(三) 价值判断的准则——合法性和妥当性

刑法是在恶缘的漩涡里打转的知识领域,不论刑法解释的原则和方法有多少,善是良好解释的核心。刑法解释要依赖生活经验,不懂生活经验所作出的解释,会悖逆人民的法律情感,这可能会造成社会不安。但尊重经验之外,解释刑法还不可避免地要作价值判断。如果只是严格抱着法典,把经验的法律当作一切,案件的处理势必缺乏价值判断与现实关怀,处理结果可能会缺乏正义性和妥当性。善,对刑法领域而言尤其重要,也是刑法解释者作价值判断的准则,具化为刑法解释的原则即为合法性和妥当性。价值判断乃至利益衡量并非单纯的法感,

---

[1] 杨仁寿:《法学方法论》,台湾三民书局1986年版,第214页。

其虽在某种程度上没有具体过程可依循,但解释者在作价值判断时有其需要遵守的原则。"任何一种解释结论的正义性,都只是相对于特定的时空、特定的生活事实而言,生活事实的变化总是要求新的解释结论"①。若是将刑法规范背后的价值判断予以固定化,则不仅刑法文本的生命力将荡然无存,活着的人也势必生活在已经死去的人的统治之下。无论如何,法律文本不是为自己而存在的,在任何时候都为一切法律适用者传达相同命令的客体。法律对解释者有如乐谱,它离不开解释者不断更新的解释,就像乐谱离不开钢琴家一样;法律文本总是不受时间限制地传达着一种客观的、永恒的规范内容,这一命题是法律形而上学的非现实主义的信条。可见,赋予刑法规范以合乎时代精神与现实需要的价值判断,可以使规范历久而弥新,始终保持旺盛的生命力;而规范本身的生命力,不仅为刑法体系保持一定的开放性所必需,也是确保个案正义得以实现的必要前提。"刑法的真正含义从来不会自动浮现,也从来不是一个客观存在,而是解释者价值判断的结果,主观认定的结果……真正的问题不是某一个词语本身具有什么字面含义,也不是刑法中词语的真正含义,而是解释者需要、希望它具有什么含义。"②"刑法的任何有意义的解释都是超规范进行的;但所谓超规范的解释并非是想怎么解释都可以,它必然受到某种底线的制约,这种制约我们把它称作法的精神。"③

在刑法解释论体系中,刑法解释目标和刑法解释原则是影响甚至决定刑法解释结论的核心问题。大致而言,刑法解释原则主要包含合法性原则、以政策为指导原则、合理性原则、整体性原则、明确原则、具

---

① 张明楷:《刑法分则的解释原理(上)》(第2版),中国人民大学出版社2011年版,第11页。
② 林维:《刑法解释的权力分析》,中国人民公安大学出版社2006年版,第94页。
③ 冯亚东:《再谈刑法的解释问题》,载《法商研究》2003年第3期。

体原则、合目的性原则、正当性原则、罪刑法定原则等等。① 而在其中关涉价值判断的解释原则就只有合法性原则、以政策为指导原则、合理性原则、合目的性原则、正当性原则、罪刑法定原则。

先论述罪刑法定原则,因罪刑法定原则是刑法的三大原则之一,学者在论述刑法解释原则时,往往以罪刑法定原则作为基本的界域,理所当然地将罪刑法定原则视为刑法解释的当然原则之一。但罪刑法定原则并不能为适用法律提供直接的、具体的指导,它的价值主要体现在形而上的层面,促使人们形成一种法律至上、程序优先的法治观念。事实上,刑法解释与罪刑法定的价值之间存在一种天然的紧张关系:当立法者以法律文本的方式表达出其价值观念后,法律是确定的,这也是罪刑法定原则存在的前提条件;但是法律又具有先天的不明确性,使得解释者的自由裁量在被允许的合理范围内具有形式上的正义性,也就有了刑法解释的立足之处。尤其是当法律文本作为解释者价值判断的载体时,它的不明确性是绝对的,这对于以确定性为前提的罪刑法定而言,是一个致命的威胁。刑法解释中的价值判断更是一个主观选择的过程,受解释者的经验、知识、情感、好恶的影响,与罪刑法定原则有较远的差距。尽管人们对罪刑法定原则已由严格解释向自由解释转变,解释论者也承认自由解释不是漫无限制的,这种自由只是方法上的自由,它须以法条的明文规定为出发点,不能离开文字所蕴含的立法宗旨自由创造,它须对于社会中占统治地位的价值、利益需要、正义观念以及案件中所涉及的相冲突的各种价值和利益有全面的把握,然后在立法宗旨所许可的范围内进行衡平,力求最大限度地实现效率和公平。② 但是刑法规定的犯罪涉及社会生活的各个领域各个层次,面对如此复杂

---

① 参见李希慧:《刑法解释论》,中国人民公安大学出版社1995年版,第82页;齐文远:《论刑法解释的基本原则》,载《中国法学》2004年第2期。
② 参见付正权:《刑法解释》,载陈兴良主编:《刑事司法研究》,中国方正出版社1996年版,第406页。

多样的生活所作的被动式的刑法规定,想要用一个基本观念支配下的一个绝对的刑法解释方法来解释刑法注定是行不通的,离不开解释者的价值选择。而罪刑法定原则并不能真正地对解释者的价值选择起到实践性的作用,其只能被视为是观念层面上的指引,真正对价值判断起作用的是刑法解释中的合法性和妥当性原则。

"在法律解释中,创造性的固有性不能与解释者的完全自由画等号。解释中的裁量不是全然的随心所欲,法官虽然不免是造法者,但不能肆意和信马由缰"①。刑法解释的对象是刑法规范文本,所以对刑法文本进行价值判断时也不能脱离文本而孤立进行。解释者在面对个案时,不得在刑法条文与事实之间绝对消解文本含义的客观性而肆意衍生文本意义,从而对刑法进行绝对自由的解释。至少解释者的解释行为必须符合程序、解释结果与已颁布的法律有涵盖关系,起码不违背法律的明确规定。合法性原则不在于要求解释过程和结论都要按照法律规定去作,而在于解释者无论作什么价值判断,其解释结论都应有一个合法性的追问。刑法解释的合法性原则强调了法律文本的力量,强调法律规范的评判作用及对解释者价值判断的约束作用。但也要注意,合法性原则并不是教条主义那种单纯按字义遵守规则,而应当根据社会发展的情况等对刑法规范进行解释,合法也不仅仅是刑法中的法,也包括宪法、行政法等相关的法律。

刑法解释的价值判断在相当程度上是以人类的理性为考察对象并进而进行规范的,所以若是出现刑法条文不明确、语义含糊,不符合人类理性要求之时,解释者往往会在遵从合法性原则之外,实现价值判断的妥当性,对法进行价值补偿,实现法的公平、正义。司法是一种平衡的艺术。"逻辑、历史、习惯、效用以及人们接受的正确行为的标准是一些独自或共同影响法律进步的力量。在具体案件中,哪种力量将起支

---

① 孔祥俊:《法律解释方法与判解研究》,人民法院出版社2004年版,第53页。

配作用,这在很大程度上必定决定于将因此得以推进或损害的诸多社会利益的相对重要性和相对价值。"①解释者必须以自己高明的智慧和娴熟的法律技能在各种冲突的利益间寻求某种平衡,以使他的判决最大限度地获得纠纷双方及社会的认同。因而,刑法解释的目标就是以某种方式调和相互冲突的目标,合法性是对罪刑法定的具体阐述,侧重的是解释的形式正义,而妥当性是兼顾解释的实质正义,两者相互协调是刑法解释中价值判断的基准。合法性原则要求所有解释者在解释刑事法律时须准确地依照法律条文进行解读,刑法解释的目的在于解决社会中的刑法问题,解释者要在各种冲突的利益间寻求某种平衡,以使它的解释能得到最大多数人的认可。而解释者如何能达到这种平衡呢？就要求他采用合法性和妥当性作为解释的原则。

具体而言,刑法解释进行价值判断有两种方式:一是先考虑符合合法性原则,在作价值判断时先探求利益冲突背后的立法精神,作出合法的选择。因为大多数刑法条文本身就体现了其欲保护的利益或价值,当刑法解释者面对法律规定模糊或是不好定性的案件事实时,其先考虑立法初的价值判断或利益选择,根据立法精神进行取舍。但有时候仅简单依据刑法规范文本的字面意思或语法结构并不一定就是最优的价值判断,能得到大多数人的认同,此时就要考虑妥当性原则,从个案的实际出发,兼顾法律规范、法律原则和公共政策,选择最为合适的理性判断。第二,先作妥当性的判断。解释者对有些利益冲突作价值判断时可能没有直接对应的法律规范,也没有直接的科学方式作为判断的依据,因为此时的价值判断更多的是判断者个人确信的表达。此时在利益衡量过程中,解释者应先确定平衡冲突利益的结论然后再寻找合理解释根据,看是否有法律规范为价值判断提供支撑的依据。这种依据,有时可以是直接的法律条文,有时也可以是最高人民法院的指导

---

① 〔美〕卡多佐:《司法过程的性质》,苏力译,商务印书馆2002年版,第69页。

案例。指导案例中的推理规则及利益衡量在某种程度上也可作为类案的指导范例,避免个案中利益衡量的恣意可能性,从而使超越文本上法律的利益衡量机制也成为法律秩序的一个环节,而不是超越法律秩序的特例。

刑法视角下的冲突纷繁复杂,呈现出多元化、多层面的特性,同时冲突解决也涉及实体和程序两个方面,并贯穿立法、司法、执法和守法的整个法律运行过程,因此进行利益衡量的难度较大。重要的不是法律规范中体现的立法者所规定的优先利益,而是立法者在立法过程中进行的利益评价和价值判断。但是法官的价值判断可能会取代立法者的价值判断,而且没有客观标准可以对这些判断作事后的合理性审查,因此明确规则非常重要。在大量的实证调查基础上分析法规范冲突、法价值冲突和法益冲突,并以现代刑法的理念为指导总结出冲突的外因和内因及其协调方法的规律和规则,是实证和理论的有机结合。运用实证主义的案例分析模式考察刑法中的规范冲突、价值冲突和法益冲突的存在,在法理学和法经济学的基础理论指导下进行分析,得出规律性结论并与现代刑法的理念相契合。

三、个案中道德因素对价值判断的影响

刑法中存在一些这样的行为:他们并不是为了某种犯罪目的而去犯罪或者在实施某些犯罪行为之后行为人又作出某些值得赞扬的行为(如见义勇为)。此时对行为人应当如何定性?解释者此时应当如何进行价值判断?

(一)超法规阻却事由

前面一种情形,即为我们通常所说的超法规阻却事由。超法规阻却事由是指符合犯罪构成,但由于其社会相当性或者社会危害性轻微,为法秩序的整体精神所宽容,从而排除犯罪性的行为。① 其包括法令行为、自救行为、业务正当行为、被害人承诺、义务冲突等。一般认为刑法解释在面对这类犯罪行为时,其价值判断的基准可适当放宽,在个案中可突破通常的价值判断所坚持的合法性和妥当性。

依法令之行为是指虽然行为符合刑法分则所规定的某一犯罪类型的构成要件,但该行为是基于刑法以外的其他法律体系的规定。② 一般而言,依法令之行为包括逮捕现行犯之行为、父母惩戒子女行为以及公务员之职务行为等。当刑法与其他法令所设定行为造成冲突时,解释者在进行价值判断时可适当突破,认为行为人的行为不构成犯罪。(1)在逮捕现行犯中,行为人为达到逮捕目的,适用暴力手段导致受逮捕人某种程度的身体伤害,解释者可以主张违法阻却事由不构成犯罪。(2)对于父母惩戒子女的行为,父母可在必要范围内进行体罚,若超过必要限制则不阻却成立犯罪,故需要解释者判断何为必要限制。(3)对于公务员之职务行为,既包括基于法律的直接规定所实施的行为,也包括基于上级的职务命令所实施的行为。一般情况下该行为应予不罚,此处重点讨论两种情形:一是若公务人员在不明知命令违法的场合依据命令执行职务的行为,其对法的违反并不因行为人对行为违法性认识的欠缺而被阻却,在此场合是责任阻却而非违法阻却;二是若该命令属明显违法则不在此限,或者说在下级公务员知道上级公务员命令明显违法,其已经陈述其反对意见,但上级公务员仍然维持命令,下级公务员实施了仍然要予以处罚,因为明知上级命令违法时,下级公务员并没有服从的义务,不得成为违法阻却事由。

自救行为是指行为人为了保护自己的合法权利,以不法侵害状态存在且被侵害的权利能够恢复为前提,在来不及请求国家机关救助的紧急情况下,依靠自己的力量保全自己的权利并使之恢复原状且为法

---

① 参见陈庆安:《超法规排除犯罪性行为之基本问题研究》,载《中州学刊》2008年第1期。
② 参见张明楷:《刑法学》(第三版),法律出版社2007年版,第194页。

律和社会公德所认可的行为。① 由于自救行为保全、恢复行为人自己受到损害的权利是对既存的社会秩序的一种破坏,故解释者进行判断时要对自救行为的成立条件严加限制。首先,实施自救行为的前提是必须有不法侵害状态的存在且被侵害的权利能够被恢复。对于合法的行为,如司法机关依法查封、扣押、冻结当事人的财产或赃款赃物的行为,不允许实施自救。实施自救行为还要求被侵害的权利能够被恢复。其次,自救行为是恢复合法权利的行为而非报复行为。如果合法权利被侵害后所侵害的权利已完全消灭或按该权利的性质不可能使之得到恢复,则不允许实施自救。如重伤他人的行为,在被害人受伤后其健康权已无可挽回。在这样的情况下便不允许对不法侵害人实施自救,只能由有关国家机关来追究加害人的法律责任。再者,自救行为必须在紧急情况下才能实施,只有当行为人的权利遭受侵害但来不及获得国家机关救助,而且如果当时不自力救助,则其权利丧失或保全明显困难的紧急程度下才可以。最后,自救行为必须具有社会相当性,即自救行为在手段或方法上必须与实现自己的权利相适应,不允许为了恢复自己的权利而过度地使用暴力,其强度须能为法律和社会公德所认可。判断其行为是否具有社会相当性,即是否超过保护请求权所必需的程度,应结合实施自救行为的性质、时间、地点及不法侵害者的反抗程度、公共秩序、善良风俗等综合判断。一般来讲,自救行为应限于对他人自由的限制和对他人的财产加以扣押、毁损两种手段,而且能通过对财产的扣押或毁损手段达到目的的,就不允许采用限制人身自由的办法。

业务正当行为是指虽然没有法律、法令、法规的直接规定,但在社会生活上被认为是正当的业务行为,从事业务之人在业务必要上所为的正当行为,可以阻却其违法性。② 如急诊医师为车祸伤者截肢以保全其性命,并不构成故意伤害罪,这是共识。此处要讨论的是超过业务范

---

① 参见贺秋华:《自救行为论》,载《中国刑事法杂志》2005 年第 4 期。
② 参见张明楷:《刑法学》(第三版),法律出版社 2007 年版,第 199 页。

围的行为以及职业者违反行政法规但业务仍属正当者如何处理。如无执照的医生实施医疗行为是否构成刑法的非法行医罪。此时解释者可以考虑情节严重进行价值判断,将那些真正救治病人的医疗行为排除在外。

所谓被害人承诺是指具体法益所有人对于他人侵害自己可以支配的权益所表示的允诺。① "目前在刑法理论中,对于如何认定被害人承诺在犯罪构成中的地位还是一个争议很大的问题。"②由于将被害人承诺视为阻却违法事由对行为的认定和判断更为精确,故大陆法系一般将其视为阻却违法事由。在个案中,解释者对于有被害人承诺的行为首先要判断被害人承诺中行为损害的法益。一般而言被害人承诺的侵害法益应限于个人能让与支配的利益,其涵盖的范围仅限于身体伤害和故意毁坏财物,③国家或社会的公共利益不在承诺的法益范围内,即遵循"侵犯可能的法益原则"。如果不是被害人本人能够任意处置的个人性质法益,即使有承诺也不能阻却违法性,即应根据法益的性质予以区别对待。如在有关危害公共安全的犯罪中,即便有其中之一的被害人的承诺,也不能使行为人的危害公共安全的行为的违法性阻却,因为公共安全已不是一两个被害人所能承诺的法益。而且,即使以个人法益为主的犯罪,当它同时会使国家法益、社会法益遭受侵害时,被害人的承诺也不能直接阻却行为的违法。对此,日本学者大塚仁曾以遗弃罪和承诺杀人罪为例作过说明。他指出,虽然被遗弃者个人的生命、身体的安全是主要法益,但同时,无论如何遗弃这种野蛮行为是今日的文明社会不应允许的,在此意义上也可以看成是在保护社会的善良风俗。在承诺杀人罪中,行为人即便得到承诺而杀人,亦应被视为犯罪。因

---

① 参见李海东:《刑法原理入门(犯罪论基础)》,法律出版社1998年版,第90页。
② 高铭暄、张杰:《刑法学视野中被害人问题探讨》,载《中国刑事法杂志》2006年第1期。
③ 参见车浩:《被害人承诺还是被害人同意——从犯罪论体系语境差异看刑法概念的移植与翻译》,载《中国刑事法杂志》2009年第11期。

为,在这里对被害者生命的侵害乃是国家和社会的问题,与遗弃罪中对被害人生命、身体的危险相比较,其程度更严重,自然不能说有被害人的承诺就可以予以放任。① 另外,在现实中存在着个人法益与国家、社会的公共法益结合在一起的情况,在这种情况下,个人法益部分可以成立承诺;国家、社会的公共法益是个人无让与支配的权利,不构成承诺。如诬告罪,关于个人的名誉方面,可以成立阻却违法事由,不构成诬告罪。但对国家方面的诬告是妨害国家正常活动的问题,如何处理是另一回事。再如关于与他人共有的财产,也应按同样道理解决,即个人所有部分为可侵害法益,他人所有部分不能依个人承诺来决定。其次,解释者要判断被害人的承诺是否为其真实作出的意思表示,如果是基于相对方的欺骗、胁迫或者行为人自身的人格缺陷等,从而导致其作出了违背真意的承诺,即使是个人能让与支配的利益也不能一概肯定承诺的有效性。若是基于外在因素而作出的错误承诺,解释者应当考察损害结果的发生是否明显违背承诺人的真实意思,若是被害人此时已丧失了自由处分自己权利的意志自由,应直接认定该承诺无效。② 最后,解释者还要判断被害人的承诺能力,被害人的承诺能力在很大程度上决定被害人承诺的有效性与否,确定承诺能力的关键在于承诺能力在刑法体系中的位置。不同于刑法中的刑事责任能力,其不仅要求行为人对自己的行为有认识能力,还需要行为人对责任以及对刑罚的承受能力也有相应的认识;对于被害人的承诺能力而言,刑法关注的是被害人要认识和支配由自己所实施的、与法益相关的行为能力。故解释者进行判断时要重点注意利益处分带来的后果对承诺人以及社会带来的现实危害或者潜在危害性,对被害人自身而言,其承诺的作出应当符合其基本利益,另外这种承诺的行使不能仅仅对承诺者本身是安全的,同

---

① 参见〔日〕大塚仁:《犯罪论的基本问题》,冯军译,中国政法大学出版社1993年出版,第11页。
② 参见张洪成、姚辉:《被害人承诺错误之法律效果辨析》,载《河北法学》2013年第10期。

时这种安全性应当不具备潜在的威胁。①

义务冲突是指存在两个不相容的义务,为了履行其中的某种义务而不得已不履行其他义务的情况。② 义务冲突的法律属性是一种超法规的排除犯罪事由;其实质上与紧急避险最相类似。义务冲突主要是通过阻却违法性的方式排除犯罪性,在义务冲突的情形下,行为人在现实上无论如何只能尽一个义务,因此对于未尽到另一个义务冲突的情形,法律上无法归责。说到底,冲突义务的比较是一个价值判断问题,也是一种解释性判断。在义务冲突中,所保护的利益大于放弃义务后损害的利益,一般认为不仅手段是适当的,也是符合社会伦理规范的。放弃一项义务作为履行另一项义务的一种手段是否正当也不得不联系利益的衡量来评价。义务冲突能够排除犯罪事由在于社会相当性,在行为人选择履行高阶义务而放弃低阶义务时,行为应当基于社会相当性而排除犯罪性。即使是行为人错误地选择,也应当与完全不履行义务的行为予以区别,从而相应地减免其刑。③ 在坚持罪刑法定原则的前提下,行为人要考虑义务的紧迫性、可弥补性、可实施性等因素,决定履行哪种义务。

(二) 犯罪后见义勇为

社会生活光怪陆离,除了前面所说的超法规阻却事由,社会中还会发生一种行为人犯罪后又见义勇为、乐于助人的情形,在有社会危害性的同时也存在值得赞扬的一面。此类行为不同于超法规阻却事由,行为人实施的犯罪行为完全符合我国刑法中的犯罪构成要件,此种行为也没有什么缘由可以为法秩序和社会伦理规范所宽容。以抢劫后救人为例,可以分为两种:一种是两次行为的对象都是针对同一人,如刘某

---

① 参见凌萍萍:《被害人承诺能力研究》,载《当代法学》2010 年第 4 期。
② 参见张明楷:《刑法学》(第三版),法律出版社 2007 年版,第 201 页。
③ 参见简永发:《略论刑法中义务冲突法律性质的根据》,载《法学评论》2008 年第 5 期。

抢劫案①，刘某在小胡招合租室友之际，抢劫了其一部手机、一台笔记本电脑，后刘某生怕小胡未挣脱他的捆绑，冒充邻居打电话向公安报警，这个电话使得其被抓住。另一种是两次行为的对象并不一样，如谢某抢劫案②，谢某抢劫村民的摩托车后逃离，后其由于心怀愧疚自愿将左肾捐献给一名身患尿毒症的居民危某。这两种类型中行为人的犯罪行为是确定的，在道德上是被谴责的，也是刑法所禁止的；但事后行为人又实施了救人行为，在道德上被赞扬的。解释者在面对行为人先后的两个行为一为刑法所禁止另一为道德所赞扬的个案，应当如何进行判断？

  刑法是立法者从整个国家的整体利益出发而规制的权利义务关系，刑法所保护的法益是基于社会生活秩序、道德伦常而对各种利益进行权衡、选择的结果。刑法的目的不是单纯保护某一种利益，而是一种能使整体利益最大化的那部分利益。行为人犯罪后救人的行为并不影响解释者对行为人的定罪判断，影响的是量刑判断，解释者如何寻求减轻处罚的依据才是其进行价值判断最为重要的一点。对于量刑时能否减轻处罚可以在以下三方面找依据：一是客观违法性的大小，二是主观有责性的大小，三是预防必要性的大小。③ 其一，客观违法性是指行为对刑法规范所保护的法益侵害性。对法益侵犯的程度（如既遂还是未

---

① 参见《男子绑人抢劫后担心对方，为救人报警被抓》，http://news.m4.cn/2014-05/1231014.shtml，2014年6月29日访问。
② 参见《男子3年前犯下抢劫罪后逃离，捐肾救人被判缓刑》，http://www.legalinfo.gov.cn/index/content/2010-12/15/content_2400315.htm?node=7880，2014年6月29日访问。案情简介：2007年9月，谢某伙同同村青年刘某、陈某窜至县政府前广场，以寻人为由将在此处出租摩托车的村民叶某骗至某地抢得其摩托车，并对其进行言语威胁以及搜身，但未劫取到其他财物，赃车由谢某以500元价格销赃。事发两个月后，由于心怀愧疚，谢某自愿将左肾捐献给了一名身患尿毒症的居民危某，挽救了他的性命。法院认为，谢某抢劫作案后确有无偿捐肾的善举，证实其有悔罪表现。同时，其所在村委会证实村委会具备监管帮教条件，对其适用缓刑不致再危害社会，故依法对谢某以抢劫罪判处有期徒刑3年，宣告缓刑3年，并处罚金5000元，并责令其接受社区矫正，服从其所在村委会矫正组织的管理教育。
③ 参见张明楷：《许霆案减轻处罚的思考》，载《法律适用》2008年第9期。

遂)是影响违法性的重要因素。如果法益侵害轻微,当然不成立犯罪;如果犯罪行为对法益的侵害达到了值得科处刑罚的程度,但又明显轻于法定最低刑所对应的程度,则成为减轻处罚的依据。无论是在刘某案还是在谢某案中,其实施抢劫罪所侵犯的法益并不具有减轻处罚的根据。其二,有责性是指客观违法事实对行为人的非难可能性。就成立犯罪而言,要求行为人具有故意、过失、责任能力、违法性认识的能力,还需要达到刑事责任能力。在量刑上行为人在何种程度上具备这些要素是考虑是否减轻处罚的依据。在刘某案和谢某案中,刘某和谢某也都不具有减轻处罚的根据。其三,刑罚的目的是预防犯罪,包括特殊预防和一般预防,预防的必要性当然与量刑有关。首先,在量刑上先注重的是特殊预防,使刑罚与罪行相适应。我国《刑法》第 5 条规定:"刑罚的轻重,应当与犯罪分子所犯罪行和承担的刑事责任相适应。"这一规定实际上是要求量刑的轻重与犯罪人的人身危险性相适应,这也是目的刑的要求。人身危险性是指由犯前、犯中和犯后的相关事实所征表出来的,已犯者将来对刑法规范或刑法所保护价值的再次背离的"现存"人格状态即"现存"态度。① 人身危险性指向行为人的犯罪可能性,每一硬币都有它的两面,解释者要注意到行为人"恶"的一面,也要期待"善"的出现。注意到行为人的人身危险性,从而将行为人从行为背后置于台前,使之与行为置于同一地平线,这是对行为人和人性予以关注的明确呈现。②

行为人对自己的行为负刑事责任,必然实施了犯罪行为。但是解释者衡量犯罪行为是否严重,应否负刑事责任,是由社会危害性和人身危险性的大小共同决定的。刑事责任有回顾责任与展望责任之分,回顾责任是相对于已然之罪而言的,而展望责任则是相对于未然之罪而

---

① 参见马荣春:《人身危险性之界定及其与主观恶性、社会危害性的关系——基于刑法学与陈兴良教授商榷》,载《华南师范大学学报(社会科学版)》2010 年第 5 期。
② 参见陈伟:《穿行于刑法基本原则中的人身危险性》,载《浙江社会科学》2011 年第 3 期。

言的。社会危害性作为某种犯罪行为对刑法所保护的社会关系造成的损害,其社会危害性之有无以及社会危害性之大小,是由已然之罪决定的;而人身危险性作为对社会有潜在威胁并对社会构成危害的可能性,其人身危险性之有无及人身危险性的大小,则是由未然之罪决定的。在有明显的依据认定行为人的人身危险性并没有那么大时,刑事责任作为回顾责任与展望责任的统一体,在确定某种行为的刑事责任大小时,不仅要照顾到某种犯罪行为的社会危害性的大小,而且要考虑到某种犯罪的人身危险性的大小。只有将这两个方面的因素紧密地结合起来,才能正确处理好犯罪行为与刑事责任之间的关系。[①] 可以说把人身危险性纳入刑事责任的考虑之列,是一大实质进步。人身危险性的介入,连接了已然之罪与未然之罪,把正义性与功利性要求贯通起来。人身危险性属于未然领域,它是一种尚未发生的可能性,是对以后行为的预测,但是解释者如何判断行为人的人身危险性呢?美国学者科泽尔根据人格与人身危险性的相关性认为,以下人具有较小的人身危险性:具有道德责任感和成熟的敏感性的人;十分关心别人的福利与得失的人;放弃了自己的敌视与怨恨的人;对现实没有大的偏差的人;有自知之明的人;人格中具有有助于处理危险状态的因素的人;能对自己过去的行为承担责任的人。[②] 在上例中刘某和谢某实施了抢劫行为,这种犯罪行为具有社会危害性,但刘某和谢某在之后又实施了救人行为,说明其是有道德责任感的人,其人身危险性并没有达到十分恶劣的情况,就如刑法中明文规定的自首、立功和坦白,都是行为人实施了危害社会的行为之后又用自身品格体现了其人身危险性并不大。2010 年 10 月最高人民法院《量刑规范化的指导意见》第 6 条规定:"对被告人依法判处刑罚,应当符合犯罪的社会危害性和被告人的人身危险性,与被告人的罪行及其应当承担的刑事责任相适应。"在人民法院的酌定量刑情节

---

① 参见李永升:《刑法学的基本范畴研究》,重庆大学出版社 2000 年版,第 212 页。
② 参见刘仁文、王桂萍编译:《哈佛法律评论》,法律出版社 2005 年版,第 22 页。

中,像犯罪分子犯罪前的一贯表现以及犯罪后的态度就是反映犯罪分子人身危险性的情节。所以在行为人犯罪后又救人的个案中,解释者也应当结合社会危害性和人身危害性综合判断,从而在价值判断中适用减轻处罚。

第二节 刑法解释的利益需求立场

一、解释主体的私人利益超越

社会本身是一个利益互动的社会,存在着复杂的利益关系,其中既有利益的一致又有利益的冲突。在法治社会中,法律是重要的利益调控和保障机制。人的社群交往行为构成了人类社会的动态性景观,社群交往的行动虽然不是法律本身,但却蕴含着法律的规范性内容,故解释者解释法律不是私人利益角度解释法律,而是从社会共同体出发解释法律。毕竟法律是针对全体社会成员而制定,所以它需要对全体社会成员予以深切的关怀。在现代社会中存在的不是单纯的个体,而是利益和价值取向都不同的规范共同体和社会。解释者不应当以自己个人的价值取向来填充其间的价值内容,当解释者解释刑法的时候,他们是在为整个共同体说话,而不光是他们自己。尽管作为与个案直接接触的解释者,其先见会参与影响到其对案件的事实认定和价值判断,或许会或多或少地将其个人色彩、个人利益参与到解释之中,但其在进行解释的时候,必须充分意识到要寻求的是——在一种非常真实的意义上——共同体的解释。① 此外,解释者在解释时不仅应尊重法条的文字,还应兼顾立法者的意旨,在遇到法无规定的场合,应自觉地把自己

---

① 参见赵晓力:《美国宪法的原旨解释》,载赵晓力主编:《宪法与公民(思想与社会)》(第4辑),上海人民出版社2004年版,第386页。

看作是"立法者的助手",通过现行法来探求立法者所欲促成或协调的利益,即探求立法者若在今日立法的话,对各种利益所可能进行的取舍,然后以此为标准去对该待决案件中诸冲突利益进行衡量,以补充漏洞得出结论。法律一旦制定,所关涉的不仅是某个人的利益,也不仅是几个甚至成百上千个立法者的利益,而是在该法律调整和管辖范围内的所有人的利益。一个合理的刑法解释是基于刑法的正义要求,并非解释者根据私人的利益作出的解释,而是根据社会共同体作出的符合刑法规范目的的法律论证。在解释和判断的时候,有必要适当而又合理地考量、斟酌大众的态度。

于刑法解释而言,其解释结论不单单仅为自身所用,尤其是法官的解释结论,可能会影响利益相关的一大批人。一种法律制度不仅是一套规则,它还是由许多人组成的一个复杂网络,组成它的人中有律师、立法者、法官、警察、公诉人、行政官员、陪审员以及其他帮助建立和执行法律的人。这些人的行动,它们组成的群体,它们所受到的压力,它们所具有的影响,关系到一个解释结论是否得以公正。刑法解释所规定的内容往往与不同主体的利益直接相关,或者就是在它的特定角度为权利和义务划定界限。进一步而言,刑法解释中的这种利益相关性又是因为刑法同社会的广泛相关性。刑法的特点在于,它不是同某一种社会关系有关,而是保护所有社会关系,因而它是受整个社会关系体系的制约;[①]反过来在整体意义上,刑法在保护所有社会关系的同时,也就同整个社会相联系,只要特定主体生活在这个社会并且同社会发生交往而成为某一社会关系的主体,它就有可能同刑法发生千丝万缕的关系。同时,刑法所使用的刑罚往往包括对民众的生命、自由、财产等利益的限制或剥夺。刑法解释一方面同所保护的各种法益存在相关,另一方面当然又同刑罚的对象即罪犯发生关联。刑法解释的广泛性使

[①] 〔苏〕斯皮里多诺夫:《刑法社会学》,陈明华等译,群众出版社1989年版,第89页。

得所有与刑法解释利益相关的人员都牵涉在一起，使得解释者要慎重解释，不仅仅从自己的利益点出发进行价值判断，这一点在有关机构同最高司法机构联合颁发的有关刑事司法解释中表现最为明显。如2002年7月8日最高人民法院、最高人民检察院、海关总署《关于办理走私刑事案件适用法律若干问题的意见》，由于该司法解释的执行在一定程度上依赖于海关部门，为了表明解释者不是出于其私人利益随意制定的，其将与走私利益相关的海关部门也纳入解释主体之中。再如2011年1月1日最高人民法院、最高人民检察院、公安部、司法部《关于限令拐卖妇女儿童犯罪人员投案自首的通告》，关于拐卖儿童、妇女的犯罪事宜往往由公安部门负责，所以该司法解释考虑到这一点之后也考虑到公安部门的利益，一并颁发司法解释。而"两高"在起草《关于办理知识产权刑事案件具体应用法律若干问题的解释》过程中，先后多次听取中国外商投资企业协会、欧盟委员会、商业软件联盟、中国商业软件联盟、美国电影协会、中国美国商会、美国信息产业结构等行业协会和部门的意见。① 该司法解释正是考虑到这些与知识产权相关的协会或公司的立场，该司法解释的结论与它们的利益密切相关，适当考虑它们的意见可以使得司法解释更容易为大众接受，更凸显合理性。

由于在任何过程中都可能存在利益相关，因而在解释者进行刑法解释时必须要注意到存在的利益相关性，考察在刑法解释中牵涉的各种利益之间的平衡，关于该解释一旦作出可能会影响到哪些人的利益，从而作出最优化的刑法解释。这样的问题在大众话语与精英话语中较为突出，法律的职业化、专业化、技术化和复杂化导致刑法解释的职业化、专业化、技术化和复杂化，相应司法机关的工作人员或刑法学者认为只有自己才有完全的能力进行解释，其往往从自己的利益角度出发

---

① 参见《最高人民法院、最高人民检察院就〈关于办理侵犯知识产权刑事案件具体应用法律若干问题的解释〉举行新闻发布会》，http://www.china.com.cn/chinese/2004/Dec/734351.htm。

进行解释,忽视了大众的意见,导致刑法解释缺乏足够的民众支持。事实上,在刑法解释中,应当从不同阶层和群体来解释,使得精英话语与大众话语形成竞争性的对话,使得刑法解释能够更趋中合理,所以才有刑法解释要符合常识、常情、常理,从普通大众的角度进行解释,体现保护他们的利益。但也要注意避免在利益相关性的盲目指引之下,刑法解释成为在极大程度上是完全按照有关方面的某一方的意见及其他特殊的利益形成的,而忽视了其他利益群体。在某种程度上,解释者在刑法解释过程中要充分注意其不同主体的民主参与性,任何一个具有一般意义的刑法解释都是一次利益和成本在社会不同群体中的财富再分配,总是会充满着利益的博弈,而这种分配必须要有两种不同方向的力量的牵制,才能够避免单方面的解释结论。因此解释者不能仅从自身利益进行解释,将被告人成为"被遗忘的人",仅被作为一个旁观的等待处理的对象对待,尤其是不可忽视辩护律师在刑法解释中的作用。某种程度上,我国的解释者(侧重法官、司法机关)并不是纯正的中立者,对法律保持绝对的忠诚,更多的仍是充当维护国家特权的一个角色,刑法解释往往被视为维护国家权威的一个过程,只侧重国家利益的审判、解释过程。或者就是某些"正义"的解释者,在作刑法解释时一律作有利于被告人的解释,结果忘了有利于被告人只用于存疑时,这种存疑并不适用于对法律疑问的澄清,只有当一般的法律解释原则都不能消除疑问时才适用有利于被告人原则。解释者是无法做到"价值无涉",而纯粹的绝对的价值中立也只是一种类似于乌托邦一样难以实现的理想,但至少应当明白刑法解释承担着法益保护和人权保障的机能平衡,一味地偏向某一方面不是一种恰当的做法,解释者所要追求的应当是正义,不是自己的私人利益,也不是某一特殊群体的利益,而应当是大多数人的利益。

二、刑法保护的法益位阶依循

对于价值判断问题,在价值取向单一的社会中,解释者们很容易就能达成共识。但是在价值取向多元的社会中,解释者由于秉持各种不同的价值取向,从而使价值判断问题的讨论陷入"明希豪森困境"之中:要么是无穷的递归,以至于无法确立任何讨论的根基;要么是在相互支持的论点之间进行循环论证;要么是在某个主观选择的点上断然终止讨论过程。

在刑法学界,阐明刑法的法益存在两种途径:第一种是以规范论为基础,在规范违反中寻求违法性实质的规范论路径,从行为无价值立场出发,认为刑法是"以明确对于犯罪的规范评价、对其规定适当的刑罚为首要任务",同时通过此种规制机能实现法益保护。① 第二种则是以法益论为基础,在法益侵害中寻求违法性实质的法益论路径。从结果无价值论的立场出发,认为刑法是通过对一定犯罪行为科处刑罚的规定,进而保护那些被犯罪行为所侵害或者危及的生活利益。两种立场都承认刑法的法益保护机能,认为其是刑法保护的重点对象。在未有刑事立法之前,即有法益的存在,立法者只不过是将此种法益以条文化来保护。② 一方面,立法者会选择性地保护某些法益,将某些利益上升为法益,这也是前文陈述立法者的价值判断;另一方面,立法者可能会对其发现的法益进行保护,行政犯的大多数情形都是因为立法者发现应当保护的某种利益,经过价值判断、利益权衡后将其纳入刑法保护的法益之中。应当说,刑法和其他法所保护的利益都是法益,只不过一般的部门法只是保护某一方面的法益,而刑法保护各个方面的法益。

不过以往的学说认为在一个刑法法规中存在一个保护法益是当然的前提,如杀人罪是故意剥夺他人生命的犯罪,保护的法益是个人的生命。盗窃罪的本质是侵害他人的所有权,主要的保护法益是所有权。但后面渐渐发现"一个刑法法规的保护法益并不限于一个,数种类的保

---

① 参见[日]大谷实:《刑法讲义总论》,东京:成文堂2000年版。转引自关哲夫、王充:《法益概念与多元的法益保护论》,载《吉林大学社会科学学报》2006年第03期。
② 参见陈志龙:《法益与刑事立法》,台湾大学丛书编辑委员会1992年版,第103页。

护法益具有同样的重要性而并列、或者具有不同重要性而主从竞合的情况并不少见"。再者,值得注意的是有的犯罪的保护法益并非仅限为一个,如存在侵害国家法益的犯罪同时又是侵害个人法益的犯罪,侵害社会法益的犯罪同时还是侵害个人法益的犯罪的保护法益竞合的情况。此时刑法解释如何进行呢?前面已经陈述了刑法解释是一个价值判断的过程,解释刑法旨在发现刑法规范背后所保护的价值(此中的价值更多体现为法益),那么就需要对案件中所涉及的多种法益作出取舍或优劣顺位,以此进行价值判断。一般而言,优位法益优先于低位法益的法益保护原则是刑法中法益出现冲突或竞合时的选择规则,也是制约刑法解释的规则。刑法中的法益保护位阶存在于三个层面上:

(1)在重叠的法益并存形态下,即在一个刑法法规中复数的保护法益重叠地结合在一起的时候,解释者应当如何进行价值判断。一般而言,复数的保护法益是以"对等关系"相结合的形态和以"优劣关系"相结合的形态两种方式存在。对等关系主要是指在刑法法规中复数的保护法益是等价的、相等的,如拐骗儿童罪(《刑法》第262条)中"被拐骗者的身体自由"和"亲权者的监督权、监护权"是以对等关系相结合的两种法益。优劣关系则是指在刑法法规中复数的保护法益是存在优劣之分的,如放火罪(《刑法》第114条)中,"不特定或者多数人的生命、身体、财产的安全"的社会法益是其首要的保护法益,而"被害目的物自身的财产的价值"的个人法益则是次要的法益。再如诬告陷害罪(《刑法》第243条)中,"被诬告者的人身权利"的个人法益是主要的保护法益,"国家的司法作用或司法机关的正常活动"的国家法益是次要的保护法益。又如抢劫罪(《刑法》第263条)中"被抢者的财产价值"的财产法益是主要的保护法益,而"被抢者的人身安全"的人身法益是次要的保护法益。(2)当法益在自力救济与侵害行为发生冲突之时,如何根据法益保护位阶去认定自力救济者是否构成犯罪。这大致包括刑法中的正当防卫与防卫过当的界限、紧急避险与避险过当的界限等,区分的标准在于衡量刑事立法中所保护的法益的主次或轻重关系。如我们不能为了保护自己的财产权而侵犯不法侵害者的生命权,这里就涉及财产权与生命权的比较权衡问题。(3)基于法益保护位阶的存在,刑事立法时就要体现出对重点法益的特殊保护。而在刑事司法中,当遭遇到此罪与彼、重罪与轻罪的临界点的案件时,我们要根据刑法保护的位阶进行解释,以体现法益保护的妥当性。

(一)法益保护内容位阶

在解释者进行价值判断的时候,先考虑行为是否侵害或威胁法益,再根据法益位阶区分不同法益而采取不同的出入罪标准。传统刑法过于注重"等同法"而忽视"排序法",将本应成为个罪解释之首要依据的法益保护位阶弃之不用。但事实上,法益保护位阶是实现刑法目的的重要手段。刑法目的是刑法作为一种犯罪控制手段所欲达到的效果,秩序维护与自由保障是刑法目的的法理解读,只不过这是一种笼统的表述。直观的表述即为保护法益。但保护法益并不意味着是平等化的保护,根据刑法惩罚的严厉程度不同,法益保护也需要区分重要法益与一般法益,从而实行位阶排序。大致说来,我们可以根据法益保护对象和法益保护的主体对法益进行位阶排序。对于法益保护的内容,其包括哪些又该如何进行位阶排序呢?刑法学界有不同的观点,陈志龙教授将法益的位阶概括为:生命、身体、自由、财产和名誉等。由于法益保护内容主要牵涉个人利益,所以可将其分为三个位阶:第一位阶是生命利益与重大身体健康利益,第一位阶的利益是最高位阶的利益,是个人最为重要的利益。拉伦茨教授也认为,较其他法益而言,人的性命或尊严有较高的位阶。第二位阶则为身体利益(除去重大身体健康利益)、自由利益以及其他与人身有直接联系的利益。"生命、身体完整性、自由和名誉被看作是和财产利益相比更高一层的利益,因为这些利益不仅包含了财产利益,还包含一些因依附于个人的特征而无法用客观标准加以衡量的其他价值。"① 第三位阶则为财产利益以及其他个人利益,这部分利益与个人的人身没有直接联系,属于个人在社会中生活所需要的外在利益,没有人身专属性。

(二) 法益保护主体位阶

以法益主体为依据,大致可将其分为国家法益、社会法益与个人法益。大体上,个人法益、社会法益和国家法益是一种由具体到抽象的递进关系,也是一种包容和被包容的关系。国家法益是指以国家作为法律人格者所拥有的公法益;社会法益是指以社会整体作为法律人格者所拥有的社会共同生活之公共利益;个人法益则是由自然人所拥有,并由刑法加以保护的重要生活利益。② 一般认为国家法益中包含着国家安全,社会法益包含着公共安全,这种国家安全和社会安全可能同时造成生命权、人身权的侵害,而个人法益包含生命、身体、自由、财产和名誉等。对刑法典中分则的体系安排是按照侵犯个人法益犯罪、侵犯社会法益犯罪、侵犯国家法益犯罪的顺序排列还是按照侵犯国家法益犯罪、侵犯社会法益犯罪、侵犯个人利益犯罪的顺序排列存在争议。西方一些学者主张:个人是国家与社会的中心,保护个人法益是保护国家法益与社会法益的基础。个人法益应该是刑法最优先保护的法益,社会法益不过是作为多数人的法益而受到一体保护,国家法益则是作为保护个人法益机构的法益而受到保护,这些学者的著述在刑法分论的体系结构上莫不以侵害个人法益的犯罪排列在分则罪序的首位。而在我国刑法分则体系中,是将国事犯罪作为最严重的犯罪排列在第一位,而侵犯个人的生命、健康、自由和尊严的犯罪被排在侵犯社会主义所有制的犯罪之后,处在分则体系的第三位,故有学者主张国家法益为诸法益

---

① 〔德〕克雷斯蒂安·冯·巴尔:《欧洲比较侵权行为法》(下卷),焦美华译,法律出版社2002年版,第18页。
② 参见林山田:《刑法特论》(上册),台湾三民书局1978年版,第8页。

之首,社会法益次之,个人法益最后。① 事实上对于侵犯国家法益、社会法益的犯罪不能一概而论,而是要结合社会一般人的标准进行具体分析。其中,以下几个法则是应该需要遵守的:其一,人身性法益重于财产性法益,这在学界并没有分歧。其二,价值性法益重于物质性法益,因为价值性法益意味着对国家政权或社会制度存在的合理性产生了质疑,而物质性法益则纯粹是为了保护某种物质性利益。当然,价值性法益与人身法益、物质性法益与财产法益等之间也存在交叉,比如恐怖活动也会带来人员伤亡,会侵犯人身法益。其三,国家法益与社会法益并不必然具有优先性,而是要判断其是为民众的权利保障抑或为政府部门的管理便利,如果是后者则并不具有优先性。比如我们不能因为劳动者的罢工等群体性事件而对劳动者以聚众扰乱社会秩序罪追究刑事责任,但是为了保障食品安全,则要求刑法加大对生产、销售伪劣产品罪等的打击力度。另一方面,刑事立法为了保护社会公益而限制公民个人自由时,立法者应在区别"一般法益""重要法益""特别重要法益"的基础上,只有出于保护"重要法益"及以上之目的才可以对公民个人自由进行限制,以免以维护公益为名不当侵犯公民个人自由。

但是这种位阶排序也存在问题:其一,国家法益与社会法益难以区分,以《刑法》第408条的环境监管渎职罪为例,从其从属于渎职罪来看,该罪侵犯的法益是国家法益;但从其导致发生重大环境污染事故来看,该罪又侵犯了社会法益,显然这种区分方式相当困难。其二,此种分类中的社会利益难以界定。社会利益的界定过于形而上,模糊的边界使得许多法益不能为国家法益或个人法益所容纳时即自动归类为社会法益,如与集体、企业相关的法益。故也有学者主张根据法益的内容将法益分为个人法益与超个人法益。② 如果法益只是服务于特定的个人,则被称为个人法益,例如生命、身体的完整性、自由、名誉、所有权等

---

① 参见杜发全主编:《新刑法教程》,西北大学出版社1997年版,第257页。
② 参见张明楷:《法益初论》,中国政法大学出版社2000年版,第174页。

传统法益,它们是在刑法发展过程中形成的。而如果法益服务于任意多数人,则被称为超个人法益或者集体法益,如国家的存在、民主法制制度、司法、货币的安全、公务的履行,等等。集体法益具有两个特征:第一,共有性,即所有人都能使用且不能被排除在外;第二,不可分性,即,事实上或者规范上不可能将集体法益进行划分,并按份分给个人。但是对于划分,很难对其进行位阶排序,马克思认为法益是所有"这些为人类自由的发展所必需的对象"①。超个人法益只有当它保护个体利益,与个体具有本质的关联时才是合法正当的。就这点而言,个人法益不一定低于集体法益,因为个人是任何国家制度和法律制度的最高价值。但若是直接认为个人法益优于集体法益,又难以解释在参与有秩序的经济过程中,立法者可以通过牺牲个人法益来扩张对集体法益的保护。

三、保护机能与保障机能并行

现代刑法体现了个人、社会双本位的价值观,故相应刑法也有两大机能:人权保障机能和社会保护机能。人权保障机能,指刑法具有保障无罪的人不受刑事追究,保障有罪的人只受法律限度内的惩罚的积极作用。但是,刑法绝不仅仅是用来保障人权的,它还承担着保护社会的重要任务。而社会保护机能是指刑法具有保护人类社会整体不受犯罪侵害的积极作用,一般而言刑法主要是通过对个人法益、社会法益和国家法益的保护来实现其保护社会的目的,因此刑法的社会保护机能也被称为法益保护机能。一般认为,保护法益与保障人权处于二律背反的对立关系:越重视保障人权,就越不能有效保护法益,导致犯罪的增加;越注重对法益的保护,人权保障就越受影响。如在有值得刑罚处罚的侵害重要生活利益的行为,但没有处罚该行为的规定的时候,就有刑

---

① 参见张明楷:《法益初论》,中国政法大学出版社 2000 年版,第 62 页。

法的法益保护机能和人权保障机能之间的矛盾与冲突。

故刑事古典学派十分重视和强调作为个体的人的权利，其所坚持的绝对罪刑法定主义就是立足于刑法的人权保障机能，试图通过对司法权的严格限制来实现其对刑法的价值构造。而刑事实证学派则强调人的社会性，在犯罪人的处遇上坚持社会责任说，主张目的刑，追求刑法对社会的保护机能。但实际上，刑法的两大机能是相辅相成的，不能过分地强调一个方面，要在个人本位基础上兼顾社会利益。两者是对立统一的关系，是可以在刑法解释中并存的。刑法人权保障的哲学基础是自由，而法益保护的哲学基础则是秩序。自由与秩序之间是一种对立统一关系，没有秩序的自由是无政府主义，没有自由的秩序则是专制。相应的，人权保障与法益保护也是对立统一关系，若是因为过度强调法益保护机能而扩大法益内容，一旦法益扩充会导致犯罪圈也相应扩大，被视为犯罪的人就会增加，国家刑法权随之扩充，从而导致刑法的人权保护机能出现萎缩。刑法的人权保障和社会保护机能是相互协调的，两者的统一，可以从人性基础和法律基础得以体现：其一，人的本质是个体性与社会性的统一，由此可以揭示刑法机能双重性的人性基础。追究犯罪是国家权力（刑罚权）之行使。国家通过惩罚犯罪，维护社会生存条件，保护社会利益，这就是刑法保护社会的体现。但被国家作为犯罪人追究的被告人也是公民，也是社会成员之一，因而被告人的权利也应该得到保障。因此，人所具有的个体性与社会性的二元性决定了刑法机能的双重构造。刑罚权的存在，本来是为了维护社会秩序，保护每个公民的个人利益，但如果对刑罚权不加限制，它就会异化为压迫公民的工具，因为通过国家对犯罪的惩治，虽然不以保护社会为唯一目的（包括对国家、社会与个人利益的保护），但刑罚权的行使是以限制公民的自由为代价的，因而刑罚权的扩张与滥用，又必然使公民自由缩小，并有可能惩及无辜。为此，有必要对国家刑罚权加以限制，就是不仅要使刑法具有社会保护的机能，而且要具有人权保障的机能。因此，正是在个人权利这一点上,刑法的保障机能与保护机能才得以统一,这种统一不仅体现在对公民个人权利的保护上,而且体现在对公共利益(包括国家利益与社会利益)的保护上。其二,法权是权利与权力的统一:个人依法享有的是权利,国家依法行使的是权力。从法权的二元性出发,我们可以揭示刑法机能双重性的法律基础。权利的主体是个人,在市民社会与政治国家二元分立的社会,权利分离为人权与公民权。人权是市民社会成员的权利,而公民权是政治权利。随着法治的加强,人权不断地转化为公民权或者说以公民权的形式表现出来。从刑法的意义上来说,人权是基本的、不可侵犯的,而公民权是维护与实现人权的基本手段。为了更好地防止个人的人权受到侵害,人们通过政治联合组成国家,国家享有刑罚权。由于刑罚权来自公民的授予,因此它受制于权利。法律的任务是努力地在尊重个人自由和维护社会根本制度之间保持平衡。对于刑法来说,既要通过其人权保障机能,成为公民自由的大宪章,又要通过其社会保护机能,成为社会利益的捍卫者。刑法解释者应当认识到罪刑法定是个人自由与社会秩序、人权保障和社会保护的协调与平衡,不会错误地解释罪刑法定的内容,认为价值仅仅在于强调限制刑罚权以保障人权,而忽视或否认罪刑法定对社会的积极作用。

近年来,我国刑法学界围绕刑法解释问题逐渐形成了形式解释论与实质解释论的对立,这个对立不仅仅表现为形式的犯罪观与实质的犯罪观、形式的罪刑法定原则与实质的罪刑法定原则之间的对立,而且也表现为刑法的人权保障机能与法益保护机能(社会秩序维持机能)之间的对立。实质上,刑法解释就是在公民个人的基本人权与全体公民的基本人权之间进行不得已的选择。这种不得已性在技术上,旨在诠释刑法与其他法律的关系,即其他法律制度能够调整相关社会关系时,刑法不得介入;一旦其他法律制度不能调整并威胁制度本身的存在时,刑法就必须"干涉"。这意味着,在刑法解释领域,既不允许以任何理由将实质上不应受刑罚处罚的行为作为犯罪处理,也不允许将明显应受刑罚处罚的行为不作为犯罪处理。① 将不应受刑罚处罚的行为解释成犯罪,就是滥用解释权力;对必须动用刑罚调控的行为,却找不到刑法相应的明文规定,就是玩忽解释职守。因此,只有正确把握刑法的不得已性,才能厘清"保护人权"的内涵,消解保障人权与保护法益的二律背反,从而合理地解释刑法。

"现代刑法之所以被奉为正义之法,是因为社会安全的防卫与个人权益的保障在此获得了最终均衡。"②立法公正要求在惩罚犯罪、防卫社会、弘扬社会正义的同时要切实保障无辜的人不受刑事追究,保障犯罪分子罚当其罪。以牺牲公民权利为代价的正义并不是真正的正义,与公正同样作为刑法价值目标的人性要求刑法的制定与实施必须符合作为人之本性的仁爱与善良。人性论强调人的价值,维护人的尊严,反对任意剥夺或不合理地限制人的平等的自由权利,主张确立人的平等的、广泛的自由权利。刑法的人性要求刑法尊重犯罪人的人格尊严,维护其合法权益不受肆意侵犯,不受过分之刑罚制裁;刑法的人性同时也要求刑法将个人自由价值放在首位,尊重公民的个人自由,使无辜者不受刑事追究,实现严格的"法无明文规定不为罪、法无明文规定不处罚"。公正与人性共同构成了刑法人权保障机能的理论基石。作为刑法价值的公正与人性的实现,就要求在刑法的制定与实施过程中对刑法的人权保障机能予以高度的重视。防卫社会秩序的最终目的是对权利的保障,只有真正做到了人权保障的刑法才是正义的刑法,刑法只有在维护其正义性的基础之上才能有效地维护社会秩序,因为人们只愿意自觉遵守那些保障自己的权利的刑法。因此,刑法的人权保障机能的实现亦是社会秩序防卫机能的实现的基础。将现代刑法的重心放在限制国家刑罚权上并不意味着社会保护机能已经淡出刑法的视野;刑法的保

---

① 参见陈忠林主编:《违法性认识》,北京大学出版社 2006 年版,第 20 页。
② 苏惠渔、游伟、孙万怀:《刑法价值观念的一次维新》,载《法学》1999 年第 2 期。

护机能与保障机能是刑法内部的一对矛盾,倘若重视刑法的保护机能,刑法的人权保障机能就会弱化,反之,重视人权保障机能,就会忽视对社会秩序的维持。虽然在刑法解释中应当尽量调和这一对矛盾,但是由于社会生活的纷繁复杂,它们难免有不可调和的时候。当保护机能与保障机能之间冲突不可避免时,解释者应当侧重社会保护的刑法机能观,刑法的社会保护机能是刑法的性质决定的,也是刑法存在的根基。在兼顾保障人权的维护社会秩序的目的之下,刑法追求的目标是法律的公正平等的适用,不仅要对被告人和犯罪嫌疑人的合法权益进行保护,还要保护遭受犯罪侵害的被害人的权利。但是由于"当前我们国家的中心任务是进行社会主义现代化。要完成这项伟大的任务,需要一个稳定的政治环境和良好的社会秩序","刑法是维护社会秩序、稳定社会环境的强有力的法律武器"的基本观念没有转变,①因此在这种情况下,我国刑法的机能是保护机能与保障机能并重,只不过稍稍侧重于保护机能。

四、刑法文本的安定性与妥当性同步

法律解释作为天然的架设在立法与司法之间的桥梁,其既不可能完全无视立法的初衷,也不可能无视社会的现实变化。所以想在保持刑法安定的同时实现刑法的个案正义,兼顾刑法的妥当性,就必须在尊重法律概念历史沿革的前提下,基于价值基准进行必要的利益衡量,从而实现刑法规范的能动性适用和在社会中的动态发展。在法律解释的过程中,如何妥当安排法律的安定性与妥当性的关系是法律解释的核心问题,这就要求解释的结论不仅清晰明确,而且要符合公平正义的要求。法律解释的安定性实质为刑法的可预期性,是指通过刑法解释对于同一种事态作出同样的法律判断、评价,给以同样的法的效果,其目

---

① 参见高铭暄、马克昌主编:《刑法学(上编)》,中国法制出版社1999年版,第17页。

的是让国民能够预见其行动的法的结果,能够安心地行动、生活。换言之,在主体实施某种行为之前,应当可以预知行为的后果。而法律解释的妥当性,是指为了克服片面追求法律解释的安定性而导致的刑法适用过程中的过于形式化乃至僵化的倾向,而对刑法所作的一种以实质合理、正当为诉求的解释。其要求每个具体案件都得到合情合理的判决结果,要求考虑每个具体案件的特殊性。社会复杂多变,即使属于同一类型的案件,相互之间也有各自的特殊性,用同一法律规则去裁判同一类型案件,所得出的结果不可能都合情合理,所以法律的安定性与妥当性难免有所冲突。

而刑法解释与其他部门法解释最根本的不同就在于它必须遵循罪刑法定原则,罪刑法定原则是刑法的灵魂与核心,所有解释者都同意对于罪刑法定原则必须要从形式与实质相结合的意义上来理解和把握,从而维护刑法的安定性与妥当性。尽管在整个刑法解释过程中,解释者的价值判断都是以促进刑法的安定性与妥当性为目标的:通过刑法解释,使文本的含义具体化、明确化、体系化,并与特定的案件事实相连接,从而直接服务于刑法的安定性;当刑法出现矛盾、冲突以及与现实情况脱节时,解释者更应着眼于法的妥当性,通过价值判断作出适当的解释,但是这一价值判断要尊重刑法文本,以刑法解释的安定性为基础,在尽可能不损及法的安定性的前提下,来谋求具体裁判的妥当性。简单地说,就是通过不是盲从,而是顺从历史上关于利益冲突的立法者意思来衡量当下案件中的利益冲突,以作出最后的判决。衡量不再是追求此价值而轻率牺牲彼价值的程序,而是以相互冲突的原则双方尽可能实现其自身内容为目标。但是面对具体的案件时并不是简单地综合两者就好,更多的情况下解释者只能从一个角度进行价值判断,要么更侧重于罪刑法定原则的形式性解释,维护刑法的安定性;要么侧重罪刑法定原则的实质解释,维护刑法的妥当性。基于刑法的特性,法的安定性和妥当性在刑事立法和刑事司法中必然会获得更多的关注。对作为刑法价值目标的安定性和妥当性的侧重不同,将会从根本上影响刑法解释立场的确立和规则的选择。或者可以说,刑法解释立场和规则之争,在一定程度上可以内化抽象为刑法的安定性与妥当性价值之间的冲突。强调刑法的安定性,多半会站在主观主义和形式主义的解释论立场上,赋予诸如文义解释、体系解释等以安定性为价值取向的解释方法优势地位;当强调刑法的正义性时,解释者则会凸显目的解释的作用,毫不犹豫地站在客观主义和实质主义的解释论立场上,进行"不是逻辑优先,而是生活的价值居首"的刑法解释。① 越来越多的事实证明,刑法解释立场上的主观主义和客观主义实际上是人们预设的一个理想化教条,"这使得解释理论成了建立教条和为教条论辩的东西"②。单纯追求安定性的刑法既不能实质地保障人权,也不能实现法益保护的目的。同理,忽视安定性而过于追求妥当性,同样会走向现代刑法应有机能的反面,有导致实质正义丧失的危险。因此,在刑法解释中,解释者"必须在形式合理性和实质合理性之间谋求最大的交换值,必须在稳定与变动、保守与创新、原则与具体、整体与部分这些彼此矛盾的因素之间寻找一个恰当的均衡点"③。

传统刑法学理论强调对刑法条文进行形式化的解释和推理,尽可能避免或减少对规范性价值预设的质疑和挑战,以此最大限度地维护法秩序的安定性和可预期性。在面对疑难案件时它却显得力不从心。刑法解释的主体是一个"无限的互动共同体中的解释共同体",而刑法解释的过程实质上是持着多元价值观的众多解释者基于自己的价值立场,在特定处境与视域中对刑法文本的解读。因此,不同解释者会运用不同的解释理论和解释方法对同一对象作出不同的解读。一般来说,

---

① 参见〔德〕阿图尔·考夫曼、温弗里德·哈斯默尔主编:《当代法哲学和法律理论导论》,郑永流译,法律出版社2002年版,第166页。
② 周详、齐文远:《传播"艳照"行为的刑法评析》,载《法学》2008年第4期。
③ 桑本谦:《法律解释的困境》,载《法学研究》2004年第5期。

司法机关和司法官员会更加在意法的安定性的实现,而社会公众则更加倾向于法的妥当性安排。刑法解释者欲使有关相对稳定性的需要和变化的需要这种相互冲突的要求协调起来,就要在进行解释时寻求公众认同,化解解释中安定性与妥当性的冲突。刑法解释的公众认同是指社会公众对刑法适用的结局合理及程序妥当的认可和接受。与刑事立法公众认同主要强调法规范的"善"不同,刑法解释的公众认同更多地或者说更加主要地体现为社会公众对刑事判决的认同和服从。刑事判决如果不能获得社会公众最低限度的认同和服从,必然会造成在增加刑事司法运作成本的同时激化社会公众与刑事司法之间的矛盾和冲突的后果。这就要求解释者在进行价值判断时更多以社会一般公众的常理性的认识为标准,这里所说的"常理"并非仅意指"生活常识"或者"感性经验",而是指社会公众的"是非善恶之观念",或者说是社会公众所认可和遵循的基本情理(有学者称为常识、常理、常情)。它是维系人类社会秩序、维持社会中每个人自身存在的共同价值,是"社会共同体大致可接受的价值判断标准"①。虽然波斯纳称"解释"是一条"变色龙",但解释者只有在采纳了情理性的论据时他的解释才有说服力。在司法实践中,法官严守法律和获得公众的认同之间在大多数情况下并不矛盾,关键在于法官不能把自己的思维仅仅局限在有形的法律规则中,而必须深刻领悟法律规则背后所蕴涵的法律精神——公众的是非善恶观念,从而促进公众与司法之间的对话并由此达成二者之间共信的关系框架。其实,刑法安定性与妥当性的冲突通常是由于解释者在进行解释时偏离老百姓所认同的最基本的是非观、价值观(亦即基本情理),造成合法而不合理的不协调统一。

---

① 范进学:《论法解释的情理性与客观性》,载《法学论坛》2002 年第 6 期。

第五章

刑法解释的利益平衡进路

▆▆▆ 第一节
利益平衡理论——刑法解释的应有选择

一、"利益平衡"的展开

法律产生的根源在于社会出现利益分化,需要运用法律对各种利益进行平衡,防止和降低利益冲突给社会带来的无序状态。因此利益的分析方法是重要的法哲学研究路径,利益衡量是法律实证研究的常用方法。利益分析和利益衡量很早就进入西方法学家的研究视野,经过了德国利益法学派、美国社会法学派等众多法学流派的发展,形成了庞大、成熟的利益法学理论体系。

利益平衡法律解释方法最早源于德国自由法学及由此产生的利益法学派。19世纪中后期随着欧洲大陆法典化运动的大规模开展,法典化思潮所依附的概念法学也发展到极致。在概念法学者看来:法律来源于国家的成文法典,而非其他;认为法律具有逻辑完备性,遇到任何纠纷都可以在法典中找到解决依据;认为司法的过程就是运用形式逻辑推理，机械适用法律的过程，法官不能解释法律，更不能创造法律。概念法学派过分夸大了法律概念和制定法体系的逻辑完备性，认为法典不存在任何漏洞，制定一部完备的法典就能解决一切社会纷争，任何争议的解决都能在法典中找到正确的答案。而且概念法学派还认为在审理案件时，只需要依据形式逻辑的三段论推理技术，即可将法律规定直接适用于具体案件，法官不能也无须对法律规定进行解释。概念法学使得法律适用、法律研究陷入了僵化的状态，特别是束缚了法官创造性适用法律解决纠纷的思维。但随着法律概念的漏洞、法典的缺陷不断显现，法学家对法律概念和法典的逻辑完备性、法典适用万能性等概念法学的主要论点提出了各种质疑。自由法学就是在质疑批判概念法学的基础上发展起来的，在一定程度上可以说，正是因为概念法学在法律思维和法律适用上的僵化，才给自由法学者提供了发展的可乘之机。自由法学派又有多种不同的分支，具有代表性的如：目的法学派、科学法学派、利益法学派。自由法学各派在反对概念法的过程中很多观点都是一致的，如都认为除了制定法外还有其他活的法律来源；都承认法律概念和法典存在漏洞，需要法官通过法律解释以弥补成文法的漏洞；都反对概念法学通过简单机械方式适用法律，而主张法官应当结合案件的具体情况，平衡考虑各种利益，根据一定的利益价值评判标准，对法律进行解释和适用。由此可见概念法学主要关心的是法律的稳定性，通过限制法律适用中法官的解释权，最大限度确保了法制的稳定，但也导致了法律走向僵化和保守；而自由法学者则认为不能为了法律的稳定而牺牲法律适用的妥当性，故此"自由法学各派皆非常重视法的妥当性价值"[①]。

在反对概念法学的自由法学各流派中，最引人注目的就是德国的利益法学派，也是最早提倡将利益平衡作为一种法律解释方法引入法

---

① 杨仁寿：《法学方法论》，中国政法大学出版社1999年版，第70页。

律解释学的法学派别。认为"法律的目的只在于,以赋予特定利益优先地位,而他种利益相对必须作一定程度退让的方式来规整个人或社会团体之间可能发生,并且已经被类型化的利益冲突。"①德国利益法学派的代表人物有耶林和赫克,耶林被认为是开创利益法学先河之人物。面对法典在调整社会生活中出现的种种漏洞和弊端,之后的利益法学者将耶林的利益法理论不断进行发展,建立了庞大的利益法理论体系。利益法的集大成者当属赫克,赫克继承了耶林的衣钵,举起了利益法反对概念法的理论大旗。赫克一方面认为利益是法典存在之基础,法典是立法者对社会生活中各类利益冲突作出的价值判断,而司法者必须依赖和遵循立法者关于利益调整的价值判断,因此法官必须在法典的规定范围作出判决,以调整冲突的利益关系,也即法官判决调整社会利益关系时须受制于立法者关于利益价值评判标准的约束。另一方面,赫克在批判概念法学时,充分认识到法典本身可能存在的漏洞。在赫克看来,法律体系是不完备的,对社会新出现的利益形态和冲突因缺乏预见而未作规定的情形大量存在,甚至有些时候法典对利益关系的调整矛盾重重。因此,赫克认为尽管法官应当受到制定法典的约束和限制,根据法典所表现的立法者利益评判标准,进行利益冲突调整,但法官不能仅仅在对案件进行事实判断的基础上,生搬硬套地适用法律,而是应当透过法典的字面含义,并结合社会利益冲突的实际状况,对法典规定所蕴含的立法者利益评价标准,进行符合社会实际状况的发掘和评析。同时法官在审理案件时,还应当运用利益评价的方法,对法典的缺陷和漏洞,进行创造性的弥补和解释,以使得案件中的利益冲突能得到妥善的解决。总之,"法官不仅要在法律规则的框架内对案件的事实进行评判,不仅是简单地适用一些法律命令,而且还必须保护立法者认为值得保护的一般利益"②。利益分析是法律方法论的重大进步,它克

---

① 〔德〕拉伦茨:《法学方法论》,陈爱娥译,商务印书馆2004年版,第1页。
② 吕世伦:《法理的积淀与变迁》,法律出版社2001年版,第553页。

服了概念法学刻板利用形式逻辑推理适用法律的方法，鼓励法官在案件基本事实基础上，对所涉及的多种利益关系按照立法者的利益价值取向进行分析和评判，并对案件作出妥当的处理，拉伦茨甚至将其称为法律适用方法论上的革命。

尽管德国利益法学派指出法官应当克服概念法学根据形式逻辑推理机械地将法典规定适用于具体案件，而是需要分析发掘立法者在法典规定中体现的利益评判价值取向，并结合具体案件的利益结构状况，遵循立法者的利益评判标准将法典规定妥当地适用于具体案件中。同时在法典规定存在缺陷和漏洞时，法官还应当根据利益评价准则，创造性地解释法律规定或创制新的规定以填补立法的漏洞。但利益法学者并未就法律研究和适用中如何衡量和评判各种利益关系，提供具体的理论意见。完成利益衡量理论分析的是日本法学家加藤一郎，其在《法律解释学的理论和利益衡量》中正式提出了"利益衡量"的概念，当然他在该文中也对概念法学进行了批判。作为方法论的利益衡量，最早只是运用于民事司法领域，后来逐步扩展到刑事司法，甚至是立法过程中。

利益衡量理论的总体观点是，法官在审判中对法律进行解释时，如出现多种相互冲突的解释，则法官应当以利益评价作为衡量和取舍多种法律解释的唯一标准。可见，利益衡量论者首先承认法典存在漏洞和缺陷，而需要法官在审理案件中对法律作出符合实际的解释。其次，法官在对法律进行解释时，可能会出现两种甚至多种不同的理解，这时就需要法官从多种解释中依据一定的标准选择一种解释适用，这是利益衡量存在的前提条件，如不存在多种法律解释，就无利益衡量适用之必要空间。利益衡量论者认为，在多种法律解释冲突中，利益应当作为一种价值判断标准，作为法律选择和解释的唯一尺度。这就要求法官不仅要对具体案件中各类冲突的利益进行有效的识别，而且要发掘立法者在法律条文中所表达的利益保护选择倾向，也即要结合现实情况，假设立法者处在当前环境下可能作出的利益判断。最后,由于利益衡量是与概念法学完全不同的法律分析方法,概念法学是在法律固定不变的情况下,根据三段论逻辑理论,直接将法律规定适用于具体案件之中;而利益衡量理论与概念法学的分析过程完全相反,它要求司法者以利益衡量作为价值评判标准,甚至先得出相应的结论,然后到法典中去寻找法律或自身对制定法规定进行创造性的解释甚至是直接创制新的规则以填补法律漏洞。故此,利益衡量论者主张法官在审理案件时应当摆脱逻辑和法律文本规则的机械束缚,而是应当尽力探索立法者于立法时关于各种利益平衡之立法本意。

利益衡量作为一种黄金的法律研究方法,[①]其不仅可运用于法律适用领域,而且对科学立法也有很大的帮助作用。由于利益和利益冲突的存在,才有制定法律规则之必要,因此可以在一定程度上说,利益是法律产生的基础,马克思也说过"法的利益只有当它是利益的法时才能说话"[②]。立法者在制定法律时,必须对各类现实的利益进行充分的识别、比较和衡量,并依据一定的利益评判标准,对各类冲突的现实利益进行考量,对它们是否值得保护以及受法律保护的价值位阶进行比较分析,从而制定出科学、理性的法律规则。利益衡量在法律适用解释中,主要是为了实现个案正义与公平;而立法过程中的利益衡量是为了追求制度正义,通过多元利益选择的规范化表达,实现抽象法律关系中的利益平衡。

将利益平衡作为社会控制和法治手段的理论发展到极致的是美国的社会法学派,该学派将社会学的研究方法引入法律研究领域,尤其是对利益这一核心社会学概念在法律和社会控制中的作用进行充分的发掘。社会法学派的创始人是美国著名的法学家庞德,其社会法理论的

---

① 李秀群:《司法过程中的利益衡量》,载陈金钊、谢晖主编:《法律方法》(第二卷),山东人民出版社2003年版,第310页。
② 《马克思恩格斯全集》(第1卷),人民出版社1956年版,第178页。

核心概念就是利益,利益也构成其庞大社会法体系的基石,利益平衡也被其看作是一种极其重要的社会控制手段,在立法和司法过程中都必须采用利益平衡的法律分析方法,当然利益平衡也是一种非常有用的法律解释方法。庞德通过大量的论著对利益的概念、分类、价值及保护等理论进行了非常详尽的阐述,这些理论构成了庞德社会学思想的主要内容,同时也奠定了庞德在20世纪法哲学界的学术地位,而且至今仍具有极高的理论意义。有学者就明确指出"庞德被认为是当代对利益衡量理论作出重大贡献的法学家,他对法律背后隐含的各种利益的揭示、对各种利益进行的细致分类,以及如何协调各种冲突利益的评价机制是其社会法学最突出的贡献"①。具言之,庞德对利益作出了"门捷列夫元素周期表式"的分类研究。② 明确提出"应当制定一个利益列表,列出要求得到认可的利益,并对其进行归纳和分类"③。在当时的历史条件下,庞德将利益主要分为个人利益、社会利益和公共利益三大类,个人利益是指与个人生活密切相关的利益,其主要包括人格利益、家庭利益和物质利益;④公共利益主要是指个人或组织提出的关于有组织政治生活方面的利益和请求,主要包括国家领土主权完整和国家尊严方面的政治利益,⑤以及国家作为社团法人享有的财产利益,当然还包括维护国家和社会安定、安全的利益;社会利益,既不同于个人利益,也不能等同于国家利益和公共利益,它是指社会整体的需要和请求,主

---

① 徐继强:《衡量的法理——各种利益衡量理论评述》,载陈金钊、谢晖主编:《法律方法》(第九卷),山东人民出版社2009年版,第336页。
② 参见付子堂:《对利益问题的法律研究》,载《法学家》2001年第2期。
③ 罗斯科·庞德:《法理学》(第三卷),廖德宇译,法律出版社2007年版,第18页。
④ 人格利益体系又是由人身自由、个人意志自由、荣誉和隐私权、信仰和思想自由等具体的权益构成。家庭利益包括父母与亲子关系利益,以及婚姻关系利益,如抚育、赡养、监护体现的就是亲子关系利益,而夫妻相互陪伴、性贞操、经济扶助等就属于婚姻关系利益的范畴。物质利益是指个人依法享有财产占有、使用、支配的财产利益,以及缔结合同等商业权益。
⑤ 关于国家政治利益,庞德认为国家在领土主权范围享有的司法管辖权、行政管辖权和使节权等政治权益神圣不可侵犯。

要包括社会稳定、持续发展等方面的需求。社会利益进一步可分为：(1) 公共安全的利益,为了保证社会整体的公共安全,需要对一些行为进行约束和限制,违反这些约束和限制就应当给予适当的惩罚;(2) 社会制度安全的利益,即需要保证社会制度的稳定,其又是由家庭制度安全、宗教制度安全和政治制度安全等子项目构成;(3) 公共道德利益的需求,就是要维护公序良俗和文明传统的价值需求;(4) 公共资源保护和社会可持续发展方面的利益需求,社会的可持续发展关系到每个人的生存和发展,关涉社会的整体利益;(5) 个人对社会的需求利益,个人作为社会的一员,其需要社会为其提供安全保障、生存、就业、言论等方面的自由保障,个人对社会的这些需求也构成社会利益的重要组成部分。总之,社会法学对利益分析的法学分类研究方法,对法官在司法过程中解释法律、推进立法的科学化和现代化进程仍具有十分重要的作用。

　　从前文对利益平衡的产生发展的相关理论叙述可知,无论是利益法学派还是社会法学派,都清醒认识到利益之争才是法律产生的根源,在某种意义上说利益关系是法律关系的全部内容。然而不同的学者对利益的定义存在一些差异,如耶林认为"利益是指请求、愿望、要求之类的想法,也即人们通常所说的,如果一个有组织的社会要想存续下去,法律就必须做点什么。"[1]而罗斯科·庞德将利益定义为"利益是指人们个别地或通过集团、联合或亲属关系,谋求满足的一种需求和愿望。"[2]不可否认利益与人们的需求和愿望存在十分密切的联系,但利益与人们的需求和愿望之间还是存在区别的,不能将二者画等号。将利益和主体利益需求等同起来,明显犯了主观唯心主义的错误,忽视了主体利益需求实现所需要的客观社会环境。因此,从利益的本质属性出发,笔者认为利益是建立在社会主体的需求和愿望之上,而且是"社会

---

[1] 转引自罗斯科·庞德:《法理学》(第三卷),廖德宇译,法律出版社2007年版,第13页。
[2] 罗斯科·庞德:《通过法律的社会控制》,沈宗灵译,商务印书馆1984年版,第33页。

主体需求在一定条件下的具体转化形式,它表现了社会主体对客体的一种主动关系,构成人们行为的内在动力"①。首先,利益是主客观的统一,在主观方面利益是社会主体的需要和愿望,这种主观需要和愿望是利益的基础原因,同时利益又具有客观性,主体的需要和愿望必须建立在具体的社会外在环境之上。其次,利益体现了社会主体对客体的一种主动关系,也即利益所涵盖的愿望和需求实际是指主体对外界客体占有、使用、处分的具体需求。最后,利益是人类行动的重要内在动力,换言之,推动人类不断行动和前进的正是各种利益。马克思就明确指出:"人们奋斗所争取的一切,都同他们的利益有关"②。

在国内外大多数学者看来,利益平衡不仅是一种法哲学理论,对立法和法学研究具有十分重要的意义,而且利益平衡更应当是一种法律解释方法,在司法实践中用以指导法官正确适用法律、对司法案件作出符合社会生活的妥当判决。将利益平衡引入法律解释和司法领域,就要求法官在司法审判中对法律进行阐释时,既不能机械根据形式逻辑推理适用法律,也不能完全按照法律主观解释的方法,去探求立法者立法时的法律本意。而是应当充分研究法律规定背后的利益关系、法律条文所透露出的立法者利益判断标准和价值取向以及现实社会利益价值观等,对案件作出妥当的判决,实现司法的实质正义。在我国民商事法律审判领域,利益平衡作为一种非常重要的法律解释方法,已得到了非常普遍的应用。③ 但在刑事司法中,刑法的主要解释方法还是以罪刑法定为最高原则的形式解释论和以目的解释为主的主观解释论两类方法。而且对将利益平衡引入刑法解释中,很多刑法学者尤其是形式解释论者强烈表示反对,其反对的主要理由是,将利益平衡作为一种刑法解释方法,可能导致刑法解释结论违背立法者本意,更是对罪刑法定原

---

① 张文显主编:《法理学》,高等教育出版社、北京大学出版社1999年版,第215页。
② 《马克思恩格斯全集》(第1卷),人民出版社1956年版,第82页。
③ 参见李军:《利益衡量论》,载《山东大学学报(哲学社会科学版)》2003年第4期。

则构成极大的威胁。笔者认为刑法与其他民商事法律一样,其产生的根源也是各种社会利益之间存在冲突,需要在各种冲突的利益之间建立相互妥协的规则,也即刑法同样是用以平衡社会利益,实现社会利益和冲突控制的规则。因此,将利益平衡引入刑法解释学中,既具有可行性,对合理解释刑法、妥善处理刑事案件也非常必要。

利益平衡作为一种法律解释方法,尤其是作为一种刑法解释方法,其在司法实践中的运用也面临两方面的困难。一方面,利益平衡要作为一种法律解释方法得到适用,就必须在各种互相冲突的利益之间以一定的标准建立一个位阶体系,否则各类利益尤其是异质利益将无法通过法律的实施得到平衡的保护,利益冲突将不可避免。但截至目前,要在庞大的利益体系中,建立一个合理的利益位阶体系几乎不可能,也即尚未找到利益衡量的"标准"。另一方面,任何法律解释方法都会面临解释结果的妥当性问题,利益衡量作为一种解释方法同样面临这个问题,这是法律解释论本身无法回答的问题,法律解释只能尽量使得自己的解释结论符合社会现实,而在这方面利益平衡比其他法律解释方法就更具优势。

二、超越方法与立场之争——利益平衡的引入

刑法的解释方法论在我国长期以来都是刑法学者的研究重点也是研究热点,形成了大量的理论著述和研究成果。传统的刑法解释方法有文义解释、历史解释、体系解释、目的解释等多种解释方法,而这些刑法解释方法大致可以从论者立场分为形式解释立场和实质解释立场两类。而且这两种刑法解释立场长期以来都争论不休,无法取得统一的共识,这给刑事司法实践造成了相当大的困惑。

(一)传统的刑法解释方法的局限性

传统的刑法解释方法有文义解释、历史解释、体系解释等,这些解释论对刑法解释具有极其重要的作用,都能在一定程度上实现刑法解

释的目的。但这些传统的刑法解释方法也存在各自的局限性。文义解释作为一种非常常见的法律解释方法,也称语义解释,作为刑法解释方法其局限性主要体现在如下两个方面:其一,刑事法律所用概念无法与刑事案件事实形成一一对应关系,语义解释本身无法在刑事法律规定与刑事案件事实之间建立合理的联系;其二,法律概念的文义往往具有模糊性,其核心意思之外的圈层意思往往是不明确的,文义解释可以通过语义分析的方法,为确定法律概念的边界意思提供一定的思路,但要真正确定刑事法律概念的边界,必须结合其他刑法解释方法才能进行下去。历史解释的方法,是指在进行法律解释时,解释者要回溯历史,去探索发掘立法者于立法当时的立法本意,进而对法律的相关意义作出符合历史的解释。历史解释的刑法解释方法虽然可以最大限度地发掘立法者的立法本意,在经济社会的发展变迁中,努力维持法的稳定性,但这种解释方法是以牺牲法律解释的灵活性、销蚀法官解释法律的创造性为代价的。体系解释的刑法解释方法,是将刑法作为一个整体,将具体的刑法概念或某一具体的条文规定,纳入刑事法律体系中去进行解释和适用。刑法体系解释,过分看中法律的结构整体性和形式逻辑推理,其导致的直接后果就是刑事法律解释的机械化倾向加重,丧失了刑法解释的灵活性。综合前文分析,语义解释、历史解释、体系解释等传统刑法解释方法,追求的并不是法律的实质正义,其全部关注点在于法律适用过程中能否实现文义、逻辑上的自洽。

(二)解释立场争论的缘起

我国刑法解释中,比较早提出"实质解释"的是张明楷教授,他又不断研究论证,对刑法实质解释进行了完整的体系化构建,形成了完整的刑法实质解释论,是刑法实质解释论的领军人物。刑法实质解释论者,主要是在犯罪构成要件方面运用实质解释方法,建立实质犯罪论体系。实质解释论者认为,要将法益作为判断犯罪构成要件的标准,犯罪应当是在实质上严重危害社会的行为,因此应当将不具有实质严重危害社会的行为排除在犯罪之外。犯罪实质解释论者还认为,在坚持罪刑法定原则的基本前提下,对虽不在刑法核心概念中但却有处以刑罚必要的行为纳入犯罪概念中。如张明楷教授就认为"要在不违反罪刑法定的原则下,通过类推以外的其他刑法解释方法,尽量扩大现行刑法的适用,以尽可能减少和避免刑法的漏洞"[①]。实质解释论更是将罪刑法定原则"划分为形式和实质两个方面,形式方面包括成文法主义、禁止事后法、禁止类推和不定期刑等;实质方面包括刑法法规的明确性和内容的适正性原则"[②]。实质解释论正是从罪刑法定原则的实质方面,证明实质解释存在的合理性。

笔者认为,实质解释论根据实质社会危害性,将不具有实质严重社会危害性的行为排除在犯罪之外,具有充分的合理性,对建立科学的犯罪构成理论体系,具有十分重要的意义。但利用实质解释扩大刑法的适用却是笔者所不敢赞同的,因为即便刑法存在漏洞,也应当通过立法来弥补,而不能通过法律解释来扩大刑罚的适用,这是罪刑法定原则和保护刑事被告人利益的应有之义。而且这种扩大刑罚适用的实质解释方法,可能在不经意间造成对罪刑法定这一刑法最高原则的损害。

刑法的形式解释,最早是由阮齐林和梁根林教授提出的,而真正将刑法形式解释理论发展和完善的是陈兴良教授,他是形式解释的代表人物。刑法形式解释论者认为"形式解释是指在刑法解释中,解释者务必遵循立法者的立法原意,依据刑法条文的字面含义进行刑法解释,该解释方法与罪刑法定是一脉相承的,强调追求法律的形式正义"[③]。刑法形式解释论针对实质解释论扩大解释,认为"解释者必须忠于刑罚罪状的核心含义,而绝不能对犯罪作出任何扩大解释,否则将是对立法权

---

① 张明楷:《实质解释论的再提倡》,载《中国法学》2010 年第 4 期,第 32 页。
② 张明楷:《刑法学》(第四版),法律出版社 2011 年版,第 122 页。
③ 陈兴良:《形式与实质的关系:刑法学的反思性探讨》,载《法学研究》2008 年第 6 期。

的僭越,是罪刑法定信条的严重损害和挑战"①。当然形式解释论者也认为"刑法实质解释并不绝缘于形式解释,而两派争议的焦点在于谁具有优先性的问题,尤其是在刑法无明确规定时,解释者是否可以根据解释确定相关行为为有罪,在这一问题上,形式解释与实质解释的观点是完全对立的"②。

形式解释论要求解释者严格按照罪刑法定原则对刑法进行解释,能够有效防止法官的专断,符合我国当前的法治现状和国情。形式解释杜绝通过解释者的解释扩大刑法的适用,有利于规范刑罚权的行使,更有利于刑事被告人人权的保障。

在两派的争论中,形式解释通常以"实质解释会导致超越刑法规范的任意解释"反对实质解释,而实质解释又会以"形式解释是机械适用刑法的解释"反对之。尽管刑法实质解释和形式解释的争论长久存在,但在具体案件中两者的适用并不存在绝对的界限,因此相互排斥的争论对刑法发展和刑法适用解释是没有任何意义的。

(三) 利益平衡的引入

要真正有效消弭形式解释和实质解释的纷争,只能借助于利益平衡理论在刑法解释中的适用。传统的刑法解释方法可能导致,同一个案件利用不同的解释方法、法律原则可能得出不同的判决结论,而这些结论都能自圆其说,让司法裁判者无法取舍。正如卡多佐所说,"一个原则或先例,当推到其逻辑极端,也许会指向某个结论。而另一个原则或先例,遵循类似的逻辑,就可能指向另一个结论且具有同样的确定性"③。民事司法过程是解决直接利益纷争的程序,刑事司法程序是通过对犯罪行为的惩处以保护特定的利益,因此无论是民事司法程序还是刑事司法程序,其根本目的都是妥善处理各种利益。当在刑事审判

---

① 邓子滨:《中国实质刑法观批判》,法律出版社2006年版,第11页。
② 陈兴良:《形式解释论的再宣示》,载《中国法学》2010年第4期。
③ [美]本杰明·卡多佐:《司法过程的性质》,苏力译,商务印书馆2002年版,第22页。

中,一个案件经过传统刑事司法解释推导出多个结论,法官如何说服自己选择某个结论和推理方式将变得十分困难,此时利益衡量的刑法解释方法将发挥其独特的作用。在利益衡量刑法解释方法的运用过程中,"法官通过对多个判决结果的社会效果进行预测并进行法益衡量,最终确定最佳的判决结果,以期实现司法对实质正义的要求"[①]。确定判决结果后,法官通过运用法理、利益平衡分析法等手段对判决结果进行充分说理和推论,以实现司法的形式正义。

三、利益平衡应用于刑法解释的必然性

法律协调、平衡的利益关系多种多样,而不同的利益体现了不同群体、阶层人们的需求,各种利益之间存在相互冲突就是一种常态。如个人利益与国家利益、社会公共利益有时就存在冲突和不一致的地方,为了维护人类共同体的共同利益,有时不得不对个人利益进行限制。之所以存在利益冲突,主要有两个方面的原因:一方面,因为利益反映的是主体的一定需求,而不同主体的需求是不同的,个人、群体、党派、国家等利益主体间有着不同的利益需求,从而导致各主体的利益存在差异和冲突;另一方面,由于法律只能满足一定的利益,而不能满足所有人的利益需求,可见利益本身就存在保护的单一性和不兼容性,即利益本身具有内在冲突性。

利益的冲突性,自然决定了在有组织的社会中必须制定一定的法则对各类冲突的利益进行平衡,这就是法律产生的社会学根源。因为如果不对冲突的利益进行协调和平衡,就可能导致整个组织陷入无序和混乱之中,这将给整个组织的存续和发展带来灭顶之灾。因此通过制定规则来平衡社会中各种冲突的利益,体现了人类自我调节和完善的优势。而通过法律控制对各类利益进行平衡和协调,也成为人类法

[①] 李传先:《法律原则的适用方式与方法》,载《前沿》2009年第1期。

律文明发展史的主轴,利益平衡也成为法律的主要社会功能。

通过法律控制,实现利益协调和平衡,不仅要求立法者在立法时对各种冲突的利益进行充分识别和衡量,对值得法律保护的利益以制定法的形式加以保护,而对不值得保护的利益应当加以限制;利益平衡的法律控制还体现在司法程序中,法官在审理案件时,不是对法律机械地适用,而是应当有着丰富的社会经验,对案件事实背后交织的各种冲突的利益关系有十分清晰的识别能力,同时对法律条文所蕴含着的立法者的本意有相当的发掘能力,进而使得法律的适用能准确反映立法者利益平衡的本意。而且还要求司法人员在面对法律没有规定或法律存在漏洞时,具有根据利益冲突的实际状况、合理的利益价值取向进行法律解释或创制法律规则的能力。

在法律对利益的控制过程中,利益按照一定的位阶被分成多个层次,不同位阶的利益受保护的顺序不同,从而降低不同层级利益之间的冲突,进而减少利益冲突给社会带来的浪费,并从整体上扩大社会利益的保护范围。正如庞德在《通过法律的社会控制》一文中所指出的,法律的首要价值就是通过对社会的有效控制,而不断扩大对人们欲望和需求的满足程度,在保护利益和权利的同时,采取切实有效的措施杜绝浪费并防止人们在实现需求的过程中发生冲突。可见要发挥法律的控制作用,首要的是对各类利益的保护层级进行明确等级划分,再根据这些利益价值等级准则制定相关的法律规则,以约束人们的行为。法律规则确定了法律主体的具体权利义务内容,权利代表了主体的利益受到法律的保护,这些利益在立法者看来具有优先保护的价值;而那些设定义务的条款,表明义务主体的利益应当受到限制,这是为了保护权利主体的权利,防止权利主体与利益主体为了利益发生严重的冲突,进而导致社会资源的浪费和生活的无序。法律权利义务是社会利益结构的法律体现,是立法者对各类利益价值位阶评价的结果。因此先进的、科学的立法,首先要求立法者对社会利益结构、尤其是各类利益的现实冲突必须有准确的认识,其次立法者要秉持公正的价值观念对各类冲突的利益进行协调和平衡,最后立法者还要运用立法手段将利益平衡结果反映到法典具体的权利义务规则之中。而司法者就是要通过对法律背后蕴含的利益关系、案件事实牵涉的冲突利益关系的准确认识,并根据立法者的利益价值取向,将法律规则妥当地适用于案件事实,进而维持利益关系的平衡,实现立法者的立法目的,最终实现社会的公平正义。

为了保证法律在运行过程中,更好地达到利益平衡的效果,实现立法者的立法目的,必须要合理分配法律制定权和解释权,规范法律解释权的行使。一方面,要充分认识到制定法的漏洞和缺陷是客观存在的,因此应当允许特定解释机关在法律实施过程中,对法律规定不明确、存在冲突和矛盾的地方,按照立法本意进行合理的解释;另一方面,应当对法律解释权进行必要的限制,以防止法律解释权被滥用。规范法律解释权应当从解释目的、解释权限、解释程序等方面进行具体的规范。法律解释者必须探求立法者的立法目的和本意,按照立法所体现出的价值取向对法律进行解释,以弥补制定法的缺陷和漏洞。法律解释权的分配是特定国家权力的分配,体现了各权力部门的利益竞争关系,因此法律解释权作为一种权力和利益需要国家通过立法的形式进行合理的分配,实现各权力部门的利益平衡。由此笔者认为法律解释是特定机关享有的特定权力,只有法律有明确授权的机关才能依法进行法律解释,且法律解释机关和部门在进行法律解释时必须在法律规定范围内进行解释,要遵从立法者的立法本意,不得作出与制定法所蕴含的利益价值取向相矛盾的解释,亦不得在制定法有明确规定时擅自作出与制定法规定相反的解释。最后为了规范法律解释权的合理运行,必须遵守法定的程序进行法律解释。由于法律解释是对制定法的补充、完善和细化,具有类似立法的属性,是一件极其严肃的公共权力行使活动,要参照法律制定过程,履行立项、调研、条文起草、公开征求意见、修改完善、表决通过等程序。为了提高法律解释工作的科学性,除了在解释制定过程要严格遵守法定程序,而且在法律解释通过后的实施过程中,应当加强跟踪,对法律解释运行的效果进行定期和不定期的抽样检查和跟踪监测,以提高法律解释的实用性,并对法律解释适用过程中出现的新问题提出解决办法。通过对法律解释实施过程的跟踪监测,对于那些经过长期实施且适用非常普遍和广泛的法律解释,法律解释机关应当依照法定程序将相关信息反馈给立法机关,立法机关做好立法准备,在条件成熟时,直接将相关法律解释的规定通过立法程序转化为法律规定。

法律解释权作为一种非常重要的国家权力,可以在一定程度上实现对各主体的利益分配和平衡,因此法律解释权的分配和运行,不仅是相关国家权力机构之间的利益分配,更是国家立法权和法律解释权的竞争,同时还在一定程度上体现了公权力与私权利的竞争。如一些禁止性法律规定,是立法者为了优先保护国家集体利益或社会公共利益而对私人利益和自由进行的一些必要限制,按照公认的价值准则,通过立法这种公权力对私人权利进行限制,首先必须基于公共利益的出发点,其次对私权利的限制必须是必要的和合理的,最后公权力对私权利的限制必须遵循合理正当程序。而对禁止性法律规定进行解释,与立法权行使一样也同样具有限制私权的效果和作用,因此在对禁止性法律条文规定进行解释时也必须遵守前述为了公共利益、必要和合理性、程序正当性等立法原则。可见法律解释对私权利影响甚大,法律解释权的运行体现了法律解释机关权力与私人权利的冲突和矛盾,故此有必要对法律解释通过法律形式加以规范,以谋求法律解释权这种公共权力与私人权利之间的平衡,保障法律解释权之公权不被滥用,私人利益不会因法律解释的名义而受到随意剥夺和限制。而刑事法律对私人行为和自由的限制更为严重,因此刑事法律的制定和解释更应当谨慎,不得随意为之。

利益衡量作为一种刑法解释方法有其存在的必然性。首先,法律调整的是利益关系,利益平衡代表了法律的实质正义,是法律的根本追求。但现实情况是法律所调整的利益关系是处于一种冲突的状态,因此这是利益衡量作为刑法解释方法的根源所在。其次,法官在司法过程中要通过司法判决对各种冲突的利益进行调和,即"司法过程是对各种利益进行评估、界定、衡称,通过诉讼机制解决利益矛盾冲突,对利益进行再分配的过程"①。在刑事司法中具体体现为,法官利用衡量的刑法解释方法进行刑法适用解释。再有,由于法律语言的含义存在多重性、模糊性等特征,对法律的解释可能存在复数性,对于法律的多种解释,法官唯有采用利益衡量的原则,才能在刑法适用解释中实现刑法的实质正义。最后,法律具有追求稳定性的特征,正如博登海默所述"法律凸显出了一种保守的倾向。这一倾向根植于法律的性质之中,即法律是一种不可朝令夕改的规则体系"②。

第二节 构建刑法规范解释的约束性机制
——立法层面对刑法解释主体进行权力制衡

刑法与其他法律规定一样,具有极强的概括性和抽象性,在审判过程中无法做到法律规定的构成要件与案件事实的一一对应,需要司法审判人员对法律规定根据一定的原则进行解释后才能适用于具体的案件。加之刑法典与其他制定法一样,存在规则漏洞和空白,为了使刑事法律规定能及时调整和保护日新月异的社会利益关系,这就需要司法审判人员在审理案件时能创造性地解释和适用法律,甚至可以创制相

---

① 沈仲衡:《论法律推理中的利益衡量》,载《求是学刊》2003年第6期。
② 〔美〕E.博登海默:《法理学:法律哲学与法律方法》,邓正来译,中国政法大学出版社1999年版,第402页。

关规则,以弥补法律条文的漏洞和空白。可见,对刑事法律进行司法解释是刑事司法必不可少的程序,也是刑事司法审判人员的一种权力。进行刑事司法解释,在立法上具有创制法律、弥补法律空白和漏洞的功能;在司法方面具有指导刑事司法,规范和统一定罪量刑标准和程序的作用;除此之外,刑事法律解释还有强化法律文化传播的法制宣传功能,以及提高刑事法律实证分析研究水平。正是由于刑事法律解释具有如此重要的功能,因此无论是大陆法系国家还是英美法系国家,无论是古代中国还是现代中国,刑事法律解释都不同程度存在于刑事司法过程之中。例如在当前,我国除了刑事基本法律和单行刑法存在外,还有由最高法、最高检、公安部、司法部等部门单独或联合作出的大量刑事司法解释,这些刑事司法解释在刑事司法实践中对定罪量刑具有极强的指导意义,对于平衡我国刑事法律适用中全国的统一性和地区的灵活性具有十分重要的作用。目前我国正处在改革发展的重要时期,社会利益关系和结构变化非常快,这在客观上决定了我国法律包括刑事法律需要频繁的修改调整,而刑事法律的权威性又要求刑事法律要保持相当的稳定性而不得随意修改和变动。因此大量刑事司法解释的存在,既保证了刑事法律的稳定性和权威性,同时又保证了刑事法律适用过程的灵活性,在一定程度上满足了社会利益结构变化对法律规则供给的需求。从目前统计情况看,当前我国对一些发生率高的常见犯罪和新型犯罪类型都有专门的司法解释,如盗窃犯罪、商业贿赂犯罪、利用网络技术犯罪、毒品犯罪、洗钱犯罪、偷税漏税犯罪、金融诈骗、交通肇事犯罪等都有专门的司法解释,这些刑事司法解释,对犯罪构成情节尤其是财产犯罪中的犯罪金额和量刑标准进行了非常细化的规定,这些规定对指导刑事司法实践具有极其重要的价值。

尽管我国通过大量刑事司法解释的制定,一方面很好地满足了当前社会利益结构复杂多变因素带来的对刑法规则的需求,另一方面在很大程度上实现了刑法稳定性和灵活性的平衡,但由于司法解释权与立法权之间具有天然的权力竞争性,司法解释权对立法权具有本能的侵蚀性,因此有必要对司法解释权的运行进行规范,防止司法解释权的过分扩张甚至是被滥用。而目前我国刑事司法解释数量多而杂、效力等级混乱、制定以及退出程序不规范、不透明的情况十分突出,针对这些具体问题,一方面要对现行的刑事司法解释进行清理,整合现行有效的刑事司法解释、废除无效的以及与刑事法律相违背和冲突的司法解释;另一方面,应当着力建设刑事司法解释制定、运行和退出的体制机制,以规范刑事司法解释权的良性运行,实现刑事司法解释权与刑事立法权的平衡。

一、整合现有刑事司法解释

当前我国刑事司法解释存在一个非常突出的问题就是:刑事司法解释数量众多、层次混乱,导致司法实践中正确运用刑事司法解释比较困难。当前我国各种刑事司法解释之间存在交叉规定、包含规定,甚至有条文内容相互冲突的规定,加之大多数刑事司法解释又缺少生效和失效的明确规定,造成法官在司法审判中经常要面临某一刑事司法解释是否有效,有多个司法解释存在究竟适用何种刑事司法解释的规定。因此,为了更好地发挥刑事司法解释弥补法律漏洞、指导刑事司法审判工作的功能,必须对当前的刑事司法解释进行清理,对有效的刑事司法解释应当进行合理的整合,尤其是应当加强刑事司法解释编撰工作,以方便各级法院法官及刑事案件参与方能够高效地查询相关刑法司法解释,并准确地适用相关刑事司法解释。对于那些已失效的刑事司法解释,以及与现行刑事法律相矛盾和冲突的刑事司法解释应当及时予以废止。

(一)整合和规范现有刑事司法解释

我国现有的刑事司法解释总共有数百件,涉及刑事法律的方方面面,既有关于刑法总则的解释规定,又有刑法分则的相关解释,既有关于犯罪构成要件即如何定罪的解释,又有就量刑标准和尺度的细化规定。不仅刑法司法解释涉及的内容繁多,而且颁布这些刑事司法解释的机关部门众多,有最高人民法院、最高人民检察院、公安部、司法部等国家机构单独或联合颁布的司法解释。更甚者,这些刑事司法解释文件的名称和形式也五花八门,刑事司法解释的种类和名称主要包括有:"解释",这是刑事司法解释最常见的名称,如"两高"联合发布的《关于办理盗窃、盗掘、非法经营和走私文物的案件具体应用法律的若干问题的解释》;"解答",如"两高"颁发的《关于执行〈关于惩治贪污腐败罪补充规定〉若干问题的解答》;"规定",如《关于当前处理企事业单位、机关团体投机倒把案件的规定》;"批复""答复",一般是最高检或最高法对下级检察院或下级法院在办理具体刑事案件中遇到的问题的请示作出的回复,如《关于人民法院审理严重刑事犯罪案件中具体应用法律的若干问题的答复》;还有"暂行规定""通知""补充通知""意见"等形式的刑事司法解释。

  名目众多、内容繁杂的刑事司法解释的存在,可能造成关于一个犯罪行为的定罪量刑司法解释规定有多个,多个司法解释规定的内容存在交叉和重叠,甚至有的是相互冲突的规定,这必将会给司法人员正确适用刑法进行定罪量刑带来严重的困难,严重阻碍法官开展司法审判活动。相互重叠、冲突的司法解释的存在,势必会引起法官在面对多种司法解释的选择上遇到困难,对于同一机关颁布的不同司法解释,还可以根据后法优于先法的原则进行选择适用,但如果遇到不同解释机关对同一个犯罪行为均有解释,且不同机关的解释相互冲突和矛盾,司法人员在选择适用何种司法解释时,将无所适从。例如通常可能会遇到对于某一犯罪行为的定罪量刑标准,最高人民检察院和最高人民法院有着不同的解释规定,对于选择何种解释进行判决,将使法官顾虑重重。当前刑事司法解释除了前述问题外,还存在零散、不成体系的问题,这样带来的必然结果就是法官找法困难,由于对众多的刑事司法解释缺少必要的整理,司法解释文本缺乏体系结构,这给法律工作者尤其是刑事案件审理法官学习、掌握刑事司法解释整体状况造成严重困难。司法审判人员在审理具体案件时要到众多刑事司法解释文本中选择恰当的条文进行判决相当不易,其选择寻找合适法律解释的工作效率将会大大降低,而且适用法律解释的精准度将很难保证。

因此,要解决当前刑事司法解释数量大、种类多、分布零散的问题,立法机关和法律解释机关必须对现有的刑事司法解释进行规范和清理,建立统一的刑事司法解释体系,以方便司法人员寻找和适用刑事法律规范,提高刑事审判效率和质量。规范整理当前刑事司法解释,应当从以下几个方面入手。第一,应当通过立法对刑事司法解释的制定机关进行规范。按照《立法法》的相关规定,我国有权制定刑法解释的机关是最高人民法院和最高人民检察院,可见只有"两高"的司法解释才是有权解释,而公安部和司法部的相关解释是无权解释,因此可以根据刑事司法解释的制定机关是否符合法律规定,是否是有权解释,对刑事司法解释进行规范和清理,把那些"两高"解释之外的解释清理出去。第二,"两高"应当加强对已颁布刑事司法解释的清理和整顿,对于内容重复、相互交织的刑事司法解释,可以进行合并整理,并颁布新的解释替代旧的多个解释文本,尽可能减少刑事司法解释在适用上的冲突和选择上的困难。第三,为了有效缓解法官在刑事法律适用上面临寻找和适用法律的困难和障碍,应当加强刑事司法解释的整理和编撰工作,为法官寻找和适用刑法司法解释提供明确的规则指引,进而提高刑事审判的效率和适用法律的准确性和质量。对现有法律或司法解释进行汇编,虽然不是立法活动,但其能够在一定程度上对现行法律和司法解释进行规范和清理,这项工作对法官、律师、法律学习及研究者寻找法律和司法解释提供了很大的便利,对提高刑事法律的适用效率和质量也大有裨益。无论是法律的汇编还是司法解释的汇编,都应当遵循一定的标准进行,如可以按照相关司法解释颁布的先后顺序进行汇编整理,也可以按照司法解释颁布机关不同进行分类汇编。当然按时间和分部门汇编这两种汇编方式可以结合起来,即在部门汇编中按照颁布时间先后顺序排列,这样的司法解释汇编体例,不仅便于法官寻找法律,而且在遇到同一机关制定的多个司法解释存在冲突时,法官可以直接根据后法优于先法的原则直接在案件审理中适用新法。而在刑事司法解释的汇编实践中,最常见的还是参照刑法总则、分则的体例进行法律汇编,如对与同一个分则罪名有关的全部刑事司法解释按照时间先后顺序进行罗列编撰,这种汇编方式的最大好处就是提高了司法解释汇编资料的指引性,法官在审理刑事案件作出判决时,可以轻而易举地找到刑法总则相关问题及案件所涉分则罪名相关的全部司法解释,使得司法解释汇编资料的指引作用大大增强。四是对已经失效的刑事司法解释应当及时公布予以废止。当前刑事司法解释工作面临的一个突出问题就是缺乏退出机制,刑事司法解释一经颁布,颁布机关就不再过问其是否有实际功效,也不会主动宣布废止,这就导致当前我国众多的刑事司法解释中有很大一部分是丧失实际功效的无效司法解释。鉴于此,司法解释制定机关在颁布相关司法解释后,应当对该司法解释的实际运行效果进行跟踪监测,下级法院在适用相关司法解释过程中应当对相关司法解释进行评价并将相关信息及时反馈给制定司法解释的机关,尤其是对那些没有实际运行功效的司法解释,制定机关应当按照法定程序进行废止,以保证整个刑事司法解释法律体系的简洁和高效,同时也节省了社会资源,提高了司法效率,有利于促进整体社会利益的增长。

(二)废除违反刑事立法的司法解释

刑法体现了国家为了社会公共利益,而对个人权利和自由等私人利益作出的限制和牺牲,是为了平衡社会整体利益与个人私利所进行的法律控制,集中显示了公共利益与个人利益等不同社会利益之间存在的冲突。为了更好地发挥刑法对社会现存利益结构的调整和平衡,保证社会的稳定和持续发展,必须保证刑法的制定和实施必须是以维护社会公共利益为根本目的,而对私人利益作出必要的牺牲和限制。而刑事司法解释作为刑事案件判决的重要法律依据,是一种非常重要和常用的刑事法律渊源,因此刑事司法解释的制定和适用,也应当同刑事法律一样,须以社会公共利益的维护和促进为出发点和落脚点,确保刑事立法者通过法律控制平衡冲突的社会利益关系的立法目的能够得到实现。

刑事立法权与刑事司法解释权作为两种权力,分别由立法机关和司法解释机关享有,作为不同的权力主体在行使这两种权力时,必然存在利益冲突。为了平衡这两种权力行使所带来的利益冲突,维护法律秩序的稳定,立法者必须对刑事立法权和刑事司法解释权设定一定的位阶,以实现法律对国家权力冲突的有效控制。对于这一问题,国内外的法学理论和实践都有比较统一的认识,刑事司法解释权来源于刑事立法权,刑事立法权位阶较高,刑事司法解释必须按照刑事立法的立法本意进行,刑事司法解释不得与刑事法律规定相冲突、相违背。概念法学认为刑事法典具有逻辑自足性和适用的万能性,一切刑事案件都可以通过形式逻辑的三段论推理到刑法典中找到处理的答案,概念法学者认为法官只需要将刑事法律规定适用于具体刑事案件即可,而法官无权对刑事立法条文进行解释和推论,更遑论刑事司法解释权之存在问题。有自由法学者认识到概念法学理论存在的天然缺陷,他们认为法典并不是完美无缺和万能的,而充分认识到法典存在漏洞和空白,形式逻辑方法论在处理案件中作用的有限性,进而提出法官在适用法律过程中,应当结合案件的利益状况,对法条背后蕴含的立法者有关利益评价的立法本意进行发掘和探究,在适用法律时进行合理的分析解释,当面对社会发展中出现的新情况新问题时,法官甚至有权通过创制新的规则,对法典存在的缺陷和漏洞进行弥补。但法官在适用法律过程中对法律的解释不是漫无边际、随意为之,而需要受到一定的限制,必须在法律规定范围内进行解释。即便在罗斯科·庞德看来,法官对法律的解释也必须有法律的授权,而且法官作出的解释不得违背立法者的利益评价取向,不得违背制定法的规定进行有抵触的法律解释。

但当前我国有很大一批刑事司法解释与刑事法律存在冲突和矛盾,刑事司法解释权损害了刑事立法权。如最高人民法院《关于处理自首和立功若干具体问题的意见》规定,"犯罪嫌疑人具有以下情形之一的,也应当视为自动投案:1.犯罪后主动报案,虽未表明自己是作案人,但没有逃离现场,在司法机关询问时交代自己罪行的;2.明知他人报案而在现场等待,抓捕时无拒捕行为,供认犯罪事实的;3.在司法机关未确定犯罪嫌疑人,尚在一般性排查询问时主动交代自己罪行的;4.因特定违法行为被采取劳动教养、行政拘留、司法拘留、强制隔离戒毒等行政、司法强制措施期间,主动向执行机关交代尚未被掌握的犯罪行为的;5.其他符合立法本意,应当视为自动投案的情形。"而根据我国《刑法》第67条之规定,主动投案是构成自首的基本前提,如实供述自己的罪行是自首的实质构成要件。① 因而最高人民法院关于自首的司法解释有扩大自首认定条件之嫌,这一司法解释与刑事立法存在一定的冲突和矛盾,司法解释权在一定程度上侵害了刑事立法权。又如我国刑法分则明确将"盗窃公私财物数额较大或多次盗窃"确定为盗窃罪的客观构成要件,而在最高人民法院《关于审理盗窃案件适用法律若干问题的解释》中,又规定盗窃金额接近数额较大且具有破坏性盗窃公私财物、盗窃残疾人、孤寡老人财物、盗窃造成严重后果等几种特定情节之一的,可以盗窃罪追究刑事责任。关于盗窃罪的这一司法解释,明显与刑法分则确定的盗窃罪构成要件相冲突,而且也严重违背了我国刑法确定的罪刑法定基本刑法原则。再如2008年11月出台的《关于办理商业贿赂刑事案件适用法律若干问题的意见》中对于医生、教师构成非

---

① 参见高铭暄、马克昌主编:《刑法学》,北京大学出版社、高等教育出版社2005年版,第302页。

国家工作人员受贿罪的模式显然超越了原来该罪构成模式的限制。《刑法》第163条规定,即使是在"索贿"的场合,也仍然需要以"为他人谋取利益"为要件,而上述意见中取消了该要件,降低了该罪的构成门槛,扩大了适用范围。"两高"作为法律适用者,只能根据法律文本对在审判工作或者检察工作中具体应用法律、法令的问题进行解释,而不能对原有的犯罪构成模式进行变更,否则就存在司法权僭越立法权的危险。绝不能为了满足"社会可以接受"或者"社会公众利益需求"而牺牲刑法文本中对犯罪构成的定型性作用,甚至破坏刑法的整体法秩序利益。①

鉴于前述之分析,要保证刑法司法解释准确体现立法者本意,使司法解释权在法律授权范围内正确行使,通过刑事司法解释在案件中的具体适用,将刑事立法中所反映的立法者利益价值取向通过刑事法律的实施得到更好的贯彻,必须采取措施加强对既有刑事司法解释进行清理,对那些明显与现行刑事法律相冲突的刑事司法解释应当根据法定程序及时予以废止。其中刑事司法解释与刑事法律相矛盾和冲突主要有两种情况,一种是刑事司法解释在制定时就与刑法规定相矛盾和冲突,另一种情况是刑事司法解释制定时并不与刑事法律相冲突,但由于社会环境或国家刑事政策的变化,刑事法律由于不能满足时代要求,立法者对原来的刑事法律进行了修正或废止,而原有的刑事司法解释并未随之修改或废止,造成了刑事司法解释与现行刑事法律规定不一致的情况发生。但无论是哪种情况引起的刑事司法解释与刑事法律相冲突,刑事司法解释制定机关都应当及时废止过时的刑事司法解释,以保证刑事司法解释与时俱进的创新品质,以及不突破立法限制、不侵害立法权的谦抑精神。

---

① 参见李翔:《对商业贿赂犯罪司法解释的若干质疑》,载《政治与法律》2009年第6期。

二、健全刑事司法解释立项机制

针对当前我国刑事司法解释存在的诸多问题,立法机关以及负责制定刑事司法解释的最高人民法院、最高人民检察院既要采取有效措施对现已颁布的刑事司法解释进行规范整合,对与现行刑事法律规定相冲突的司法解释内容应当及时进行修正,积极开展对现有刑事司法解释的汇编工作,同时应当加强对新出台刑事司法解释的管理工作。尤其是应当优化刑事司法解释的立项工作管理,通过严格执行刑事司法解释立项及出台程序,以提高新出台刑事司法解释的质量。

尽管刑事司法解释有别于刑事立法,无须完全执行刑事立法程序的严格标准,但由于刑事司法解释在刑事案件审判中具有广泛的适用性,具有法律的强制效力,与刑事法律一样也具有平衡社会利益的功能,更存在司法解释机关与立法机构之间的权力利益博弈问题,因此应当完善刑事司法解释制定程序。一般来讲,刑事司法解释制定程序大致包括前期立项程序、中期解释文本起草和听证程序、后期解释出台效果论证及文本修改和完善。

(一)前置性程序设置

要规范刑事司法解释制定程序、提高刑事司法解释的科学性和合理性,增强刑事司法解释指导刑事审判的功能,首先要做好刑事司法解释制定的立项工作。立项是法律制定的前置性工作,刑事司法解释制定在性质上也类似于立法,因此应当把强化刑事司法解释立项工作作为制定刑事司法解释的基础性工作来抓。刑事司法解释立项,是指刑事司法解释机关的具体负责部门,对刑事司法过程中遇到的有关法律适用的相关问题,急需对刑事法律的适用作出明确的解释,根据需要解释的紧迫程度,纳入司法解释机关的工作计划,然后开始组织调研论证。

关于刑事司法解释的立项程序,应当说明以下几点:第一,刑事司法解释立项是根据解释机关内部机构的职责划分,由具体某一部门负责实施。从目前的情况来看,通常刑事司法解释的立项工作都是由最高人民法院政策研究室和最高人民检察院政策研究室负责落实,这是由于"两高"的政策研究室集中了大量既具有审判实践经验,又具有较高理论研究水平的刑事法律研究人员,因此由"两高"的政策研究室负责刑事司法解释的立项以及起草、听证等工作是非常合适的。第二,刑事司法解释立项部门在立项前要进行充分的调研,因为刑事司法解释主要是针对刑事司法中遇到的法律适用的突出困难问题,如对相关法律概念,不同地方的法院存在不同的理解,对相关问题法律没有规定或法律规定明显与社会现实相冲突、有违公平正义等法律基本原则,而且这些问题须是非常普遍和重大的问题时,才有必要由刑事司法解释机关对相关问题作出司法解释,以指导刑事司法审判工作。可见在刑事司法解释立项之前,对刑事法律的实际运行状况进行充分的调查研究显得十分必要,这有利于刑事司法解释立项甚至是整个解释制定工作能做到有的放矢,从而提高刑事司法解释制定工作的针对性和效率。第三,由于刑事司法实践中需要司法解释机关作出解释的问题会有很多,但解释机关的资源是有限的,这就导致了刑事司法解释存在供需矛盾,解释的供给不能满足刑事审判实践对刑事司法解释的需求。鉴于此,刑事司法解释立项部门应当统筹规划,根据现有的人财物实际状况,分清轻重缓急,制订合理的刑事司法解释制定立项年度工作计划。对于实践中非常普遍、社会关注度较高、急需作出相关司法解释以指导刑事审判法官准确适用刑法的问题,应当优先立项,以尽早制定相关司法解释。而对于那些只是在个别地方偶发的案件中,需要对刑事法律的理解和相关专门问题作出解释的,由于这类问题涉及案件并不多,社会关注度和影响力都比较小,对其立项应尽量延后,在时机成熟时再立项。

总之,刑事司法解释立项作为刑事司法解释制定的基础性、前置性工作,应当抓紧抓好。做好了刑事司法解释立项工作,既可以将大量的不必要的解释需求拒之门外,在缓解当前刑事司法解释过多过滥的问题时更保证了刑事司法解释的严肃性;而且通过制定科学的刑事司法解释立项计划,可在一定程度上推动刑事司法解释后续制定工作的开展,有利于提高刑事司法解释整个制定工作的效率,更有利于提高新制定的刑事司法解释的质量。

(二) 中期听证程序设置

刑事司法解释制定立项工作,对解释起草、听证、颁布等程序都规定了一定的时限,因此立项后,刑事司法解释制定部门应当按照既定的时限开展解释文本的起草和听证等中期工作。刑事司法解释的起草一般也是由"两高"的政策研究室负责完成,当然与刑事业务有关的部门应当给予积极的配合和协助。解释文本起草部门在起草前,应当深入全国各地各级法院开展调查研究,通过专题调查,搞清楚所涉刑事法律规定在案件具体适用中存在的问题,搜集各级法院刑事审判业务庭对相关问题提出的有针对性的解释建议。只有本着实事求是的态度,对相关刑事法律规范的实际运行状况以及存在的主要问题有十分全面清晰的认识后,制定的刑事司法解释才能最大限度地满足指导刑事司法审判的需要,真正发挥刑事司法解释的价值功能。

刑事司法解释起草部门在完成起草工作后,刑事司法解释制定机关应当按照规定的程序将解释草案向公众公布,并开通专门渠道接受公众提出的意见,当然也可以立法听证会的形式对解释草案进行审议。之所以在刑事司法解释制定过程中要对解释草案向社会公众公布并公开征求意见和召开听证会,一方面是因为社会主义法治公开、公平、公正的本质要求,决定了社会主义立法活动必须对公众公开,并接受公众监督,以立法公开促进立法公平和公正。刑事司法解释制定来源于法律的授权,其制定过程当然应当对公众公开,认真听取公众对解释草案提出的有关意见。另一方面,立法和司法解释制定都需要集全社会的集体智慧,单靠立法者、司法解释制定者闭门造车,是无法制定科学合理的法律和司法解释的。

目前我国在刑事司法解释制定过程中的公开度还是很不够的,很少有司法解释对公众公布并征求公众意见,很多司法解释都是解释机关内部论证后就对外公开颁布,即使对外征求意见,征求意见的范围也仅局限于司法系统内部。因此不仅要在思想上重视刑事司法解释制定程序的公开,而且更重要的是解释制定机关应当采取切实有效的措施,保障公众能够参与司法解释的意见征求活动。首先,要切实做到所有的刑事司法解释草案都对全体公众公开,而不是仅在司法系统内或其他特定范围内征求意见,实实在在推进司法解释制定过程的公开,自觉接受公众的监督。其次,要确保公众对司法解释草案提出意见的渠道畅通,解释制定机关可以采取接收信函、电子邮件、网上留言等形式听取公众意见,而且解释制定机关对收到的公众意见,不能视而不见,而是应当认真统计分析,对合理的公众建议应当吸收采纳。对于那些不太合理但公众支持率又比较高的意见,解释制定机关应当及时公开回应,以消除公众疑虑,这对提高公众参与司法解释制定的积极性、探索建立社会说理机制、降低利益冲突,都大有裨益。最后,在条件允许的情况下,刑事司法解释制定机关还可以邀请专家学者、社会公众代表参加司法解释制定听证会,广泛听取学者的专业意见和社会公众的意见。听证会最关键的是要提高公众的参与度,而不是走过场、摆形式,而且还要注重参与听证会公众代表的代表性。

(三)后期实验结果论证

刑事司法解释文本经听取公众意见或召开听证会,司法解释的正式文本也基本确定后,在司法解释正式对外公布前,司法解释制定机关应当对刑事司法解释正式公布后的运行结果和状态进行一定的模拟论证活动。尤其是对于那些社会公众反映比较强烈的意见建议,而司法解释制定机关又没有采纳的,在司法解释正式公布前,应当充分评估可能引发的舆论压力和解释具体适用过程中可能会遇到的各种阻力。

对刑事司法解释公布后可能引发的后果论证评估的方法有很多，如可以通过问卷调查的方式，预先调查社会公众对司法解释实施的反应；可以邀请刑法学者、刑事审判法官等专家对刑事司法解释可能产生的后果和引起的反应，进行理论上的评估和论证；在刑事司法解释公开施行之前，还可以在个别法院试行，以减小刑事司法解释公布可能带来的社会震荡。

刑事司法解释实施后果的论证分析结论，应当作为是否公布刑事司法解释的重要依据。如经预测论证，社会公众对刑事司法解释颁布实施总体评价是正，则说明该刑事司法解释的制定和实施符合大多数人利益，解释文本内容比较合理。因此这类刑事司法解释应当按照既定程序和时间对外公布并实施。如社会公众对拟公布的刑事司法解释总体呈负面评价，则说明该刑事司法解释反对者处于上风，解释实施的阻力会相当大。对总体评价呈负面的刑事司法解释，应当推迟公布，等修改论证后再行颁布。

三、建立刑事司法解释适用定期审查机制

无论法律文本制定得多么完美和科学，但在实际实施和运行过程中，总会遇到这样或那样的问题，因此法律在公布实施后，要建立跟踪监测机制，对法律运行的实际效果进行分析评价，并将监测评价信息反馈给立法机构。立法机构对法律运行进行跟踪监测的主要方式，就是通过全国人大组成专门的法律检查小组，定期对某些法律的实施情况进行验收检查。刑事司法解释作为一种非常重要的刑事法律渊源，其具有很强的强制适用性，因此应像法律检查一样，也应当开展刑事司法解释适用的跟踪反馈和定期审查机制。最高人民法院应当利用与下级法院业务上的指导关系，对相关刑事司法解释的实施效果进行跟踪监测。

刑事司法解释制定机关应当对下级单位反馈回来的刑事司法解释实施的具体状况，进行及时处理分析，并以反馈信息为依据，对刑事司法解释进行定期的审查。对于经跟踪监测，在实施过程中反应良好且适用比较普遍的刑事司法解释，司法解释机关可以在适当的时候向立法机关提交立法建议，将刑事司法解释直接转化为刑事法律，进而提高相关刑事法律规则的效力层级。而对于那些因为法官、检察官、律师、刑事案件当事人对刑事司法解释理解不到位造成的刑事司法解释适用困局，应当加强对刑事司法解释的宣传和专项培训，进而为刑事司法解释的全面适用创造良好的法治环境。如是由于刑事司法解释自身内容规定不科学、不合理，违背立法者的立法利益取向、脱离社会实际，造成的刑事司法解释在具体案件中适用困难的，解释制定机关应当对反馈信息高度重视，及时研究刑事司法解释修改和完善意见，并根据相关程序对刑事司法解释进行修订和完善。

对刑事司法解释实施后进行跟踪审查并根据不同情况采取不同的应对办法的主要目的，就是充分发挥刑事司法解释在调整社会利益关系、指导刑事司法审判中的实际功效。因此建立和完善刑事司法解释跟踪审查机制，对于促进刑事司法解释的实施，完善刑事司法解释体系，提高刑事司法解释的效率，增强刑事司法解释在调整社会利益关系中的作用等方面都具有非常重要的作用。

四、完善刑事司法解释无效退出机制

法律从生效到失效之间是一个完整的效力周期，与法律一样，刑事司法解释也存在效力周期。刑事司法解释的生效时间一般有两种，一种是颁布后立即生效，一种是颁布日后的某个特定的日期开始才发生效力。无论采取何种生效时间，刑事司法解释对生效时间通常都会进行明确的规定，而对刑事司法解释的失效日期都无规定，法律溯及将来的性质决定了也不可能在刑事司法解释中直接规定该解释的失效时间。

  尽管刑事司法解释本身不会规定自身的失效时间,但刑事司法解释失效是一种常见的客观现象。引起刑事司法解释失效的原因可能有如下三类:第一类是,刑事司法解释在适用过程中,由于社会环境和司法环境发生了变化,刑法解释机关需要制定新的刑法司法解释,在新的刑法司法解释中明确规定了新的解释的生效时间以及旧的刑事司法解释的失效时间。第二类是,新的刑事司法解释虽然没有对旧的解释进行废止,但是由于新解释和旧解释存在冲突和矛盾,根据新法优先的原则,旧法在实际运行中也自动丧失了法律效力。最典型的是关于盗窃犯罪构成要件中数额较大的具体标准,"两高"根据时代不同社会经济水平发展阶段变化,多次通过刑事司法解释的形式调整了盗窃犯罪的数额标准,在新的司法解释生效后,原来关于盗窃犯罪金额的司法解释就自动失效。第三类是,由于刑事司法解释乃依附于刑法文本,如果刑事司法解释所解释的刑法条文已被废止或修改,那么刑事司法解释的效力也就自动废止了。如"两高"于1985年制定的《关于当前办理经济犯罪案件中具体应用法律若干问题的解答(试行)》有关贪污、受贿罪的解释依附的是1979年《刑法》关于贪污、受贿罪的规定,但1988年全国人大在《关于惩治贪污贿赂罪的补充规定》中对贪污、受贿罪进行了重新规定,因此1985年《关于当前办理经济犯罪案件中具体应用法律若干问题的解答(试行)》关于贪污、受贿的规定已经失效。还有一类刑事司法解释是为了弥补立法的空白和漏洞,当立法填补了这些漏洞后,这类司法解释也当然失效了。如之前我国刑法未将种植毒品原植物规定为犯罪,但罂粟种植在我国一些偏远地区还存在,且严重危害了社会秩序和人民身体健康,其社会危害性足以达到给予刑事处罚的程度。为了弥补这一立法上的缺陷,1990年"两高"发布了《关于非法种植罂粟构成犯罪的以制造毒品罪论处的规定》,这一司法解释颁布后对于打击非法种植罂粟起到了很好的震慑作用,当年12月全国人大常委会作出的《关于禁毒的决定》又将前述司法解释的规定纳入了刑法中,规定了非法种植毒品原植物罪,从此"两高"颁布的前述《关于非法种植罂粟构成犯罪的以制造毒品罪论处的规定》这一司法解释也失去了效力,退出了历史舞台。

当前在我国数量众多的刑事司法解释中,有很大一部分已经失效,但由于没有及时清理和退出,给刑事司法解释的适用造成很多的困惑,这势必造成司法资源在内的社会资源的大量浪费。为了提高刑事司法解释的适用效率,应当尽快建立和完善无效刑事司法解释的退出机制。主要是通过刑事司法解释定期审查机制,及时发现刑事司法解释失效的情况,并对失去效力的刑事司法解释及时予以清理。刑事司法解释制定机关对于已经失效的刑事司法解释,应当以专门的公告向社会公布,从而实现失效刑事司法解释的有序退出。同时还应当定期对刑事司法解释汇编工具书进行更新,将已经失效的刑事司法解释从刑事司法解释汇编中删除,以保证刑事司法解释汇编精简实用。

第三节 构建刑法适用解释的约束性机制
——司法层面对刑法解释主体进行利益引导

长期以来我国制定了大量的刑事司法解释,刑事司法解释在刑事案件审理尤其是定罪量刑上具有极其重要的作用,甚至导致刑事审判法官在审理案件时对刑事司法解释有着极强的依赖性。从一定意义上可以说,大多数刑事案件审判人员离开刑事司法解释就无法开展刑事案件审理工作,一遇到法律没有明确规定的案件,就通过层层请示,要求最高人民法院制定相关司法解释。概念法学崇尚的是法典完美无缺,任何案件都可通过三段论推理在法典中找到答案;而对刑事司法解释依赖症患者虽然承认法典存在漏洞和缺陷,但同时又陷入了对司法解释的迷信之中，遇到法律没有明确规定的案件，就习惯性地到司法解释的相关文本中寻找规定，离开司法解释就不能适用法律对案件作出判决。

刑事案件司法审判人员对刑事司法解释过度依赖，一方面限制了法官的创造性，法官被视为一个个判决机器，只需要根据法律和司法解释的规定进行案件裁判，对刑事法律和司法解释的适用是机械刻板的，法官在个案审判中不允许对法律或司法解释的规定作出个人的解释，同时也不利于司法人员整体理论水平和法律素养的提高；另一方面，刑事审判法官对刑事司法解释的过度依赖，直接导致了我国刑事司法解释的总体数量急剧上升，由于大量刑事司法解释在短时间内不断出台，解释制定机关的工作压力相当大，很多解释未进行详细的调研、充分论证就仓促出台，这势必导致刑事司法解释的整体质量不高，这也是很多刑事司法解释在实施很短时间后就丧失效力的主要原因。刑事司法解释质量不高主要体现在几个方面。一是，部分刑事司法解释明显违背刑事法律的规定，对"罪刑法定"刑法基本原则构成了严重挑战。如对刑法相关概念擅自作出扩大或缩小解释，可能会将一些不构成犯罪的行为认定为构成犯罪，反之也可能将本属于刑事犯罪案件范围的刑事案件漏掉，认为不构成犯罪。二是，同一解释制定机关制定的多个刑事司法解释，或不同解释制定机关制定的不同刑事司法解释，可能存在冲突和矛盾，势必对刑事审判中选择何种司法解释文本作为案件定罪量刑的依据起到严重的干扰作用。三是，刑事司法解释像法律一样，具有稳定性和保守性，并不会因为社会环境的变化而随意调整。我国有很大一批刑事司法解释由于缺乏前瞻性，在相关环境稍微变化后，刑事司法解释就不能适应刑事司法实践的需要，造成刑事司法解释自动失效，或阻碍刑事司法解释的顺利适用。

为了化解刑事司法解释当前面临的困境，进而提高刑事司法解释的质量、压缩刑事司法解释的出台数量，我们既要严格刑事司法解释立项、起草解释草案、公开论证和征求意见、解释制定工作的跟踪监测,从解释制定的源头上把好关;同时还应当采取切实有效的措施,改变当前过分依赖刑事司法解释的状况,逐步建立以法官自由裁量权为中心、以审判公开及判决书充分说理为保障的法官个案解释的全新刑事司法解释体系。这一新兴的刑法解释模式无论在解释主体还是适用范围上,都具有极其鲜明的特征。按照《立法法》的相关规定,传统刑事司法解释的制定机关仅限于最高人民法院和最高人民检察院,且是由机关名义作出的,而不是由法官或检察官个人作出的;而新型刑事法律解释是各级法院法官在个案中对刑法适用所作出的解释。由"两高"制定的普通意义上的刑事司法解释,在全国各级人民法院和人民检察院办理刑事案件中都具有普遍的约束力和适用性;而法官在个案审判中对刑事法律作出的解释,只具有个案约束力,对其他案件的审理不具有参照适用性。

从前文分析可知,为了避免刑事司法过程陷入过分依赖成文法典的陷阱,应当赋予法官有权根据案件事实、法律基本价值和精神,综合平衡各种冲突的利益,进而对刑事法律的适用作出合理的选择。但自由裁量权作为一种权力,其就有被滥用的权力天然属性,法官的自由裁量权行使的根本目的是实现社会实质正义、促进社会公平、追求法治,如果司法官自由裁量权被滥用,将严重损害法律尊严和司法权威,对法治国家建设造成不可逆转的损害。因此对法官自由裁量权进行必要的规范和限制,在学术界和司法实务界有着基本共识。但对于通过何种途径和措施既保障法官合理行使自由裁量权,又能确保自由裁量权不被法官滥用,存在大量不同观点,可谓是众说纷纭。对此有人提出应当通过提高法官待遇,以高薪养廉方式确保法官不会因私益而滥用自由裁量权;有人提出应当通过加强法官理想信念教育、职业素养教育,确保法官在思想上进行自我约束,而不会滥用自由裁量权。但笔者认为,根据目前我国的国情,要通过建立高薪养廉的司法职业保障机制,确保法官不滥用司法自由裁量权是不现实的。一方面,我国当前的经济社会发展水平、财政能力、社会公众的舆论压力等因素,决定了我国当前不可能建立国家公务人员高薪养廉制度,因此作为国家公务人员之一的司法官员的高薪养廉建议也必将成为奢想;另一方面,无论从理论还是实证分析,司法官员职业薪水的高低与其是否滥权之间并不存在必然的联系,事实上很多滥用权力的高级司法官员大量存在,他们并不是因为薪水低廉、无法保障体面的生活质量水平,才徇私枉法滥用权力的。基于我国当前之基本国情和司法体系的现状,笔者认为要保障刑事司法自由裁量权不被滥用应从三个方面入手。首先应当通过理想信念教育,提高广大司法人员的思想觉悟,坚定其高尚的社会主义法治理想,自觉维护其职业尊严;其次,应当采取有力的措施保障,加强对司法人员的职业培训,为其在刑事司法过程中正当地行使合理自由裁量权提供职业技能支持;最后,应当改革司法管理体制,通过建立合理的司法运行机制,确保法官没有滥用自由裁量权的空间和机会,也就是通常所说的"不能腐"。由于关于司法人员的理想信念教育和职业技能培训,学术界进行了大量卓有成效的研究,司法实务界长期以来也在持之以恒地推行,因此笔者不再赘述,本书重点对如何通过探索和改革司法管理体制,建立司法权力正当运行的约束机制进行分析。

一、构建判决书说理标准化机制

刑法解释是沟通刑法规范与案件事实的桥梁,刑法适用解释中,法官应当重视对判决书的说理。刑事司法中,法官适用解释没有引起足够的重视。一方面,我国属大陆法系国家,成文法主义决定了我国法官在审理刑事案件中过分注重形式逻辑推理,刑事司法裁判程序如同自动售货机,输入刑法规范和案件事实,判决结果自动呈现。更为普遍的现象是,受理刑事案件之时,法官在头脑中已经对案件的结果有了大致的判断,再将案件事实简单代入相应罪名的构成要件,只要符合三段论的形式逻辑即可。另一方面,我国法官的司法能动性还受到司法解释的频繁颁布的极大制约,"长期以来,最高司法机关似乎在努力创造一种排除法官解释适用刑法,而欲以其颁发的司法解释实现对法官适用刑法活动的完全控制。"①司法解释随着社会现实的变化不断地增加其内容,且所涉及的内容也更加明确、细化。刑事法官将过分地依赖于司法解释,机械地适用司法解释的规定,而丧失了其本应具有的根据案件实际情况、综合案件的社会影响以及相关公共政策等因素能动适用法律作出裁判的能力。受成文法思想及我国法官能动性低的双重影响,我国的刑事判决书具有形式化、机械化的特点,只是简单说明了经审理查明的事实内容和适用的具体刑法规范,而缺少司法机关对其所作判决的正当性的合理、充分的论证解释。

司法裁判从理论上讲,应当是法官根据具体的案件事实能动地适用法律规定,并作出相应的裁判结果。法官在刑事案件审理过程中行使自由裁量权,必须基于法律的基本价值精神,其裁决结果必须体现法治的公平正义,对各方利益的平衡调整必须有充分的社会共识,唯有如此,才能说明法官自由裁量权的行使具有充分的正当性,法官对刑事法律的适用作出的选择和解释才具有相当的合理性。而法官在对刑事案件作出判决时,尤其是对法律适用问题行使了一定的自由裁量权,其对案件的认识、判决所依赖的社会和法律价值准则、其心证的过程都应当以明确的方式在判决书中予以表达,这个过程就是判决书的说理过程。

判决书的说理过程是司法审判中一个非常关键的过程,判决书说理工作的好坏,直接决定了判决书的质量,对当事人是否服从判决具有非常重要的影响。加强刑事判决书说理工作,对提高刑事案件审判质量,规范法官自由裁量权具有极其重要的作用。一方面,通过判决书说

---

① 刘艳红:《观念误区与适用障碍——新刑法施行以来司法解释总置评》,载陈兴良主编:《中国刑事司法解释检讨——以奸淫幼女司法解释为视角》,中国检察出版社 2003 年版,第 58 页。

理,法官将其事实认定、适用法律等案件推理过程及对证据的心证过程非常直观地体现出来,使得判决过程和结果有理有据,这从根本上提高了刑事判决的公正性、公信力和权威性。另一方面,通过将判决书说理纳入司法强制管理程序,要求法官在刑事判决书中必须对事实认定和法律适用进行充分的说理,这实际上是要求法官将这个司法过程完整地对案件当事人公开,并接受案件当事人和外界的监督。通过判决书说理这一强制性的约束机制,可以促使刑事案件审判法官在对法律进行解释和选择适用时,必须是基于法律公平正义精神,其在判决中所持的利益平衡和价值评判标准必须是社会普通公众所能接受的,进而将刑事司法自由裁量权的行使限制在合理范围内,防止刑事自由裁量权和刑事司法解释权被滥用或不正当行使。

但当前我国刑事判决的说理论证情况却很不乐观,绝大多数刑事案件的判决都没有说理的过程,致使目前我国的刑事审判成为一个非常神秘的过程,自然当事人对案件判决结果接受程度不高,司法公正性、权威性不断受到质疑。我国刑事判决书说理缺乏,主要体现在判决结论作出武断和法律解释匮乏两个方面。当前很多刑事判决书,尤其是二审判决书,未进行任何说理,就径行作出判决。其判决过程来得很突然,从判决书中根本无法知道法官的判决理由,更无从得知其司法认知和推理过程是否符合正义的一般原则,法官在判决过程所秉持的利益考量标准和价值评判尺度是否有违现行社会之通常观念。如我们经常看到二审法院在判决书中未经任何分析,就直接作出"上诉理由与本案事实和法律不符,本院不予采纳"的判决,显得相当武断,根本无法让人服判。当前刑事判决书说理中另一个重大问题就是,对法律的适用,判决直接引用法律或司法解释的某条规定作为判决依据,但并未结合案件事实对法律的适用的理由和合理性进行阐释。以轰动一时的许霆案为例,一审判决说理部分简单明了:"本院认为,被告人许霆以非法占有为目的,伙同同案人采用秘密手段,盗窃金融机构,数额特别巨大,其行为已构成盗窃罪。"从形式逻辑上看,完全找不到司法机关错判的漏洞,但是该判决作出后,引起了刑法学术界的广泛讨论和质疑,公众对该判决也是疑惑不解,难以接受。有学者指出:"造成许霆案一审量刑畸重的原因或许多种多样,但直接原因恐怕在于法官在现行刑法解释体制的制约下不善于运用刑法解释方法。"①当然法官很少会对控辩双方对法律适用的相关主张和意见进行如实描述,不仅未能将法官对控辩双方关于适用法律的意见进行评述的过程以及法官对案件适用法律的逻辑推理过程、找法过程写入判决书的说理过程,对现行法律的漏洞、法律的空白、法律条文意思不明、法条竞合及法律本身的冲突更不会进行翔实的论证和说明。

鉴于当前我国刑事判决书说理欠缺的实际情况,为了规范法官在个案中运用自由裁量权对刑法规范进行解释的权力,确保这种刑法解释权不被滥用,应当尽快建立标准化的判决书的说理机制,并强制实施。"刑事判决说理制度的不断发展过程是国家司法公信力在不断提高和国家法治程度不断上升的过程。"②通过对现行刑事判决书说理存在的问题的调查研究,探索建立刑事判决书说理的基本标准,这个基本标准是刑事判决说理的最基本要求,其涵盖了刑事判决说理和论证过程的大多数要素,能将法官基于自由裁量权作出的心证和法律选择过程完整地对外展现。当然法官根据案件的复杂程度、个人职业能力的强弱,在保证按照基本说理标准之外,也可以进行更深入和充分的说理论证。

刑事判决说理的标准结构应当包括如下几方面的内容:第一,要对证据认定进行充分论证,在判决书说理中还原法官对证据进行心证的过程。证据是判决书的基础,缺乏确凿证据的判决是无法做到公正的,

---

① 黄奇中:《"许霆案"的刑法解释学思考》,载《华侨大学学报(哲学社会科学版)》2009年第1期。
② 李滇:《建国60年刑事判决说理制度的回溯与展望》,载《行政与法》2009年第10期。

是经受不起历史和法律的检验的。法官首先要对控辩双方的证据及发表的质证意见在判决书中进行完整准确的陈述,以体现法官完全听取了控辩双方关于证据的意见;其次法官要根据法律规定的证据规则、生活经验、逻辑推理对全案证据进行认定,对每项证据采信或不采信的理由作出说明;最后法官应当对全案事实进行认定的心证过程进行详细的说理,尤其是没有证明被告人实施犯罪的直接证据,而是通过证据链的组织证明被告人有罪的,法官应当对形成有罪证据链的心证过程进行分析论证,以最大限度地打消质疑,和进行自我保护。第二,要对控辩双方提出的关于定罪和量刑意见,进行全面理性的论证分析,要结合法律规定、案件的实际情况、社会一般判断和影响等,进行充分的法理分析。第三,在法律适用方面要充分进行法理分析,对适用法律的合理性进行论证。刑事法律规定与案件事实之间并不是一一对应关系,而是存在一定的距离,刑事判决过程就是要建立刑事法律规定与案件事实之间的联系,这也就是法律的适用过程。为了提高刑事判决的公正性和权威性,必须增强判决书关于法律适用的说理。对法律适用过程进行说理,就是法官根据刑事法律和刑事司法解释的规定,结合案件事实,综合制定法、法理、社会经验价值等,对被告是否构成犯罪、构成何种犯罪、如何量刑、适用哪一法律条文进行有理有据的分析。在法律适用说理过程中,要对控辩双方关于法律适用的意见和争点进行概括和分析,明确表示采纳哪些意见、不采纳哪些意见,采纳意见的支持理由、不采纳意见的反驳原因,通过对支持和反驳意见的表达,使得控辩双方对法官自由裁量过程有十分清晰的认识,做到输赢都清楚明白。要坚决防止法官在判决中搞模糊策略,判决过程和理由均语焉不详,不能不使人对判决的公正性提出质疑。

二、以判决公开促使刑事审判从重刑法解释向重刑法论证转变

判决书对事实认定、刑法适用进行论证分析,将刑事审判从概念法学机械适用刑事法律的模式转变为法官对刑事法律进行说理论证,通过刑法适用的充分说理,提高刑事法律适用的合理性,增强刑事判决的公正性和权威性。但刑事司法模式的这种转变,仅仅通过加强法官思想信念和法律修养等内生性措施是无法实现的,这些内生性措施不可能自动采取,当前法官并没有这种进行自我改革的推动力。因此,要实现刑事审判模式从传统的机械适用刑法、过度依赖刑法解释,向司法过程注重刑法适用论证分析的转变,就必须跳出问题本身,寻求外力来推动这种提高刑事司法公正性和权威性的审判模式转变,最好的办法就是通过刑事司法判决的公开,来倒逼法官增强判决书的刑法适用说理,提高刑事判决公正性和公信力。

司法公开是促进司法公正的有力保障和必然举措,也必然推动法官积极主动地在刑事案件审理中充分说理。这是因为:第一,司法公开,使得司法审判的全过程都处在阳光之下,接受社会公众的监督,在众目睽睽之下,徇私枉法等司法腐败行为必将无处遁形,使得刑事司法权失去了被异化的主要诱因。第二,通过司法公开,控辩双方能够通过公开的庭审程序,对被告的定罪量刑充分发表意见,而且在一些社会关注度高的案件中,社会公众也可借助新型现代电子媒体平台和互联网络对特定案件自由地发表意见,这样可以使案件事实真相越辩越明。同时法官也可通过公众对案件发表的观点,掌握社会公众对案件的利益判断取向和价值观念,这对法官发现社会一般价值准则并根据社会一般价值观念进行法律适用、作出判决具有十分重要的作用。第三,刑事案件审理的对外公开,使得法官在进行证据认定、适用法律、作出定罪量刑裁判,尤其是在行使自由裁量权时,必须要充分考量是否符合法律之原则、社会整体价值准则、公众舆论认知,从而约束法官不敢违背法律和公意之正义准则进行枉法裁判,最终确保了判决的公正性。第四,由于在司法公开的大环境下,导致法官受到了外界权力监督的巨大压力,法官处于自我保护的动机,必须加大判决书的说理论证。法官唯有通过对事实认定、法律适用、裁判作出等案件审理全过程中法官自由裁量权行使的情况,在判决书说理部分进行完整、清晰、理性的阐释,才能增强其所作出判决的公众接受程度,降低所受到的质疑。尤其是在一些公共影响力较大的案件中,公众对案件的处理无法达成相对统一的意见,法官无论作出何种选择,都可能会招致另一观念群体的反对和质疑。在面对这种两难的选择时,法官更应该通过充分的判决说理,对判决的证据认定、法律选择中涉及的法官论证过程进行详细的论述并对外公开,以看得见的方式向社会展示判决形成的过程,进而降低公众对法官职业道德方面的质疑,这样也可以将社会关于相关问题的价值判断争议交给社会,有效缓解法院和法官本不应当承受的社会价值观念争议压力。

  司法公开的形式多种多样,有审判过程公开,如刑事案件公开开庭审理;控辩双方充分参与审判程序,就案件事实、证据认定、法律适用、定罪量刑发表各自的意见,体现了审判内容的公开;还有审判结果的公开,也就是公开宣判和对外公开判决书。长期以来我国刑事案件判决书公开做得相当不够,很多时候刑事判决书只送给控方检察院,而被告由于被关押并未送达。由于刑事案件的特殊性,控方、被告及近亲属、受害方都对判决相当关注,因此刑事判决书应当严格按照法律规定送达给被告人近亲属、受害人。由于刑事案件中被告人和受害人都处于弱势地位,他们对法官的监督和约束基本没有,因此将刑事案件判决书公开范围仅限定在控方、被告人及近亲属、受害人及家属内,判决书公开起到的监督作用相当有限。而要增强刑事判决书公开对法官的监督作用,以及促使刑事审判向刑法论证和说理方向转变,就必须扩大判决书公开范围,以提高公开监督的效果。当前最高人民法院在全国若干省市推行的判决书上网试点就是一个非常好的解决方案,这是最高人民法院通过司法公开倒逼司法公正、增强司法权威的有力举措。法院通过定期将判决书主动发布到互联网上,公众可以十分方便和自由地获得判决书,并可以借助现代网络媒体对案件判决发表相关看法,这使得法官办理的每个案件都可能会受到公众的监督和质疑,这种强大的监督压力将迫使法官务必提高司法素养、判决书的说理必须充分透彻,才能使判决结果做到有理有据,才能使得判决书能经受得住舆论的监督和历史的检验。

当然我们在强调刑事案件判决书公开的同时,也应当注重对个人隐私的保护,实现社会整体利益与个人私益的平衡。通过刑事判决书公开,可以规范法官自由裁量权的行使,有助于推动法官在判决书中充分进行说理,同时通过这种个案公正的积累,可以在整体上促进司法公正、提高司法权威,将有助于增进全社会的利益。但司法公开在增进社会整体利益的同时,也要求法官为实现司法公正作出更多付出,如要花大量的工夫进行判决书说理并接受公众的监督、质疑,而且更重要的是判决书的公开会导致案件当事人的相关信息和隐私受到一定的影响。因此在推行判决书公开制度时,必须考虑社会整体利益与个人利益的平衡、利益与成本的比较,进而在判决书说理内容、判决书公开的范围设定等问题上作出均衡的选择。由于判决书说理公开,需要花费法官大量的精力,耗费的是有限而紧张的司法资源,为了在保证判决书质量的同时必须提高效率节约司法资源,因此并不是所有的刑事判决书都需要法官耗费大量精力进行面面俱到的论述和分析,而是应当根据案件的实际情况,如案件事实的复杂程度、证据情况、控辩双方对证据认定和适用法律的意见分歧大小、案件的社会影响力和关注度等因素综合考虑,决定判决书说理的程度。对于那些常见的犯罪案件,社会影响力较小,控辩双方对法律适用、定罪量刑意见差距不大的,法官可以对判决说理过程进行简化,主要是罗列控辩双方意见,并对法官作出相关判决的理由进行简单表述。而法官的精力应当主要用于那些社会影响大、案情复杂的案件,通过对复杂案件的判决充分说理、精深论证和法理分析,以提高社会对刑事司法判决的认可度,对普及法律公正、司法权威等理念具有极其广泛的示范效应。

刑事司法判决公开还应当考虑的一个重要问题就是如何实现对个人信息、隐私、名誉等私益的有效保护,这些私益很大一部分都关涉到个人尊严和生活安定性,因此刑事司法等公权力必须自我克制以保护这些个人利益,在刑事判决公开方面主要体现为对可以公开的判决书范围、判决书公开时的技术处理等要体现对被告人、被害人隐私的保护和关切。由于刑事判决可能涉及广泛的个人隐私,因此并不是所有的刑事判决书都适合公开,如性犯罪案件涉及受害人的性隐私,一旦受害人的相关信息被公开,必将给受害人造成不可逆转的二次伤害,严重影响到受害人的生活安定。因此这类刑事案件是不应当对外公开的,即便法院为了加强对性犯罪的惩治和震慑,要对案件以判例形式公开,也务必对案件的被告、受害人的姓名、地点等进行虚拟处理。刑事犯罪被告人的犯罪记录是一种非常重要的隐私,其对被告人服刑期满回归社会后的生活、就业具有极其重要的影响,因此在判决书公开时必须对被告人信息和隐私进行充分的保护,否则判决书公开可能给刑事犯罪被告人带来永远的伤痛,也不利于服刑人员正常回归社会,将造成严重的社会隐患。基于此,法院在将刑事判决对社会公开时,有必要对判决书公开的内容进行技术处理,如对当事人的姓名、地址、年龄、犯罪发生地等能在实际生活中与刑事犯罪被告人建立起某种联系的信息,都应当省去或采用虚拟处理,以保障被告人的信息不因刑事判决书的公开而泄露,确保刑事被告人回归社会后的正常生活不被打扰。为了加强在刑事判决书在对社会公开过程中对被告人、被害人隐私进行切实有效的保护,不因判决书公开过程中法院工作的失误而受到损害,必须采取切实可行的措施加强判决书公开过程中隐私保护工作。首先应当强化刑事审判法官、判决书公开辅助工作人员的隐私保护意识,尤其是对刑事被告人的隐私进行同等保护;其次要为刑事判决书公开前的技术处理提供人、财、物方面的充分保障,推动刑事判决书公开中的隐私保护工作得到切实的落实;最后应当建立刑事判决公开严格审查机制,由专人对刑事判决书是否适宜公开、公开的判决书技术处理是否到位等进行仔细审查,对于经审查符合判决书公开条件的,报经主管院领导批准后以规定的方式向社会公开。当然也应当建立纠错机制,对于法院已向社会公布的判决书涉及对相关人员隐私和利益的损害的,受损害人员可以向判决公布法院提出异议或投诉。法院在接到异议和投诉后应当及时对已公布的判决书进行审查,对异议和投诉情况属实的,应当立即将判决书从公共网络平台撤回,经重新处理后再予公开,并对相关责任人员作出相应的处罚。

三、建立法官绩效考核与刑法适用解释的合理对接机制

要提高法官在个案中对刑法适用作出合理解释的能力,规范法官自由裁量权的行使,推动法官积极主动在刑事判决书中进行充分说理,除了要从思想上培养法官崇高的职业理想,以及通过司法公开倒逼司法公正和促使法官进行充分的判决说理外,还应当改革当前的司法管理体制,通过制定合理的内部考评机制,督促法官规范行使自由裁量权,对判决书进行充分合理的说理。内部考评,是对法官进行督促和激励最直接也是最有效的办法。

要探索建立与刑法适用解释相适应,有利于激励法官通过判决说理和自由裁量权的行使以使刑法在个案中得到正确适用的司法管理体制,主要应当从以下几个方面入手:

首先要将刑事法官判决书说理情况、自由裁量权行使情况纳入案件考评体系,作为对法官整体考核的一部分,以内部考核的强制性促使和激励法官在刑事案件中根据案件情况对刑事法律适用作出合理的解释,同时对案件判决过程进行详尽、周密的说理。之所以要加强刑事裁判的说理,是因为刑事判决不能完全依靠司法的强制力来加强其权威,而需要通过缜密充分的说理论证来维系其正当性和合法性。正如有人

指出"法官之所以有资格裁决输赢,是因为他们能够提供判决理由"①。刑事司法人员必须清醒认识到"判决结果本身不能证明其正当性,其正当性需要判决理由来支撑。法官在庭审中是否充分地关注和认真倾听当事人的主张和辩论,是否采纳了当事人的意见,是否随意地将一方或双方当事人的意见排除于定案考虑的因素之外,都要靠陈述判决理由来阐释;判决书是否考虑了不应该考虑的因素,也需要通过法院陈述的判决理由来检验"②。

其次对法官在刑事案件中解释法律行使自由裁量权设计的内部考评指标,应当是一项项具体的指标和标准构成,如:控辩双方对法律适用分歧的大小,现有刑事法律及司法解释是否明确、是否存在空白和法律冲突,法官在判决书的说理过程是否清楚明白、是否紧扣法律原则和法律精神、是否遵从一般社会利益衡量价值观念,甚至是应当将控辩双方及社会公众对判决说理的整体评价都作为法官刑事案件考核的内容之一。当然这些考核指标只是方向的一般标准,应当注意把握考核过程中的原则性和灵活性相结合,以防止将考核的目的异化,导致考核制度设计的初衷无法实现。如不能简单以判决说理部分的字数来认定法官的判决说理是否充分,因为任何有说服力的说理都是言简意赅,只要说理过程引用证据来源合法、真实可信,对法律的理解阐释符合法律公平正义的基本精神、对案件事实的判断符合社会普通常识,利益的考量符合主流价值观念等,就应当认定判决说理充分有力。再如,一般案件判决结果公众的反馈意见可以作为判决说理在社会价值和利益衡量方面是否符合社会主流价值观念,因此应当作为刑事案件审判管理的指标,但对于一些社会争议比较大的案件,就不能简单地将公众支持或是

---

① 方流芳:《罗伊判例中的法律解释问题》,载梁治平编:《法律解释问题》,法律出版社1998年版,第274页。
② 宋英辉:《从刘涌案件改判引起的社会反响看公开裁判理由的必要性》,载《中国政法大学学报》2003年第5期。

反对作为对法官考评的指标,否则就会带来社会舆论对司法判决不当干预,损害司法独立的严重后果。

最后,除了通过考核等正向激励方法,鼓励法官积极在个案中对刑法进行合理的适用解释、对刑事案件进行充分的判决说理外,还应当制定严格的处罚规定,以规范法官在刑事审判中行使刑法解释权等自由裁量权的行为,保证法官对刑法作出的解释符合法律公平正义的精神原则,而不受私人利益之干扰和不当影响。最常见的如对法官与当事人关系等行为进行严格的约束,防止法官徇私枉法,为了一己之私,不当运用甚至是滥用自由裁量权和有限的刑法解释权。

总之,要促进法官在刑事案件审判中积极地根据个案情况对刑事法律规定进行合理的解释,主动在刑事判决书中对判决之理由进行充分有力的阐释,必须通过思想信仰提升与外部激励约束机制相结合,才能得以实现。

结　论

我国刑法解释利益需求合理化的必由之路

刑法解释的过程即是利益衡量的过程,刑法解释意味着在具体的案件中实现法定的价值判断。① 本书超越了刑法解释的方法和立场之争,以价值判断为先导,构建了刑法解释利益需求合理化的路径。我们认为,无论何种解释方法、解释立场,归根结底都是在进行生活经验式的利益衡量,主观解释论与客观解释论在立法原意存在与否、坚持与否上的大相径庭,均会妨害刑事法治目标的实现及司法的公正;刑法实质解释和形式解释在具体案件中界限模糊,并未提供真正可解决的路径,决定解释取向的往往是案件背后的利益博弈等因素;而刑法解释的各种方法都有其欠缺之处,刑法解释方法本身无助于解释结论的最终判断与选择。在刑法解释中,"解释者应在形式合理性与实质合理性之间谋求最大的共同价值,在稳定与变动、原则与具体、整体与部分矛盾因素之间寻求一个合理的平衡点。"② 这种谋求最大共同价值的过程即是

---

① 参见〔德〕伯恩·魏德士:《法理学》,丁小春、吴越译,法律出版社2003年版,第64页。
② 桑本谦:《法律解释的困境》,载《法学研究》2004年第5期。

利益平衡的过程。故在刑法解释上,解释者应当超越方法和立场之争,其"最终应以该解释结论是否符合刑法所期待的利益安排为根本标准。"

笔者主张刑法解释应当坚持利益衡量的方法,如何实现各利益需求的合理化是本书的重点研究内容。所谓利益衡量,即解释者在对法律进行解释时,如果出现多种相互冲突的解释,则其应当以利益评价作为衡量和取舍多种法律解释的标准。而利益衡量的应用要求我们必须对各类现实的利益进行充分的识别、比较和衡量,并依据一定的利益评判标准,对各类冲突的现实利益进行考量,对它们是否值得保护以及受法律保护的价值位阶进行比较分析,从而制定出科学、理性的法律规则。对此,本书主要有如下观点:

第一,进行利益衡量时要坚持合法性原则与妥当性原则,当刑法解释者面对法律规范模糊或是争议较大的案件事实时,先考虑立法初的价值判断或利益选择,根据其立法原意进行取舍。但仅简单依据文义解释明显有违公平正义时,应当考虑妥当性原则,从个案的实际出发,兼顾法律规范、法律原则和公共政策,选择最为合适的理性判断。其中,应当将刑事政策的价值取向作为刑法解释中的价值内容,因其具有相对确定性和可操作性,能够尽可能地将不同解释者因个人价值偏好不同的差异性降至最小,从而确保了刑法解释结论的相对统一性。

第二,解释主体进行利益衡量时应当超越私人利益,应在一种非常真实客观的意义上进行共同体解释。① 不能以自身的价值偏好来代替刑法利益衡量的价值内容。刑法解释承担着法益保护和人权保障的机能平衡,不能一味地向某一方倾斜,如果过度注重人权保障,将导致犯罪的增多,从而损害法益。反之,过度注重对法益的保护,将会限制公民的自由,人权保障进而受影响。对于保障人权与保护法益,重此轻彼

---

① 参见赵晓力:《美国宪法的原旨解释》,载赵晓力主编:《宪法与公民(思想与社会)》(第4辑),上海人民出版社2004年版,第386页。

均会导致国民对于社会秩序的稳定缺乏信赖,可能导致社会秩序的混乱。解释者所要追求的应当是正义,不是自己的私人利益,也不是某一特殊群体的利益,而应当是大多数人的利益。

第三,进行利益衡量应当厘清法益保护的价值位阶。一般而言需要遵循以下原则:(1)人身性法益重于财产性法益;(2)价值性法益重于物质性法益;(3)国家法益与社会法益并不必然具有优先性,而是要判断其是为民众的权利保障抑或为政府部门的管理便利,如果是后者则并不具有优先性。

第四,利益衡量的实现应当构建科学完善的机制保障。一方面,需构建刑法规范解释的约束性机制,通过整合现有刑事司法解释、健全刑事司法解释立项机制、建立刑事司法解释适用定期审查机制、完善刑事司法解释无效退出机制,从立法层面对刑法解释主体进行权力制衡;另一方面,需构建刑法适用解释的约束性机制,通过构建判决书说理标准化机制,以判决公开促使刑事审判从重刑法解释向重刑法论证转变,建立法官绩效考核与刑法适用解释的合理对接机制,从司法层面对刑法解释主体进行利益引导。

后　　记

接受平凡是大多数人一生中最重要的事情,没有比想在别人记忆中不朽更自欺的了。"为别人活着,即便出自真诚在技术上也做不到。"我之所以欲望很强,是因为我觉得有趣,而我觉得有趣是因为我知道的不多。写得虚张声势,就是以为已知的就是一切了。

做刑法学的学术研究,思考刑法上的问题,解决刑事司法实践领域中的难题,给刑事立法修改完善提建议,对于我来说,是兴趣,更是饭碗,或者说是一种职业,能够把饭碗和兴趣紧密联结,是很多人梦寐以求的。当然,我的兴趣还不仅仅是这些,还有比如打篮球和打扑克牌等,所以,我在自我满足的同时也非常羡慕那些美国职业篮球("NBA")的球员。生活在中国,思考中国的刑法问题,是我一直以来的习惯。关注中国的刑事司法实践,不断反思自我。新中国刑法学从它诞生的那一天起,就是以"他山之石"作为自己构建的基础的,①而在其发展过程中,又出现了大陆法系刑法理论泛化的趋势。尤其是在以西方的某些理论命题作为"××学现代化"的学术标准的今天,我们自己的理论和制

---

① 新中国从建立伊始,在一切向"老大哥"苏联看齐的岁月里,我国的刑事立法和刑法理论的构建亦不能例外,可以毫不夸张地认为,我们的刑法理论(刑法总论部分)几乎就是以苏联的刑法理论为模本发展而来的。由于众所周知的原因,我国刑事立法及刑法理论的发展曾一度停滞下来,但是新中国第一部刑法的诞生仍然烙有"移植"的痕迹。近年来,在新中国老一辈刑法学家建立的刑法理论的基础上,大批的刑法学人共同对我国刑法理论的深入发展作出了积极的贡献,其中一批有影响力的中青年刑法学家(者)在借鉴以德日刑法理论为代表的大陆法系刑法理论的基础上,对我国刑事立法和刑法理论进行阐释,由此,使我国刑法理论出现倾向于向大陆法系刑法理论发展的趋势。

度常常因不符合国外的某些观点和思想而在被批判甚至摈弃的漩涡中挣扎。① 其实,问题,理论,制度,都会因时、因地而意义不同。

解释刑法,我向来主张,需要秉持"你的正义观就是刑法的正义观"的理念——尽管会因个体上的差异而可能导致对刑法正义观理解上的不同,但是,这种差异或许没有我们想象的那么大。我们可以不知道"正义是什么",但是,我们应当知道"什么是正义的"。同时,我坚持,关于刑法解释,"我们只能从生活中去发现刑法的真实含义,而不能创造刑法的含义"。要让刑法成为我们生活需要的而不是"异己"强加给自己的。我们常常会发现,对于那些社会民众关注度比较高的刑事案件,经常会出现民众不理解进而不接受却似乎又是按照刑法"高深理论"得出案件处理结论的现象——尽管我从未主张放弃理论的自足和自洽性去迎合民众想法的做法。在一些具体案件的研讨中,也经常会出现"理论"和"实践"各自"自说自话"的局面,似乎理论和实践是两条永不交叉的"铁轨"。这些问题,都需要我们反思。理论的过于"阳春白雪"必然会导致其成为束之高阁的"屠龙术"。宏大的理论命题往往会遮蔽一些具体案件处理过程中所遇到的技术性难题。事实上,理论来自且仅仅只能来自实践,并能够指导实践,实践又必须以理论为指导。唯有如此,一些刑事案件的细节问题才有可能得以解决。"通过实践而发现真理,又通过实践而证实真理和发展真理。"②理无常是,今日是之,后或非之,今日非之,后或是之。文中观点,尚祈方家贤达指正。

"好雨知时节,当春乃发生。"窗外,正斜风细雨,这霏霏的淫雨飘洒得缠绵悱恻,妩媚动人,湖边嫩绿的柳枝也蒙上了一层乳白色的薄纱。春天真的来了。

李翔　于华东政法大学崇法楼
2015 年 4 月 6 日

---

① 参见李翔:《情节犯研究》,上海交通大学出版社 2006 年版,第 2 页。
② 《毛泽东选集》(第一卷),人民出版社 1991 年版,第 296 页。